中国

古塔全谱

ZHONGGUO
GUTA QUANPU

下册

陈泽泓 编著

南方传媒
广东人民出版社
·广州·

山东省 图谱

中国古塔全谱

济南市

历下区

▲ 千佛山石塔

在济南市历下区千佛山公园。年代不详。覆钵式石塔。高约3米。上部六棱柱开一小佛龛。

▼ 小龙虎塔

济南市历下区山东博物馆藏。唐代龙虎塔残件，仅存高约50厘米的塔身正面石块及底座。

▶ 杨缵造龙虎塔

济南市历下区山东博物馆藏。原在青州市段村石佛寺。唐天宝二年（743）建。四角单层五檐亭阁式石塔。高4米余。

▼ 齐鲁宾馆小石塔

在济南市历下区齐鲁大学西校园。年代不详。幢式石塔。高约4米。

▼ 佛慧山大佛头雕刻塔

在济南市历下区佛慧山顶大佛头东侧峭壁两座雕刻塔。唐代建。四角七层密檐式塔。高约2米。两塔之间原似有天桥相连。

▼ 莘县雁塔出土小银塔

济南市历下区山东博物馆藏，出土于山东莘县雁塔（图右）。雁塔建于北宋治平元年（1064），八角十三层楼阁式砖塔，"文化大革命"中拆除。拆出四角十二层楼阁式小银塔，高约50厘米。

市中区

▲ 嫂妹塔

在济南市市中区党家庄蛮子村南。年代不详。四角单层石塔。高约4米。塔额分别刻"红云嫂墓""青云姑坟"。塔旁有1936年立《嫂妹塔志》碑。

◀ 小龙虎塔

在济南市历城区柳埠镇四门塔北，由皇姑庵迁来，建小殿保护。唐开元五年（717）建。四角七层楼阁式石塔，现存六层。高3.8米。

▼ 小宋塔

在济南市历城区柳埠镇四门塔北。北宋绍圣五年（1098）建。四角七层楼阁式石塔，现存三层。高4.8米。

历城区

▼ 四门塔

在济南市历城区柳埠镇青龙山麓。四面设门得名。全国重点文物保护单位。隋大业七年（611）建。四角单层亭阁式石塔。高15.04米。

▲ 龙虎塔

在济南市历城区柳埠镇青龙山麓。全国重点文物保护单位。唐代建，宋代修补。四角单层亭阁式石塔。高15.04米。

▼ 九顶塔

在济南市历城区柳埠镇灵鹫山九塔寺。全国重点文物保护单位。唐代建。八角单层砖塔，塔檐上端各隅筑四角三层小塔共8座。中央筑中心塔。故名九顶塔。通高12.2米。

▲ 送衣塔

在济南市历城区四门塔风景区涌泉庵东南。唐代风格。四角单层亭阁式石塔。高3.9米。

▶ 玉泉寺塔林

在济南市历城区唐王镇中心小学。明代建。共5座鼓状石塔，其中较完好3座。福公长老和尚之塔（右）最高，建于成化十五年（1479），高1米余。紧公取堂禅师之塔（右二），景泰二年（1451）建，仅存基座及塔身残件。

▼ 千佛崖摩崖石塔

在济南市历城区四门塔风景区白虎山全国重点文物保护单位千佛崖南端。唐代石刻。四角单层亭阁式石塔。高约1米余。

▲ 龙泉寺墓塔

在济南市历城区唐王镇中心小学。建于明成化七年（1471）。鼓状石塔塔身残件，高1米余。

▲ 紫金塔

在济南市历城区朱凤山风景区涌泉庵东南。南齐武平年间建。四角单层亭阁式石塔。高约5米。

▼ 神通寺塔林

在济南市历城区柳埠村神通寺历代住持墓塔。现存宋元明清46座砖、石墓塔。形制多样，高度不一。有密檐式、亭阁式、幢式，还有钟形、圆筒形、阙形等。

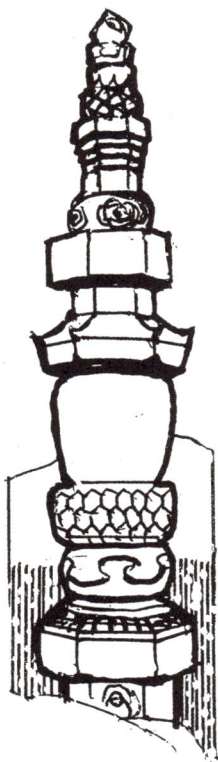

▲ 张公塔

在济南市历城区港沟镇有兰峪村外。建于明万历十一年（1583）。鼓状幢式石塔。高约6米。

▼ 清公山主之塔

在神通寺塔林。金代建，六角五层密檐式砖塔。高约9米。

▲ 贵公塔

在神通寺塔林。宋代建，四角三层楼阁式石塔。7.3米高。

▲ 龙洞报恩塔、独秀峰小石塔

在济南市历城区龙洞风景区。报恩塔（图后）在鹫栖岩颠。北宋政和六年（1116）建。四角七层楼阁式石塔。高12米。小石塔（图前）在独秀峰顶。年代不详。四角单层四檐亭阁式乱石砌塔。高约2米。

◀ 云公塔

在神通寺塔林。元大德十年（1306）建，六角五层密檐式砖塔。高约9米。

▼ **明照大师讲经主晖公寿塔**

在神通寺塔林。元皇庆二年（1313）建，八角单层幢式石塔。高约8米。

▲ **□公法师塔**

在神通寺塔林。元至元五年（1339）建，四角三层密檐式砖塔。

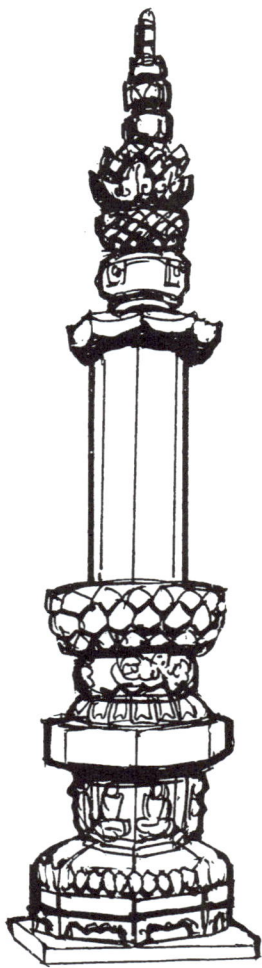

▼ **三公塔**

在神通寺塔林。□公塔，明嘉靖十四年（1535）建。达公塔、岱公塔，三十九年（1560）建。八角单层幢式石塔。残高约4米。

◄ **清惠明德敬公寿塔、成公无为大师墓塔**

在神通寺塔林。敬公塔，建于元泰定二年（1325）。无为大师塔，建于明嘉靖五年（1526）。阙形三檐阙形石塔。高约4米。

长清区

▲ **灵岩寺塔林**

在济南市长清区全国重点文物保护单位灵岩寺内大雄宝殿西侧。现存北魏至清代各种墓塔167座。其中北魏1座、唐1座、北宋4座、金6座、元37座、明118座；形制有方碑形、钟形、鼓形（又称球形）、覆钵式、幢式、亭阁式。砖塔1座，余为石塔。高2-6米。另有8座残体。墓志铭碑81座。图中央为北魏祖师法定墓塔，四角单层亭阁式砖塔，高5米。

▲ 慧崇塔、晖公塔

在灵岩寺塔林北端最高处。唐天宝年间建。四角单层重檐亭阁式石塔，高5.3米。西侧为晖公塔（左），北宋咸平二年（999）建。钟式八角攒尖顶石塔。高2.42米。

▲ 寂照塔

在灵岩寺塔林。建于金皇统九年（1149），球形石塔。高约5米。

▲ 才公塔

在灵岩寺塔林。金大定二十七年（1187）建。鼓形石塔。高约米。

▼ 海会塔

在灵岩寺塔林。北宋宣和五年（1123）建。球形石塔，高约2米。

▼ 宝公禅师塔

在灵岩寺塔林。金大定十四年（1174）建。钟形石塔。高4.77米。

▼ 定光禅师塔

在灵岩寺塔林。金皇统二年（1142）建。球形石塔。高约4米。

▲ 海公禅师塔

在灵岩寺塔林。金或元代建。球形石塔。高约5米。

▼ **清隐仁禅师塔**

　　在灵岩寺塔林。金或元代建。球形石塔。高约4米。

▼ **演公塔**

　　在灵岩寺塔林。金或元代建。鼓形石塔。高约4米。

▲ **广提点塔**

　　在灵岩寺塔林。元至元三十一年（1294）建。高约5米。

▲ **古奇塔**

　　在灵岩寺塔林。元代建覆钵式石塔。高约4米。

◀ **固公监寺塔**

　　在灵岩寺塔林。元代建。钟形石塔。高约2米。

▲ **亨公塔**

　　在灵岩寺塔林。元代建，阙形石塔。高约4米。

▶ **□□公禅师塔**

　　在灵岩寺塔林。宋代建。幢式石塔。高约2米。

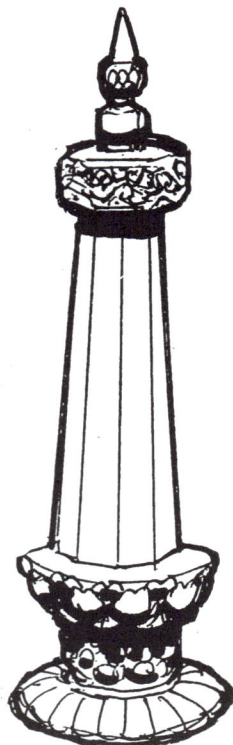

▲ **朗公塔**

　　在灵岩寺塔林。明天顺五年（1461）建。钟形石塔，高约3米。

▲ 和公塔

在灵岩寺塔林（左）。明成化二十三年（1487）建。钟形石塔，高约5米。

▲ 本空塔

在灵岩寺塔林（右）。明代建。覆钵式石塔。高约4米。

▼ 保公塔

在灵岩寺塔林。明弘治四年（1491）建。方碑形石塔。高约2米。

▼ 添公塔

在灵岩寺塔林。明弘治九年（1496）建。方碑形石塔，高约2米。

▼ 悦公塔

在灵岩寺塔林。明代建。覆钵式石塔。高约4米。

▲ 天公塔

在灵岩寺塔林。明代建，鼓形石塔。高约3米。

▲ 俗家塔

在灵岩寺塔林，共三座。明代建。覆钵式石塔。高约3米。

▼ **都纲昂公独峰之塔**

在灵岩寺塔林。明代建。
覆钵式石塔。高约4米。

▲ **印公塔**

在灵岩寺塔林。
明代建。覆钵式石
塔。高约5米。

▲ **信公塔**

在灵岩寺塔林。
明代建。覆钵式石
塔。高约4米。

▲ **幢式石塔**

在灵岩寺塔林。
宋代建。高约4米。

▲ **方碑式石塔**

在灵岩寺塔林。宋、明代建。高约4米。

▶ **浩公塔**

在济南市长清区衔草寺遗址。元大德六
年（1302）建。钟形石塔。高约2米。

▼ **灵岩寺小龙虎塔**

在灵岩寺塔林。唐天宝
二年（743年）建。四角六
檐亭阁式石塔。高约3米。

▼ 辟支塔

在济南长清区万德镇灵岩寺千佛殿西北，全国重点文物保护单位。唐天宝十二年（753）建，北宋淳化五年至嘉祐二年（994—1057）重建，历63年完工。八角九层十二檐楼阁式砖塔。高55.7米。

▲ 衔草寺塔

在济南市长清区衔草寺遗址。唐代建。四角单层亭阁式石塔。高约5米。

▲ 证盟塔

在济南市长清区张夏镇土屋村四禅寺。唐代建。四角单层亭阁式石塔。高约5米。

莱芜区

▶ 青龙寺塔

在济南市莱芜区牛泉镇吴小庄村青龙寺遗址。明正德七年（1512）建，清末民初重修，2001年复立。鼓形石塔。高8米。

章丘区

◄ **章丘和尚塔**

在济南市章丘区圣井镇寨子村外。年代不详。鼓形石塔。高约3米。已塌毁（图为1999年状况）。

► **浩贤禅师塔**

在济南市章丘区垛庄镇莲花山胜水禅寺西侧山坡。明永乐年间建。鼓形石塔。塔刹佚，高约2米。

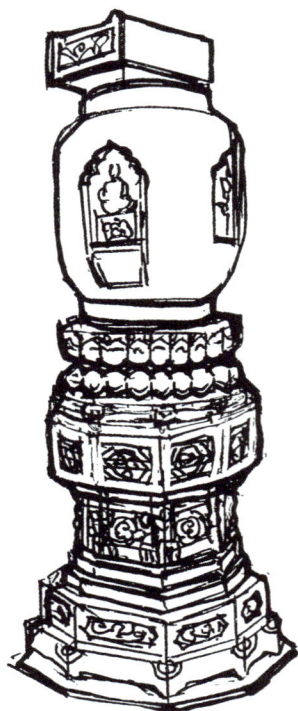

平阴县

▼ **天池山摩崖石塔**

在平阴县洪范池镇书院村外天池山。隋唐时建。单层亭阁式塔。高约6米。塔身刻方形石穴。

◄ **翠屏山多佛塔**

在平阴县翠屏山顶。全国重点文物保护单位。始建于唐贞观四年（630），明嘉靖元年（1522）重修。八角十三层楼阁式石塔。高20米。全塔共有镶石佛84尊。

青岛市

即墨区

◄ **赵戈庄塔**

在青岛市即墨区刘家庄镇赵戈庄村东。明代建，清雍正元年（1723）、2008年重修。八角五层楼阁式砖塔，高约10米。

崂山区

▲ 中间埠双塔

在青岛市即墨区七级镇中间埠村南。大塔陈处女塔，建于清同治五年（1866）。八角八层楼阁式砖塔。高24米。小塔马道士墓葬，光绪十二年（1886）建。八角六层楼阁式砖塔。高约15米。

▼ 朝连岛灯塔

在青岛市崂山区青岛港附近朝连岛上。全国重点文物保护单位。清光绪二十五年（1899）建灯标，二十九年（1903）改建为八角石塔。1915年重建八角石塔，高12.8米。射程21海里。经历次大修，基本保持原貌。

胶州市

▲ 马店砖塔

在胶州市胶莱镇西王益村。建于清光绪十六年（1890）。八角七层楼阁式砖塔。高13米。

平度市

◀ 僧和塔

在平度市大泽山智藏寺东侧山谷。八角五层幢式石塔。高约5米。

▼ 智藏寺塔林

在平度市大泽山智藏寺。全国重点文物保护单位。宋至民国高僧墓塔，现存完好7座石塔，多为八角形，一至五层不等。

淄博市

淄川区

▶ 杨寨塔

在淄博市淄川区双杨镇杨寨村幼儿园，原宝塔寺（又名龙山寺）主体建筑。年代无考。八角七层楼阁式砖塔。高8米。上三层和最下层均有石佛1尊。石额"阿弥陀佛"。

沂源县

▲ 织女洞九重塔

在沂源县燕崖乡大贤山织女洞森林公园迎仙观。北宋元祐六年（1091）建。四角四层楼阁式实心石塔。高3.2米。

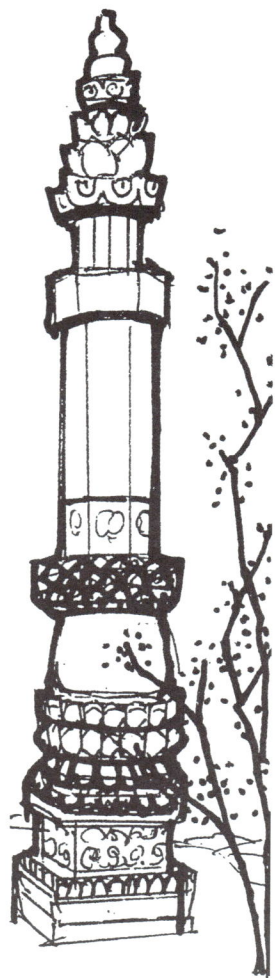

枣庄市

山亭区

▶ 雪山寺墓塔

在枣庄市山亭区善固村雪山寺遗址。建于明天顺四年（1460）。八角幢式石塔，高约10米。塔身刻有"故滕县僧会悟善归府墓铭"。

滕州市

▶ **龙泉塔**

在滕州市塔寺街。全国重点文物保护单位。北宋建。八角九层楼阁式砖石塔。43.3米高。

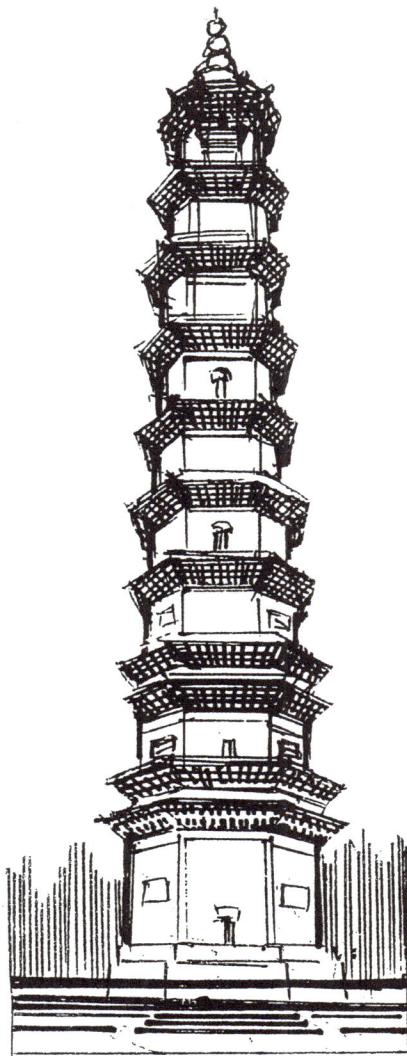

潍坊市

临朐县

◀ **天顺塔**

在临朐县石门坊风景区。明天顺五年（1461）建。覆钵式石塔，残高6米。

▶ **宣德塔**

在临朐县石门坊风景区。明宣德七年（1432）建。覆钵式石塔，高7.5米。

烟台市

蓬莱区

◀ **猴矶岛灯塔**

在烟台市蓬莱区猴矶岛。全国重点文物保护单位。清光绪八年（1882）建，1953、1974年重修。高约14米。

莱阳市

▶ 朝阳庵墓塔

在莱阳市沐浴店镇大明村雨润兴公墓一区。又名大明墓塔。清康熙十年（1671）建。瓶式石塔。高6米。

临沂市

罗庄区

◀ 宝泉寺塔林

在临沂市罗庄区宝泉寺山门东侧现存两塔：一为四角亭阁式石塔，高约2米，石龟承托；一为比丘不动定公灵骨宝塔，清康熙年间建，六角三层楼阁式实心石塔，高约3米。残存比丘智明源公灵骨宝塔底座及六角塔身。

费县

▼ 岐山寺塔林

在费县刘庄镇寺里村岐山寺遗址。原有七十余座，现存廉禅师塔（图左），明代建，鼓形石塔，高约3米。复立两座鼓形石塔（图右），年代不详，一为□禅师塔，一为无名塔，高约2米。

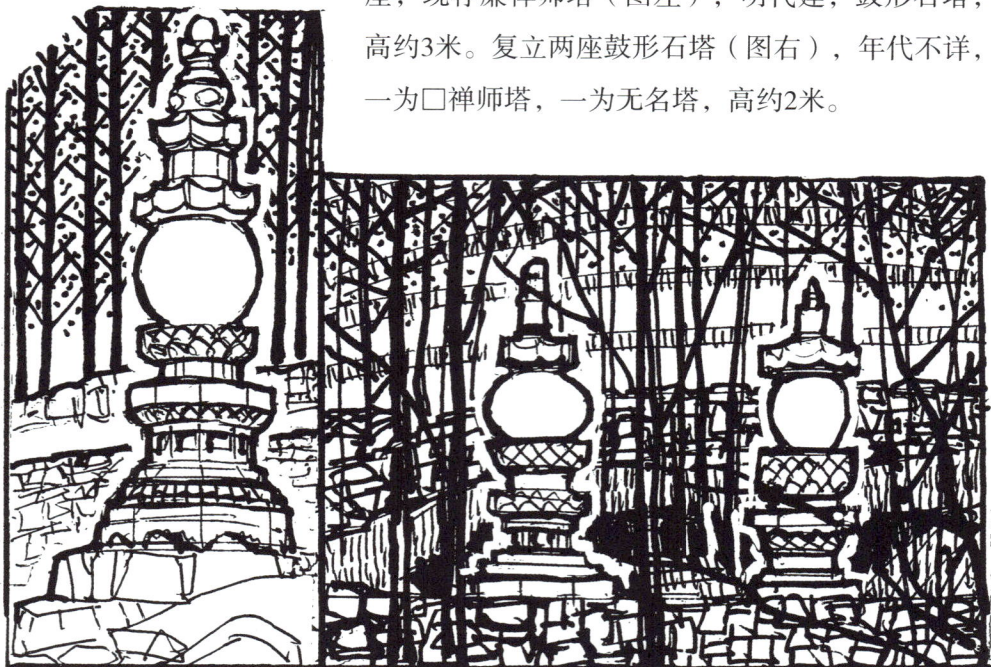

▲ 杨家庵石塔

在费县杨家庵村。明万历二十七年（1599）建。鼓形石塔，高约2米。

◀ 乐真禅师之塔

在费县方城镇诸满村诸满中学。建于清宣统二年（1910）。鼓形石塔，高约2米。

沂水县

◀ 资庆寺塔

在沂水县院东头乡庄子村资庆寺遗址。明代建。六角三层楼阁式塔，塔身首层下半部石砌，以上砖筑。残高12米。

▲ 灵泉寺塔林

在沂水县院东头乡庄子村资庆寺遗址。已毁，残构件砌成三石塔。高一至二米。其中有明正德十一年（1516）建广公寿域塔构件。

◀ 资庆寺塔林

在沂水县院东头乡庄子村资庆寺遗址。原有6座已毁，残构件砌一石塔。高1米余。

兰陵县

▶ 朗公寺塔林

在兰陵县大仲村镇大宗山朗公寺上寺西南。"文化大革命"中推倒，后从十多座塔构件凑成6座。刻有元至大二年（1309）、明嘉靖六年（1527）铭文。多为鼓形石塔。高二三米。

德州市

❀ 平原县

▶ 千佛塔

在平原县三唐乡崔家庙村。清康熙八年（1669）建。八角七层楼阁式砖塔，高26米。

济宁市

❀ 兖州区

▶ 智照禅师塔

原在济市兖州区旧城普照寺前，1964年移至人民公园。又名照公禅师塔。金明昌七年（1196）建。1985年重修。八角十三层楼阁式石塔。高10.5米。

◀ 济宁铁塔

在济宁市兖州区崇觉寺内。又称崇觉寺铁塔。全国重点文物保护单位。北宋崇宁四年（1105）造八角七层楼阁铁塔。明万历九年（1581）增筑至九层。通高23.8米。1973年维修在塔下发现石棺、银棺、身骨舍利。

◀ 兴隆塔

在济宁市兖州区兖州博物馆。全国重点文物保护单位。隋仁寿二年（602）建木塔，北宋改建砖塔，清康熙间重建。八角十三层楼阁式砖塔。高54米。上六层骤然缩小。2008年重修在地宫中发现舍利金瓶等文物。

金乡县

汶上县

◀ **光善寺塔及出土佛塔**

在金乡县城光善寺址，又称文峰塔。唐贞观四年（630）建。明代重建，1999年重修。八角层楼阁式砖石塔，高49米。2010年重修出土六角四层楼阁式银塔（图右）。

▶ **太子灵踪塔**

在汶上县城宝相寺内。又称宝相寺塔，俗称黄金塔。全国重点文物保护单位。北宋政和二年（1112）建。八角十三层楼阁式砖塔。高45.5米。1993年重修时在地宫发现佛牙舍利。

曲阜市

▼ **鎏金千佛塔**

原在曲阜市孔府南堂庙地藏庵，现藏孔子博物院。明代铸造。八角十三层楼阁式鎏金铜塔，1.5米高。

梁山县

▲ **西竺禅师墓塔**

在梁山县水泊风景区。明嘉靖年间建。幢式石塔，高约5米。

邹城市

▶ 重兴塔

在邹城市崇兴寺内。又称法兴塔。全国重点文物保护单位。北宋建，1996年重修。八角九层十檐楼阁式砖塔。高27.4米。

菏泽市

郓城县

▼ 柏林寺墓塔

在郓城县随官屯镇侣楼村外。建于明成化二十二年（1486）。鼓式石塔。高6米。

◀ 观音寺塔

在郓城县唐塔街道唐塔广场。又称唐塔、荒塔、蟆头塔。全国重点文物保护单位。五代唐长兴二年（931）建。八角七层楼阁式砖塔。残存四层，高32米。

成武县

▶ 卧化塔

在成武县大田集镇田塔村。全国重点文物保护单位。唐开元年间建。四角七层楼阁式石塔。"文化大革命"中受损，残存四层，高5.4米。首层三面刻有佛像已损，东、西壁佛像下侧刻供养时间。

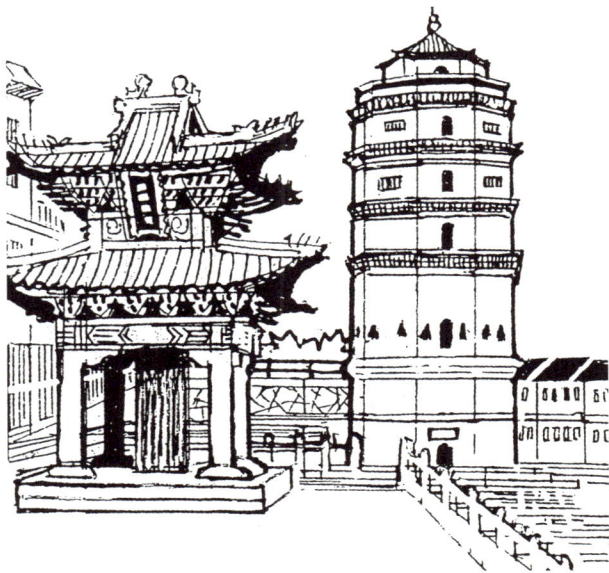

巨野县

▶ 永丰塔

在巨野县永丰街道人民路。全国重点文物保护单位。北宋嘉祐年间建。1999年重修。八角五层楼阁式砖塔，现存五层，高30.3米。

聊城市

东昌府区

◀ 铁塔

在聊城市东昌府区隆兴寺遗址。全国重点文物保护单位。建宋代。明重修。仅存五层。1973年复原。八角十三层铁塔。高15.8米。

▶ 范筑先纪念塔

在聊城市东昌府区范筑先纪念馆内。建于1941年。六角四层楼阁式砖塔。高十余米。

高唐县

◀ 水月庵塔

在高唐县涸河乡岳堂村。清乾隆四年（1739）建。九层幢式石塔，高3.6米。

▶ 兴国寺塔

在高唐县梁村镇兴国寺遗址，又称梁村塔。全国重点文物保护单位。宋代建。明成化十四年（1478）、1999年重修。八角十一层楼阁式砖塔。高38.8米。

临清市

▶ 舍利塔

在临清市先锋路街道大桥村。全国重点文物保护单位。明万历三十九年（1601）建。八角九层楼阁式砖塔。高61米。

泰安市

泰山区

岱岳区

◀ 岱庙铁塔

在泰安市泰山区岱庙后花园西面。明嘉靖年间铸。八角十三层铁塔，现存三层。残高3.8米。

▶ 白马寺亮公和尚塔

在泰安市泰岱区道朗镇大王庄村白马寺遗址附近。明弘治十一年（1498）建。八角幢式石塔。残高约3米。

宁阳县

◀ 琵琶山石塔

在宁阳县鹤山镇琵琶山南麓。唐代建。单层亭阁式砖塔。高4.2米。内有三尊佛像。

肥城市

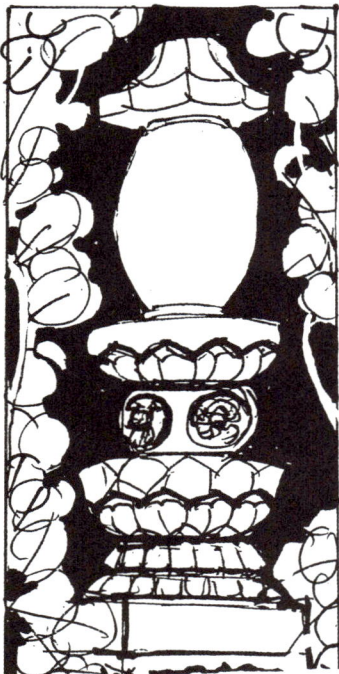

◀ **大云院琛公之塔**

在肥城市安驾庄镇小龙岗石村布后。年代不详。鼓状石塔。残高4米余。

▶ **大云院霞禅师塔**

在肥城市安驾庄镇小龙岗石村布金山大云院遗址。年代不详。鼓状石塔。高约4米。

▲ **幽栖寺塔林**

在肥城市陶山风景区。幽栖寺历代僧塔。经发掘整理复立宋至明僧塔十余座。幢式、鼓式石塔。高2-4米。

河南省 图谱

中国古塔全谱

郑州市

中牟县

▶ 圣寿寺双塔

在中牟县黄店乡冉家村双塔岗圣寿寺旧址，北宋晚期建。六角七层楼阁式实心砖塔。东塔缺刹，高30米；西塔残存四层，高18米。

荥阳市

▼ 千尺塔

在荥阳市贾峪镇大周山圣寿寺内。又称曹皇后塔。全国重点文物保护单位。北宋仁宗时建。六角七层楼阁式砖塔。高15米。

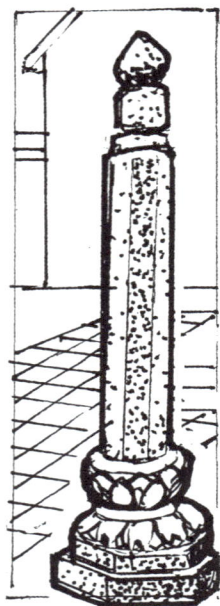

▲ 端公和尚塔

在荥阳市豫龙镇兴国寺大殿前，疑从他处移来。明嘉靖三年（1524）建。六角单层幢式石塔。高约2米。

▲ 俊孤峰续塔

在荥阳市豫龙镇兴国寺大殿前，疑从他处移来。明嘉靖六年（1527）建。六角单层幢式石塔。高约2米。

◀ 无缘真空禅师塔

在荥阳市贾峪镇洞林寺村洞林寺西。建于明洪武二十七年（1394）。瓶式砖塔。高27米。

✿ 巩义市

▶ 石窟寺塔

在巩义市河洛镇石窟寺大力山上。唐代建。四角单层亭阁式石塔。残高4米。

▲ 石窟寺石塔浮雕

在巩义市河洛镇石窟寺（原名希玄寺，宋改称十方净土寺，清改名石窟寺）左侧。北魏建。四角九层楼阁式塔。高81厘米。

◀ 慈云寺塔

在巩义市大裕沟镇民权村慈云寺。唐代建，现存四角单层亭阁式砖塔残身。高约3米。

✿ 新密市

◀ 法海寺塔

在新密市城关镇法海寺。塔壁镌刻《妙法莲花经》又称莲花经石塔。建成于北宋咸平四年（1001），明清重修。四角九层楼阁密檐混合式砖石塔，"文化大革命"中倒毁，2015年按原貌复建，有130块原构件。13.8米高。

▶ 琉璃塔

新密市法海寺塔地宫出土。入藏河南博物院。四角七层密檐三彩琉璃塔，二层檐下置北宋咸平二年（999）圄。高98.5厘米。

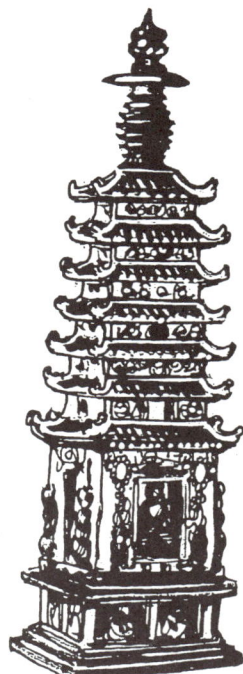

▼ **杨岭塔**

在新密市平陌乡杨岭村。清嘉庆十四年（1809）建。四角六层楼阁式砖塔。高20米。

▲ **超化寺塔**

在新密市超化镇超化寨内。唐开元二年（714）建，"文化大革命"中被毁，后按原貌复建。四角十三层楼阁式砖塔。高30余米。

▼ **屏峰塔**

在新密市青屏街街道青屏山。又称文峰塔。清顺治十年（1653）建。八角七层楼阁式砖塔。高25米。

新郑市

▼ **卧佛寺塔**

在新郑市城区西关卧佛寺旧址。明成化元年（1465）建。八角七层楼阁式砖塔。高25米。

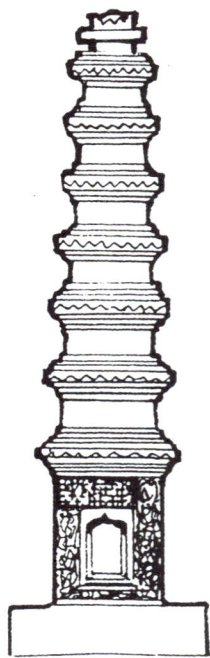

▲ **荆王石塔**

原在新郑市龙湖镇荆王村温故寺旧址双塔，仅存西塔移藏新郑市博物馆。唐代建，四角七层楼阁式实心石塔。高3.3米。

▲ **清林寺塔**

在新郑市清林寺沟。原有唐代建。四角单层亭阁式石塔，高2.61米。

◄ **凤台寺塔**

在新郑市新华街道凤台寺旧址。北宋元丰四年（1081）建。2018年重修。六角九层楼阁式砖塔。高19.1米。

登封市

▶ 嵩岳寺塔

在登封市嵩山嵩岳寺。全国
重点文物保护单位。北魏正光四
年（523）建。十二角十五层密檐
式砖塔。高41米。全国现存完好
年代最早的密檐式砖塔。

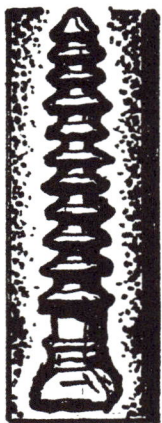

▲ 嵩岳寺塔天宫银塔

在登封市嵩岳寺塔一号天
宫发现，四角十一层楼阁式银
塔，残高13.5厘米。

◀ 肃然无为塔

在登封市永泰寺北。明崇
祯十一年（1638）建二尼合葬
塔。覆钵式砖塔。高约6米。

▶ 永泰寺唐塔

在登封市嵩山永泰寺北。
全国重点文物保护单位。唐代
建。四角十一层密檐式砖塔。
高24米。

◀ **均庵主塔**

在登封市永泰寺后。金大安元年（1209）建。四角三层楼阁式砖塔。残存二层，高约5米。

▶ **弥壑漕公塔**

在登封市法王寺西坡。清康熙二十四年（1685）建。六角七层密檐式砖塔。高约11米。

▼ **法王寺唐塔**

在登封市嵩山法王寺北、西北，共四座。唐代建。唐塔一号（图左上），全国重点文物保护单位，四角十五檐密檐式砖塔，高34.19米。唐塔二至四号均四角单层亭阁式砖塔。二号（图右上），高约12米；三号（图右下），高约8米；四号（图左下），高约7米。

▼ **净藏禅师塔**

在登封市太室山全国重点文物保护单位会善寺西侧。唐天宝五年（746）建。八角单层亭阁式砖塔。高10.34米。

▲ **月庵海公塔**

在登封市法王寺西坡。元延祐三年（1316）建。六角七层密檐式砖塔。高约8米。

▲ **丛首杰尊塔**

在登封市会善寺西。清康熙五十四年（1715）建。六角三层楼阁式砖塔。高约5米。

▲ **林上太尊塔**

在登封市会善寺西。清康熙五十四年（1715）建。六角三层楼阁式砖塔。高5米。

▲ **佛定意公琉璃塔**

在登封市会善寺西。清康熙六十一年（1722）建。六角五层楼阁式琉璃砖塔。高5米。

▼ 性洁梅公塔

在登封市会善寺大门南。清光绪三十三年（1907）建。六角三层楼阁式砖塔。高4.5米。

▼ 缘公庵主塔

在登封市二祖庵门前山沟。元泰定元年（1324）建。六角单层亭阁式砖塔。高约4.1米。

▼ 三祖庵塔

在登封市太室山独秀峰下三祖庵。金元光二年（1223）建。四角七层密檐式砖塔。高11米。

▲ 初祖庵舍利塔

在登封市嵩山初祖庵大殿北侧。北宋靖康元年（1126）建。四角单层亭阁式砖塔。

▼ 二祖庵唐塔

在登封市少室山钵盂峰二祖庵后。周万岁登封元年（696）建。四角单层亭阁式砖塔。残高约6米。

◀ 善公和尚塔

在登封市初祖庵南山。清代建。三层楼阁式实心砖塔。高4米。下二层四角，三层六角。

▲ 三藏庵主常静庵公之塔

在登封市少林常住院西小金沟。明崇祯元年（1628）建。2000年重修。四角五层密檐式实心砖塔，高约8米。

◀ **下生弥勒佛塔**

在登封市少林寺西院（图右）。宋元祐二年（1087）建。四角十层密檐式砖塔。高11.5米。首层西嵌塔碑。

◀ **释迦佛塔**

在登封市少林寺西院（图左）。北宋元祐二年（1087）建。平面长方形两层楼阁式砖塔，高8.4米。供奉唐释迦佛石像。

▼ **行均禅师塔**

在登封市少林寺常住院东侧。后唐同光四年（926）建。四角单层亭阁式石塔。高9.93米。

▲ **法缘大和尚塔**

在登封市少林寺常住院西侧（左）。清康熙二十七年（1688）建。四角三层楼阁式实心砖塔，高4.7米。

▲ **汝妙先师塔**

在登封市少林寺常住院西侧（右）。清康熙五十六年（1717）建。四角三层楼阁式实心砖塔，高约5米。

▶ **法如塔**

在登封市少林寺景区大门西。武则天永昌元年（688）建。四角单层亭阁式砖塔。高6米。

▶ 同光禅师塔

在登封市少林寺东墙外。唐大历六年（771）建。四角单层亭阁式砖塔，高6.6米。嵌有《唐少林寺同光禅师塔并序》。

▼ 萧光塔

在登封市少林寺东北五乳峰山坡。唐代建。六角单层亭阁式砖塔。高约4米。

▲ 少林寺塔林

在登封市少林寺以西山脚。现存自唐贞元七年（791）至清嘉庆八年（1803）历代少林寺僧墓塔248座。其中唐塔2座、宋塔3座、金塔16座、元塔51座、明塔146座、清塔10座，余无纪年题记。仅十几座为石塔，其余为砖塔，形制各异，平面有四、六、八角及圆形，有亭阁式、密檐式、钟形、幢形和瓶形等。层数一般在一至七级，高度在15米以下。

◀ 唐无名塔

在少林寺塔林。唐代建。四角七檐密檐式砖塔。高15米。

▶ 无铭唐塔

在少林寺塔林。唐代建。四角单层亭阁式重檐亭阁式砖塔。高约6米。

▼ 法玩塔

在少林寺西塔林。唐贞元六年
（790）建。四角单层亭阁式砖塔。
高约10米。塔门上方刻大鹏金翅鸟。

▶ 崇公塔

在少林寺塔林（图中后一座）。金
大定元年（1161）建。四角五层密檐式
砖塔。高6米多。

▲ 童行普通塔

在少林寺塔林。宋代建。四角单层亭
阁式砖塔。顶部已毁，残高近2米。

▶ 端公塔

在少林寺塔林。金大定八年（1168）
建。四角单层亭阁式砖塔。高6米多。

▲ 智浩塔

在少林寺塔林。北宋嘉祐
五年（1060）建。四角单层亭
阁式砖塔。高2米多。

▼ 普通塔

在少林寺塔林。北宋宣和
三年（1121）建。四角单层亭
阁式砖塔。高4米多。

▼ 西堂塔

在少林寺塔林。金正隆二
年（1157）建。四角单层亭阁
式砖塔。高6米多。

▼ **海公塔**

在少林寺塔林。金大定十九年（1179）建。六角四层密檐式砖塔。高约8米。

▲ **金代无名塔**

在少林寺塔林。金代建。四角单层亭阁式砖塔。高3米多。

▲ **金代无名塔**

在少林寺塔林。金大定年间建。四角五层密檐式砖塔。高约6米。

▼ **五轮塔**

在少林寺塔林，共7座。法玩塔以西四座排成一行，以东排三座排成三角形。两座有金代纪年铭文，五号为金大定二十年（1180）。四号为方公塔，七号为德公殿主塔。鼓形石塔，高约1.5米。

▲ **光宗正法裕公塔**

在少林寺塔林。元延祐四年（1317）建。六角五层密檐式砖塔，高10米。

◄ **庆公塔**

在少林寺塔林。金大定二十年（1180）建。瓶形石塔，高约5米。

► **衍公塔**

在少林寺塔林。建于金兴定二年（1218）。钟形石塔，高约1.5米。

▼ **铸公塔**

在少林寺塔林。金正大元年（1224）建。钟形石塔，高约1.5米。

▼ **圆公塔**

在少林寺塔林。元至元四年（1267）建。四角三层密檐式砖塔，高约8米。

▼ **贡公副寺塔**

在少林寺塔林。建于元至元五年（1268）。四角三层密檐式砖塔，高约5米。

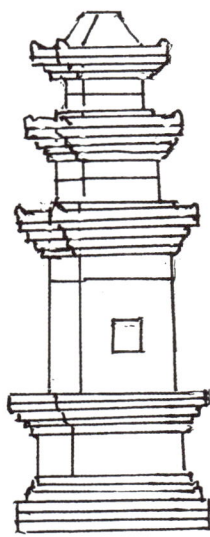

▲ **月照塔**

在少林寺塔林。元至元四年（1267）建。六角五层密檐式砖塔。高约10米。

◀ **菊庵长老塔**

在少林寺塔林。元至元五年（1268）建。六角五层密檐式砖塔，高约8米。

▲ **乳峰和尚塔**

在少林寺塔林。建于元至元五年（1268）。六角七层密檐式砖塔，高约10米。

▶ **裕公塔**

在少林寺塔林。元至元二十四年（1287）建。六角七层密檐式砖塔，高10余米。

▲ **比丘尼惠圆塔**

在少林寺塔林。建于元大德二年（1298）。四角三层密檐式砖塔。3.5米高。

▲ **正公塔**

在少林寺塔林。元大德
五年（1301）建。六角三层
密檐式砖塔。高约8米。

◀ **月岩长老塔**

在少林寺塔林。建于
元大德十一年（1307）。
钟形石塔，高约12米。

▶ **还原福遇塔**

在少林寺塔林。元至
大三年（1310）建。六角
幢形石塔，高约3米。

▼ **□□副寺塔**

在少林寺塔林。元皇庆元年
（1312）建。四角单层亭阁式砖
塔。高2米余。

◀ **古岩禅师塔**

在少林寺塔林。元
延祐五年（1318）建。
钟形石塔。高约10米。

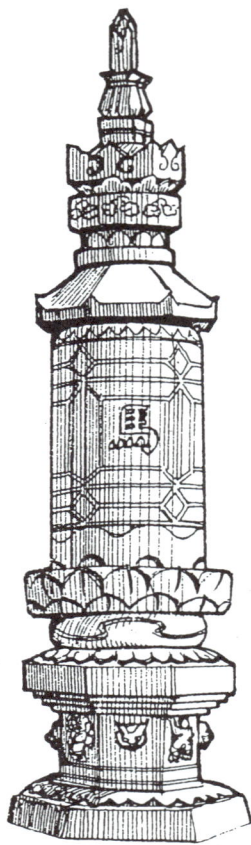

▲ **明公塔**

在少林寺塔林。元大
德九年（1305）建。四角单
层亭阁式砖塔。高约3米。

◀ **清公殿主塔**

在少林寺塔林。元延
祐五年（1318）建。四角
单层亭阁式砖塔，高4米。

▶ **资公塔**

在少林寺塔林。建于元
延祐五年（1318）。四角三
檐密檐式砖塔，高约8米。

▼ **恩公塔**

在少林寺塔林。建于元延祐六年（1319）。四角二层密檐式砖塔，高约5米。

▼ **佛性塔**

在少林寺塔林。建于元延祐六年（1319）。碑式单檐石塔，高约5米。

▲ **玉公塔**

在少林寺塔林。元至治二年（1322）建。四角三层密檐式砖塔。高约8米。

◀ **聚公塔**

在少林寺塔林。元泰定二年（1325）建。四角三层密檐式砖塔，高约7米。

◀ **息庵让公塔**

在少林寺塔林。元至元六年（1340）建。六角五层密檐式砖塔，高约8米。琉璃隔扇门（已损）。

▲ **明公塔**

在少林寺塔林。元至治二年（1322）建。四角三层密檐式砖塔。高约8米。

▲ 足庵塔

在少林寺塔林。元至元
二十年（1283）建。六角七层
密檐式砖塔，高约10米。

▼ 通辩定公塔

在少林寺塔林。元至元二十四年
（1287）建。四角单层重檐亭阁式砖
塔，高约6米。

▼ 灵隐塔

在少林寺塔林。元至元
二十六年（1289）建。六角五
层密檐式砖塔，高约8米。

▲ 矩公塔

在少林寺塔林。建于元至
元二十六年（1289）。四角三
层密檐式砖塔。高约7米。

▼ 中林塔

在少林寺塔林。元至元
二十七年（1290）建。六角七
层密檐式砖塔，高约7米。

▼ 损庵洪益塔

在少林寺塔林。建于元至正
元年（1341）。六角七层密檐式砖
塔，高约10米。

▲ 圆公塔

在少林寺塔林。建于元至正四年（1344）。四角单层三层密檐式砖塔，高约7米。

▲ 成公塔

在少林寺塔林。元至正六年（1346）建。四角三层密檐式砖塔。高6米多。

▲ 无为容公塔

在少林寺塔林。元至正五年（1345）建。六角五层重檐式砖塔，高约10米。

▲ 悟公塔

在少林寺塔林。元至正七年（1347）建。四角单层亭阁式三檐砖塔。高6米多。

◀ 惠辩大师清公塔

在少林寺塔林。建于元至正十一年（1351）。四角三层密檐式砖塔。高6米多。

▼ 住公塔

在少林寺塔林。元至正五年（1345）建。六角三层密檐式砖塔，高约6米。

◀ 安公塔

在少林寺塔林。元至正七年（1347）建。四角三层密檐式砖塔。高6米多。

◀ 盖公塔

在少林寺塔林。元至正十一年（1351）建。四角单层三檐密檐式砖塔。高6米多。

▼ 清公副寺塔

在少林寺塔林西南。元至正十四年（1354）建。四角三层密檐式砖塔。高6米多。

▼ 淳拙塔

在少林寺塔林。元至正十四年（1354）建。六角七层密檐式砖塔。高约10米。

▼ 凤林塔

在少林寺塔林西中。元至正六年（1346）建。六角五层密檐式砖塔，高约10米。

◄ 训公塔

在少林寺塔林。明洪武九年（1376）建。四角三层密檐式砖塔。高约6米。

▼ 柔公塔

在少林寺塔林。明洪武十七年（1384）建。四角三层密檐式砖塔，高约10米。

▲ 乳峰三空了公塔

在少林寺塔林。元代建。四角三层密檐式砖塔，高约6米。

► 辩公塔

在少林寺塔林。明洪武九年（1376）建。四角三层密檐式砖塔。高约6米。

▲ 定公嵩溪塔

在少林寺塔林。明洪武二十四年（1391）建。四角五层密檐式砖塔，高约8米。

▲ 玉公塔

在少林寺塔林。明洪武二十八年（1395）建。四角三层密檐式砖塔，高约7米。

▼ 松庭塔

在少林寺塔林。明洪武二十五年（1392）建。六角五层密檐式砖塔，高约8米。

▼ 毅公塔

在少林寺塔林。明永乐十四年（1416）建。四角五层密檐式砖塔，高约8米。

◄ 无尘清公塔

在少林寺塔林。明宣德五年（1430）建。四角三层密檐式砖塔。高约3米。

▲ 宁公塔

在少林寺塔林。明洪武二十五年（1392）建。四角三层密檐式砖塔，高约6米。

▲ 兴公塔

在少林寺塔林。明洪武二十八年（1395）建。四角三层密檐式砖塔，残高约6米。

◄ 改公塔

在少林寺塔林。明永乐十四年（1416）建。六角五层密檐式砖塔，高约10米。

◄ 竹庵忍公塔

在少林寺塔林。明永乐二十一年（1423）建。六角五层密檐式砖塔，高约8米。

▼ 圆宗整公塔

在少林寺塔林。明宣德五年（1430）建。四角三层密檐式砖塔。高约6米。

▲ 无为训公塔

在少林寺塔林。建于明宣德五年（1430）。四角三层密檐式砖塔。高约6米。

▲ 宗砺金公塔

在少林寺塔林。明宣德五年（1430）建。四角五层密檐式砖塔。高约9米。

◀ 道安勤公塔

在少林寺塔林。明正统十年（1445）建。六角五层密檐式砖塔，高约10米。

▶ 嵩岩喜公塔

在少林寺塔林。明正统十年（1445）建。六角五层密檐式砖塔，高约10米。

▲ 桧庵班公塔

在少林寺塔林。明宣德九年（1434）建。六角五层密檐式砖塔。高约8米。

▶ 金公无用塔

在少林寺塔林。明正统十年（1445）建。四角三层密檐式砖塔。高约5米。

◀ 俱空斌公塔

在少林寺塔林。明景泰四年（1453）建。六角五层密檐式砖塔。高约8米。

▼ 连公松堂塔

在少林寺塔林。建于明成化元年（1465）。四角三层密檐式砖塔。高约6米。

▼ 如山行公塔

在少林寺塔林。明成化元年（1465）建。四角三层密檐式砖塔。高约6米。

▲ 信公道源塔

在少林寺塔林。建于明成化九年（1473）。四角三层密檐式砖塔。高约6米。

▲ 慧公塔

在少林寺塔林。明成化九年（1473）建。四角三层密檐式砖塔。高约6米。

◄ 性公自然塔

在少林寺塔林。明成化九年（1473）建。六角五层密檐式砖塔。高约8米。

▼ 升公大州塔

在少林寺塔林。明成化十年（1474）建。六角五层密檐式砖塔。高约10米。

► 初祖庵主政公道源塔

在少林寺塔林。明成化九年（1473）建。四角三层密檐式砖塔。高约7米。

▲ **昶公辉天塔**

在少林寺塔林。建于明成化
十年（1474）建。六角三层密檐
式砖塔。高约8米。

▼ **成公一峰塔**

在少林寺塔林。建于明成化
十一年（1475）。四角三层密檐
式砖塔。高约7米。

▼ **龙兴院主成公塔**

在少林寺塔林。明成化十一
年（1475）。四角三层密檐式砖
塔。高约6米。

▼ **谨公义堂塔**

在少林寺塔林。明成化十二
年（1476）建。四角三层密檐式
砖塔。高约7米。

▼ **净堂戒公塔**

在少林寺塔林。明成化
十二年（1476）建。四角三
层密檐式砖塔。高约7米。

◄ **玉公翠峰塔**

在少林寺塔林。建于
明成化十二年（1476）。
四角三层密檐式砖塔。高
约6米。

► **隐公东山塔**

在少林寺塔林。建于明成化
十四年（1478）。四角三层密檐式
砖塔。高约8米。

▼ 玲公瑞峰塔

在少林寺塔林。明成化十四年（1478）建。六角五层密檐式砖塔。高约8米。

▼ 忠公敬堂塔

在少林寺塔林。建于明正成化十四年（1478）。六角五层密檐式砖塔，高约10米。

▲ 俊公月舟塔

在少林寺塔林。明成化十四年（1478）建。四角三层密檐式砖塔。高约8米。

◄ 无碍鉴公塔

在少林寺塔林。建于明成化十五年（1479）。四角三层密檐式砖塔。高约8米。

▼ 定公惠庵塔

在少林寺塔林。建于明成化十九年（1483）。四角三层密檐式砖塔。高约8米。

▲ 大千润公塔

在少林寺塔林。明正成化十五年（1479）建。六角五层密檐式砖塔。高约10米。

► 明公月潭塔

在少林寺塔林。建于明成化十七年（1481）。四角三层密檐式砖塔，高约8米。

▼ 从公无方塔

在少林寺塔林。建于明成化十九年（1483）。六角五层密檐式砖塔。高约10米。

▲ 本公塔

在少林寺塔林。明成化二十年（1484）建。四角三层密檐式砖塔。高约6米。

▲ 宝心敬公塔

在少林寺塔林。建于明弘治元年（1488）。六角五层密檐式砖塔。高约9米。

▲ 镇公古堂塔

在少林寺塔林。建于明弘治元年（1488）。四角三层密檐式砖塔。高约8米。

◀ 德公崇仁塔

在少林寺塔林。建于明弘治十一年（1498）。六角三层密檐式砖塔。高约8米。

▼ 古梅庭公塔

在少林寺塔林。建于明弘治十三年（1500）。六角五层密檐式砖塔。高约8米。

▲ 崇公禅师塔

在少林寺塔林。建于明弘治三年（1490）。四角四层密檐式砖塔。高约8米。

▶ 顺公塔

在少林寺塔林。明弘治十三年（1500）建。六角五层密檐式砖塔。高约10米。

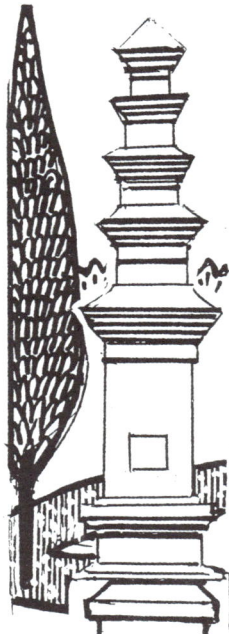

▲ 成公拙庵塔

在少林寺塔林。建于明弘治十四年（1501）。
六角五层密檐式砖塔。高约7米。

▼ 晒公南洲塔

在少林寺塔林。建于明正
德元年（1506）建。六角五层
密檐式砖塔。高约10米。

▼ 庆公云风塔

在少林寺塔林。建于明正
德元年（1506）建。六角五层
密檐式砖塔。高约10米。

▼ 首座成公塔

在少林寺塔林。建于明
正德七年（1512）。四角三层
幢式砖塔。高约5米。

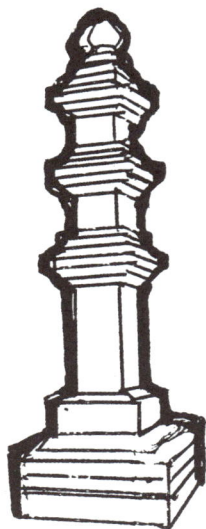

▲ 淳公素庵塔

在少林寺塔林。建于明正德
六年（1511）建。四角三层密檐
式砖塔。高约5米。

◀ 玉峰瑛公塔

在少林寺塔林。建于明
正德七年（1512）。六角三
层密檐式砖塔。高约10米。

▶ 彻空本公塔

在少林寺塔林。明正德七年
（1512）建。四角单层亭阁式砖
塔。高约2米。

▲ 白斋琼公塔

在少林寺塔林。嘉靖元年（1522）
建。四角三层密檐式砖塔。高约6米。

▲ 祯公益庵塔

在少林寺塔林。明正德十二年（1517）建。六角三层密檐式砖塔。高约8米。

▼ 章公印宗塔

在少林寺塔林。嘉靖四年（1525）建。四角三层密檐式砖塔。高约6米。

▼ 宏公大机塔

在少林寺塔林。嘉靖七年（1528）建。四角五层砖塔。高约9米。

▼ 罕公玉堂塔

在少林寺塔林西中部。建于明嘉靖十年（1531）。六角五层密檐式砖塔，高约8米。

▲ 宗琳玉堂塔

在少林寺塔林。明嘉靖十年（1531）。六角五层密檐砖塔。高约8米。

▶ 安公守心塔

在少林寺塔林。明嘉靖十七年（1538）建。四角三层密檐式砖塔。高约8米。

◀ 会公塔

在少林寺塔林。建于明嘉靖十五年（1536）。四角三层密檐式砖塔。高约5米。

▼ 明公月庵塔

在少林寺塔林。建于明嘉靖二十年（1541）。四角五层密檐式砖塔。高约8米。

◀ **典座明公塔**

在少林寺塔林。
明嘉靖二十年（1541）
建。四角单层亭阁式砖
塔。高约3米。

▶ **选公塔**

在少林寺塔林。
明嘉靖二十年（1541）
建。四角三层密檐式砖
塔。高约5米。

▼ **静庵榻公塔**

在少林寺塔林。明嘉靖
二十一年（1542）建。六角
五层密檐式砖塔。高约8米。

◀ **富公寿安塔**

在少林寺塔林。
嘉靖七年（1552）
建。四角三层密檐式
砖塔。高约8米。

▲ **天长续公塔**

在少林寺塔林。明嘉
靖二十六年（1547）建。
四角三层密檐式砖塔。高
约7米。

▶ **竺东万公塔**

在少林寺塔林。明嘉
靖四十年（1561）建。覆
钵式砖塔。高约8米。

▲ **永公大节塔**

在少林寺塔林。明
嘉靖四十三年（1564）
建。六角三层密檐式砖
塔。高约10米。

▲ **智公塔**

在少林寺塔林。明
嘉靖四十三年（1564）
建。四角三层密檐式砖
塔。高约8米。

▼ **转没那塔扁囤塔**

在少林寺塔林。明嘉靖四十四年（1565）建。覆钵式砖塔。高约10米。

◀ **观公大千塔**

在少林寺塔林。明嘉靖年间建。四角三层密檐式砖塔。高约9米。

▲ **就公天竺塔**

在少林寺塔林。明嘉靖四十三年（1564）建。四角三层密檐式砖塔。高约10米。

◀ **旺公塔**

在少林寺塔林。明隆庆四年（1570）建。四角三层密檐式砖塔。高约8米。

▼ **小山大章书公塔**

在少林寺塔林。明隆庆元年（1567）建。覆钵式砖塔。高约10米。

▲ **福公寿安塔**

在少林寺塔林。明隆庆四年（1570）建。四角三层密檐式砖塔。高约8米。

▲ **义公无穷塔**

在少林寺塔林。明隆庆四年（1570）建。四角三层密檐式砖塔。高约8米。

▲ 参公竺方塔

在少林寺塔林。明万历三年（1575）建。六角五层密檐式砖塔。高约8米。

▼ 兴公古宗和尚塔

在少林寺塔林。明万历八年（1580）建。六角三层密檐式砖塔。高约7米。

▼ 空公塔

在少林寺塔林。明万历三年（1575）建。四角三层密檐式砖塔。高约8米。

▼ 贤公隐山塔

在少林寺塔林。明万历三年（1575）建。四角三层密檐式砖塔。高约8米。

▼ 见公塔

在少林寺塔林。建于明万历八年（1580）。四角三层密檐式石塔。高约5米。

▲ 坦然和尚塔

在少林寺塔林。明万历八年（1580）建。瓶形石塔。高约5米。

▶ 彪公塔

在少林寺塔林。明万历十年（1582）建。四角三层密檐式砖塔。高约5米。

▼ 瑞公雪堂塔

在少林寺塔林。建于明万历九年（1581）。四角三层密檐式砖塔，高约10米。

▲ 灯公塔

在少林寺塔林。建于明万历十年（1582）。四角三层密檐式砖塔。高约8米。

▼ 整公无心塔

在少林寺塔林。明万历十年（1582）建。四角三层密檐式砖塔。高约7米。

▶ 福公大海塔

在少林寺塔林。明万历十一年（1583）建。四角三层密檐式砖塔。高约7米。

▼ 助公因衣塔

在少林寺塔林。明万历十年（1582）建。四角三层密檐式砖塔。高约8米。

▲ 对公塔

在少林寺塔林。明万历十一年（1583）建。四角三层密檐式砖塔。高约7米。

▼ 雄公大威塔

在少林寺塔林。建于明万历十年（1582）。四角五层密檐式砖塔。高约10米。

▼ 幻休塔

在少林寺塔林。明万历十四年（1586）建。六角七层密檐式砖塔。高约10米。

▼ 爱公一慈塔

在少林寺塔林。明万历十八年（1590）建。四角五层密檐式砖塔。高约8米。

▲ 迷公塔

在少林寺塔林。建于明
万历十九年（1591）。四角
三层密檐式砖塔。高约6米。

▲ 珉公塔

在少林寺塔林。明万历
二十一年（1593）建。四角
三层密檐式砖塔。高约5米。

▼ 仲公塔

在少林寺塔林。明
万历二十一年（1593）
建。四角五层密檐式砖
塔。高约7米。

▼ 恕公塔

在少林寺塔林。明
万历二十一年（1593）
建。四角三层密檐式砖
塔。高约5米。

▼ 智庵塔

在少林寺塔林。明万历
二十二年（1594）建。四角三
层密檐式砖塔，高约5米。

▲ 秦公塔

在少林寺塔林。明
万历二十一年（1593）
建。四角二层密檐式砖
塔。高约3米。

▲ 辇公塔

在少林寺塔林。明万
历二十一年（1593）建。
四角二层密檐式砖塔。高
约3米。

▲ 当公正宗塔

在少林寺塔林。
建于明万历二十五年
（1597）。四角三层密
檐式砖塔，高约7米。

◀ 台公塔

在少林寺塔林。明万历
二十二年（1594）建。四角
三层密檐式砖塔。高约5米。

◀ 均公芸庵塔

在少林寺塔林。明万历
二十五年（1597）建。四角五
层密檐式砖塔。高约7米。

▲ 白公雪峰塔

在少林寺塔林。建于
明万历二十五年（1597）
建。四角三层密檐式砖
塔，高约7米。

▲ 武公本乐塔

在少林寺塔林。明万
历四十六年（1618）建。
四角三层密檐式砖塔，高
约6米。

▼ 万庵顺公万安塔

在少林寺塔林。明万历
四十六年（1618）建。四角
五层密檐式砖塔，高约6米。

▼ 雪居塔

在少林寺塔林。建于明
天启三年（1623）。六角七
层密檐式砖塔。高十余米。

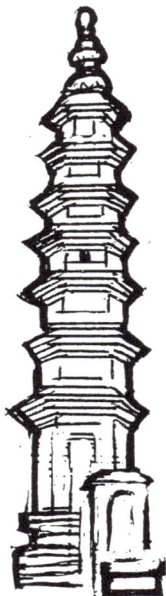

▼ 禅寂塔

在少林寺塔林。
明万历年间建。四角
二层密檐式砖塔，高
约3米。

◄ 无言道公寿寓塔

在少林寺白衣庵。明天
启四年（1624）建。五层覆
钵式砖塔。高4.3米。

► 静庵塔

在少林寺塔林。明天启
四年（1624）建。六角七层
密檐式砖塔，高十余米。

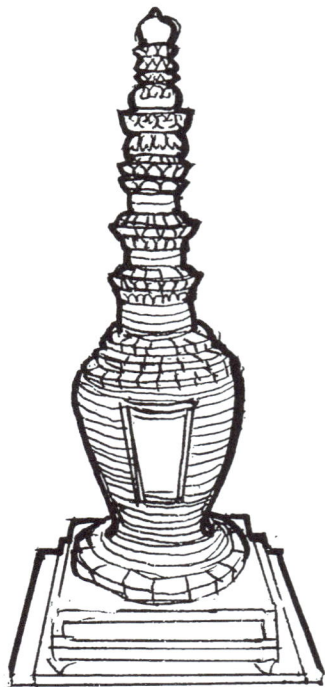

► 房公右室塔

在少林寺塔林。建于明天
启四年（1624）。四角三层密
檐式砖塔，高约7米。

◄ 信公道源塔

在少林寺塔林。建于明
天启四年（1624）。四角三
层密檐式砖塔，高约7米。

▼ 古鉴镜公塔

在少林寺塔林。明天启五年（1625）建。四角三层密檐式砖塔，高约7米。

▼ 乡公塔

在少林寺塔林。明天启五年（1625）建。四角三层密檐式砖塔。高约10米。

▼ 大才便公塔

在少林寺塔林。明天启五年（1625）建。四角三层密檐式砖塔。高约8米。

▲ 灵峰寿公塔

在少林寺塔林。明天顺元年（1457）建。六角五层密檐式砖塔。高约8米。

◀ 东明胜公塔

在少林寺塔林。明天顺七年（1463）建。六角三层密檐式砖塔。高约6米。

▲ 顺公塔

在少林寺塔林。清康熙五年（1666）建。四角三层密檐式砖塔。高约6米。

▲ 法缘塔

在少林寺甘露台北沟地。清康熙二十七年（1688）建。四角三层密檐式砖塔。高4.1米。

▲ 宾公智庵塔

在少林寺塔林北水沟内。明代建。四角三层密檐式砖塔，高约5米。

▲ 寒灰喜公塔

在少林寺塔林东北角。清顺治九年（1652）建。六角七层密檐式砖塔。高十余米。

◀ 彼岸宽塔

在少林寺塔林。建于清康熙五年（1666）。六角七层密檐式砖塔。高约十米。

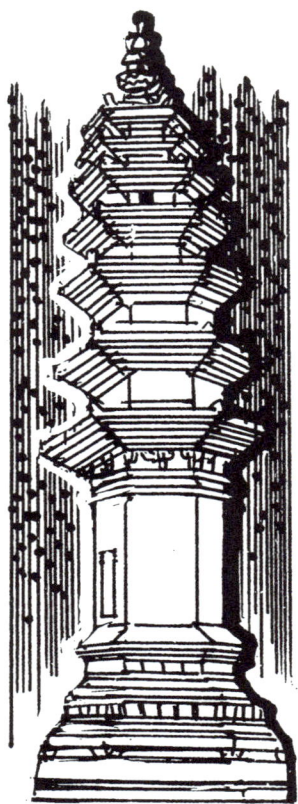

◀ **弥壑澧公塔**

在法王寺后。清康熙二十四年（1685）建。六角七层密檐式砖塔。高11米。

▶ **魁公觉灵塔**

在少林寺塔林。建于清康熙三十三年（1694）。四角三层密檐式砖塔。高约7米。

▼ **中铉替公塔**

在少林寺塔林。建于清康熙三十四年（1695）。四角三层密檐式砖塔。高约7米。

▶ **嵩印钦公塔**

在少林寺塔林。清康熙五十五年（1716）建。四角三层密檐式砖塔。高约7米。

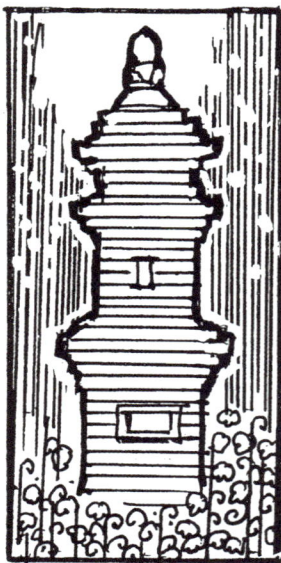

◀ **汝妙塔**

在少林寺甘露台北沟地。清康熙五十六年（1717）建。四角三层密檐式砖塔。高4米。

▲ **元白方公塔**

在少林寺塔林。建于清乾隆十一年（1746）。四角五层密檐式砖塔。高约7米。

▼ **九如永公塔**

在少林寺塔林。建于清乾隆二十三年（1758）。六角五层密檐式砖塔。高约7米。

◀ **清故林公塔**

在少林寺塔林。清乾隆二十三年（1758）建。六角二层密檐式砖塔。高3.9米。

◀ **心云宁公塔**

在少林寺塔林。清嘉庆三年（1798）建。四角三层密檐式砖塔。高3.9米。

▼ 藏云山公塔

在少林寺塔林。清代建。六角五层砖塔。高约10米。

◀ 无铭塔

在少林寺塔林。清代建。四角单层亭阁式砖塔。高2.5米。

▲ 灵山会公塔

在少林寺塔林。清嘉庆八年（1803）建。四角三层密檐式砖塔。高约6米。

◀ 蕴公塔

在少林寺塔林。年代不详。四角三层密檐式式砖塔。高约3米。

▼ 脱尘好公塔

在少林寺塔林。年代不详。四角三层密檐式砖塔。高约6米。

▲ 衡如权公塔

在少林寺塔林。清代建。四角三层密檐式砖塔。高约8米。

▲ 正公塔

在少林寺塔林。年代不详。四角三层密檐式砖塔。高约6米。

▲ 便公副寺塔

在少林寺塔林。年代不详。四角二层密檐式砖塔。高约6米。

◀ 无铭塔

在少林寺塔林。年代不详。四角三层密檐式砖塔。高约6米。

◀ 无铭塔

在少林寺塔林。年代不详。四角五层密檐式砖塔。高约8米。

▲ 无铭塔

在少林寺塔林。年代不详。四角三层密檐式砖塔。高约5米。

▼ 无铭塔

在少林寺塔林。年代不详。四角二层密檐式砖塔。高约3米。

▼ 净慧大师安公塔

在少林寺塔林。年代不详。四角三层密檐式砖塔。高约6米。

▼ 残铭塔

在少林寺塔林。年代不详。四角二层密檐式砖塔。高约3米。

▼ 武僧正德塔

在少林寺塔林。年代不详。四角三层密檐式砖塔。高约6米。

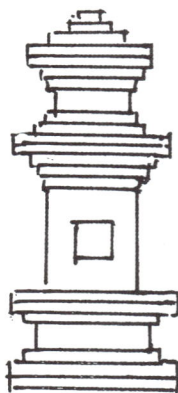

▲ 耀公典座塔

在少林寺塔林。年代不详。四角二层密檐式砖塔。高约4米。

▼ 残焰铭塔

在少林寺塔林。年代不详。四角三层密檐式砖塔。高约6米。

▼ 大方圆公塔

在少林寺塔林。年代不详。四角三层密檐式砖塔。高约8米。

► 提□□□□塔

在少林寺塔林。年代不详。四角三层密檐式砖塔。高约6米。

◄ 聪公塔

在少林寺塔林。年代不详。四角三层密檐式砖塔。高约8米。

开封市

龙亭区

▶ 祐国寺塔

在开封市龙亭区北门大街铁塔公园。全国重点文物保护单位。俗称铁塔。宋皇祐元年（1049）建。八角十三层楼阁式琉璃塔。塔身部分淤入地下，地面高55.08米。

禹王台区

▼ 繁塔

在开封市禹王台区繁塔西街。全国重点文物保护单位。因建于繁台得名，正名兴慈塔，又称天清寺塔。建于北宋开宝七年（974）。清代于残塔三层上建七层小塔。六角楼阁式砖塔。塔身嵌砌七千多宋代砖雕人物。塔内镶178方宋代石刻。高36.68米。

杞县

▲ 大云寺塔

在杞县瓦岗村大云寺遗址。俗称瓦岗塔。全国重点文物保护单位。宋代建，明万历二十四年（1596）依旧式重建。八角七层楼阁式砖塔。高21米。内外壁镶嵌佛像400余尊，现存佛像砖51块。

尉氏县

▶ 兴国寺塔

在尉氏县大东门外兴国寺旧址。北宋太平兴国年间建。明洪武元年（1368）依旧式重建。六角八层楼阁式砖塔。高30米。

洛阳市

老城区

◀ 文峰塔

在洛阳市老城区东台巷。宋代建，清重建，2011年重修。四角九层楼阁式砖石塔。28.5米高。首层、顶层塑文昌、魁星像。

◀ 澄公性天和尚之塔

在洛阳市老城区岳家村下清宫。明嘉靖四年（1525）建。六角七层楼阁式砖石塔。塔刹已失，高7.25米。

▶ 安国寺住持镜本执砖塔

在洛阳市老城区岳家村下清宫。明嘉靖四年（1525）建。六角七层楼阁式砖石塔。塔刹已失，高6.2米。

▼ 张清林塔

在洛阳市老城区岳家村下清宫。明正德十一年（1516）建。八角七层楼阁式砖石塔。8.8米高。

洛龙区

▼ 龙门石窟浮雕石塔

在洛阳市洛龙区龙门石窟。开凿于北朝至宋代。现存浮雕佛塔70余座。四角单层至七层亭阁式、楼阁式石塔。高度在十几厘米到三米。

▲ 龙门石窟四门石塔

在洛阳市洛龙区龙门石窟西山北坡。唐代建，四角四层楼阁式石塔。高2.88米。

▲ 龙门神会身塔塔式盖铜盒

1983年出土于洛阳市洛龙区龙门西山北麓宝应寺神会身塔（唐永泰元年（765）建于荆州开元寺，大历七年（772）迁回洛阳龙门）遗址塔基石室。盒盖塔式九重相轮，此盒或为盛舍利容器。

◀ 齐云塔

在洛阳市洛龙区全国重点文物保护单位白马寺山门外东南。后唐始建木塔，金大定十五年（1175）改建为四角十三层密檐式砖塔。高35米。

▼ 关林艺术馆石塔

洛阳市洛龙区关林镇关林艺术馆藏。从洛阳各地收集唐代石塔5座。四角二层至九层楼阁式或密檐式实心石塔。全石雕刻，高0.6米至1.3米，其中唐开元三年（715）石塔（图左二）完整。

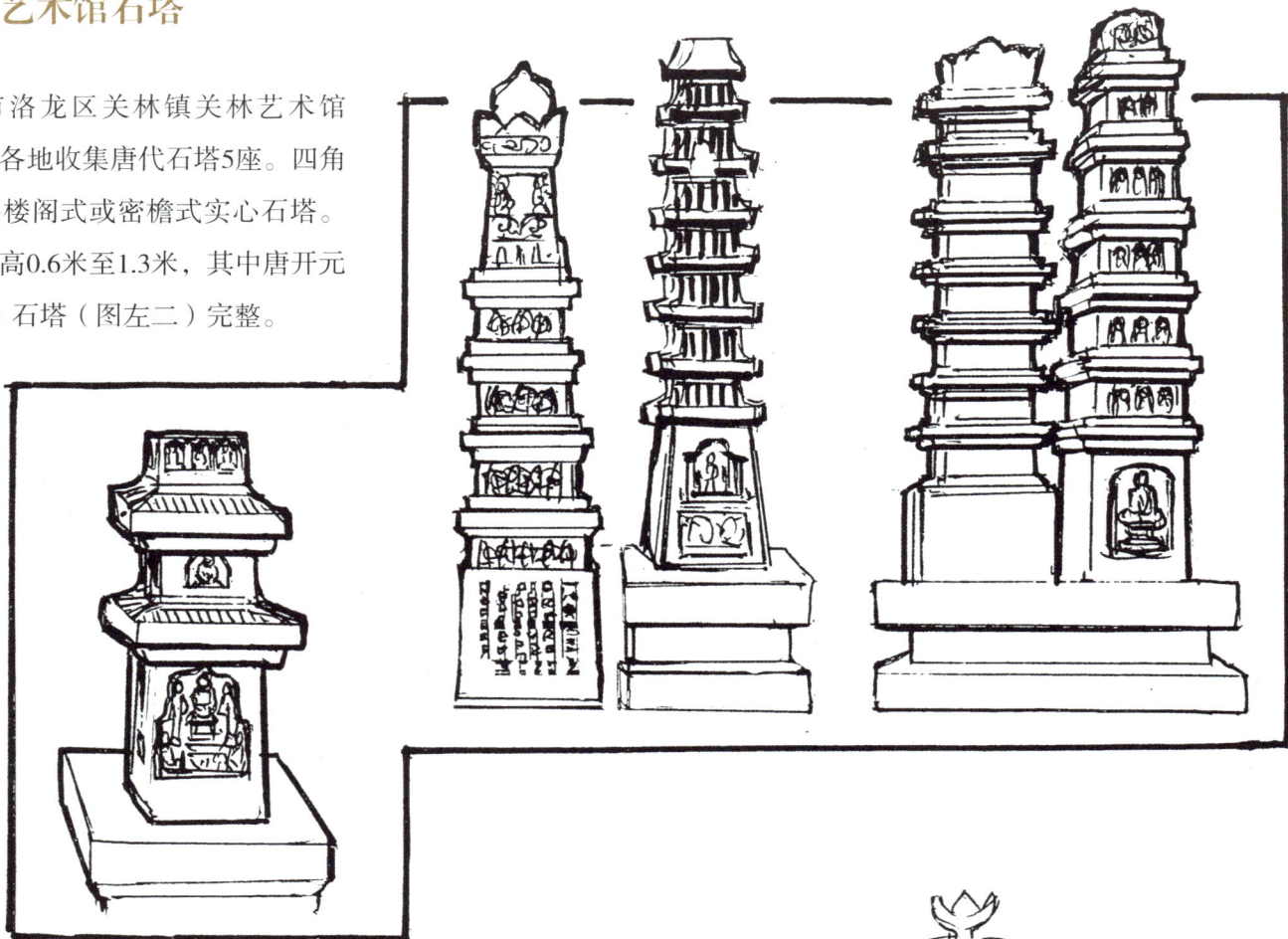

◀ 关林石塔

在洛阳市洛龙区关林镇练庄村2009年发现。四角九檐密檐式石塔。高2米。埋地下四层，地面五层。

▶ 洛阳博物馆馆藏铜塔

洛阳市洛龙区聂泰路洛阳博物馆藏。年代不详，覆钵式铜塔。

嵩县

◀ 青龙寺塔

在嵩县白河镇庙垭村。明代建。六角七层楼阁式砖石塔。现存四层，残高12米。

▶ 十方海会普同塔

在嵩县白河镇五马寺村。明代建。六角七层楼阁式砖塔。高12米。

▲ 五顷寺双石塔

在嵩县车村镇拜石村五顷寺旧址。元代建。一为六角六层楼阁式实心石塔，高12.3米。一为覆钵式石塔。高近10米。

🏛 宜阳县

▲ 五花寺塔

在宜阳县三乡镇五花寺遗址。全国重点文物保护单位。宋代建。2017年重修。八角九层楼阁式砖塔。高约30米。

🏛 新安县

▼ 西沃石窟浮雕塔

在新安县西沃石窟2号窟。因黄河小浪底水利工程施工，整体移至新安县铁门镇。窟外东壁摩崖浮雕石塔4座、塔形窟51个。浮雕石塔均为四角七层楼阁式，最高2米。

▼ 灵山寺塔林

在宜阳县城关乡灵山寺。现存明清寺僧墓塔16座。寺内3座为石塔，其中明成化十七年（1481）建四角幢式塔（下右），高约5米。寺东北13座均为四角或六角三层楼阁式实心砖塔，高3-8米。

平顶山市

汝州市

▶ **庇山砖塔**

在汝州市陵头乡陵头村外山上。清代建。四角五层密檐式砖塔，高约6米。塔门开在前面相联的刘仙姑祠内。

▲ **法行寺塔**

在汝州市丹阳东路法行寺遗址。全国重点文物保护单位。唐中期建。四角九层密檐式砖塔。高26米。

▼ **风穴寺七祖塔**

在汝州市全国重点文物保护单位风穴寺后院。唐开元二十六年（738）建。唐玄宗赐额"七祖塔"。四角九层密檐式实心砖塔。高约22米。

◀ **风穴寺塔林**

在汝州市全国重点文物保护单位风穴寺外分布上塔林、下塔林及外围。现存元明清僧墓塔83座（元塔16座，余为明清塔）。上塔林明覆钵式塔为石塔，其余为密檐式砖塔。平面四角、六角，层数三至五层居多。高度3.5至8米。

◀ **石塔**

在汝州市风穴寺下塔林。建于明正德十四年（1519）。覆钵式石塔。高约6米。

▶ **慧公宗师塔**

在汝州市风穴下塔林。元至元十七年（1280）建。六角四层密檐式砖塔。高约6米。

▼ **鲁云兴公塔**

在汝州市风穴寺下塔林。元至元二年（1336）建。六角三檐亭阁式砖塔。高约5米。

◀ **应严瑞公、密严显公塔**

在汝州市风穴寺下塔林。元至正年间建。四角三层密檐式砖塔。高约6米。

▲ **洞然福月塔**

在汝州市风穴寺下塔林。元至正二年（1342）建。六角三层密檐式砖塔。高约4米。

▲ **进公塔**

在汝州市风穴寺下塔林。建于元至正六年（1346）。四角三层密檐式石塔。高约5米。

▲ **聪公塔**

在汝州市风穴寺下塔林。元代建。四角三层密檐式砖塔。高约5米。

▲ **月峰妙海塔**

在汝州市风穴寺下塔林。明初建。四角三层密檐式砖塔。高约6米。

▲ **无言默公塔**

在汝州市风穴寺上塔林。明代建。四角三层密檐式砖塔。高约5米。

▲ **运公塔**

在汝州市风穴寺上塔林。明万历年间建。四角三层密檐式砖塔。高约6米。

▲ 勋公塔

在汝州市风穴寺上塔林。明万历年间建。四角三层密檐式砖塔。高约5米。

▼ 无为长老塔

在汝州市风穴寺上塔林。明万历年间建。六角五层密檐式砖塔。高约7米。

▲ 雪兆塔

在汝州市风穴寺下塔林。建于清康熙二十年（1681）。四角三层密檐式砖塔。高约6米。

▲ 锦庵文公塔

在汝州市风穴寺下塔林。建于清雍正十一年（1733）。四角三层密檐式砖塔。高约5米。

▲ 松林公之塔

在汝州市风穴寺上塔林。明代建。四角三层密檐式砖塔。高约6米。

◀ 正司矢池公泽塔

在汝州市风穴寺上塔林。明代建。四角三层密檐式砖塔。高约6米。

▶ 风穴大潮江公寿塔

在汝州市风穴寺上塔林。明代建。四角三层密檐式砖塔。高约6米。

▲ 定如公塔

在汝州市风穴寺上塔林。明代建。四角三层密檐式砖塔。高约6米。

◀ 中庵勤公塔

在汝州市风穴寺上塔林。明代建。四角三层密檐式砖塔。高约6米。

▶ 汉公之塔

在汝州市风穴寺上塔林。明代建。四角三层密檐式砖塔。高约6米。

▲ 贺公塔

在汝州市风穴寺下塔林。明代建。四角三层密檐式砖塔。高约6米。

▲ 松齐慧公塔

在汝州市风穴寺下塔林。明代建。四角三层密檐式砖塔。高约6米。

▼ 奎光塔

在汝州市风穴寺外状元峰。清雍正十一年（1733）建。六角三层密檐式石塔。高5米。

▼ 普通塔

在汝州市临汝镇崆峒山。清康熙十年（1671）建。六角四层楼阁式砖塔。高9.5米。

▲ 灵峰塔

在汝州市崆峒山。清康熙十八年（1679）建。六角四层楼阁式砖塔。6.8米高。

▲ 灵秘塔

在汝州市临汝镇崆峒山。清康熙三十七年（1698）建。六角四层楼阁式砖塔。高8.5米。

▲ 隐相塔

在汝州市崆峒山。清康熙四十五年（1706）建。覆钵式砖塔。高3.9米。

▼ 培风塔

在汝州市小屯镇史庄村三山，又名三山古塔。清嘉庆二十三年（1818）建。1949年雷击损毁，2017年重修。六角七层楼阁式砖塔，高20余米。

▲ 大彻塔

在汝州市崆峒山。清康熙五十八年（1719）建。覆钵式砖塔。高4.7米。

▲ 怀睿和尚塔

在汝州市崆峒山。清雍正六年（1728）建。六角四层楼阁式砖塔。7.6米高。

▲ 道成和尚塔

在汝州市崆峒山。1916年建。六角三层楼阁式砖塔。5.5米高。

宝丰县

▶ 普门寺大悲观音大士塔

在宝丰县闹市镇香山普门寺。全国重点文物保护单位。北宋熙宁元年（1068）重建。八角九层楼阁式砖塔。高23米。

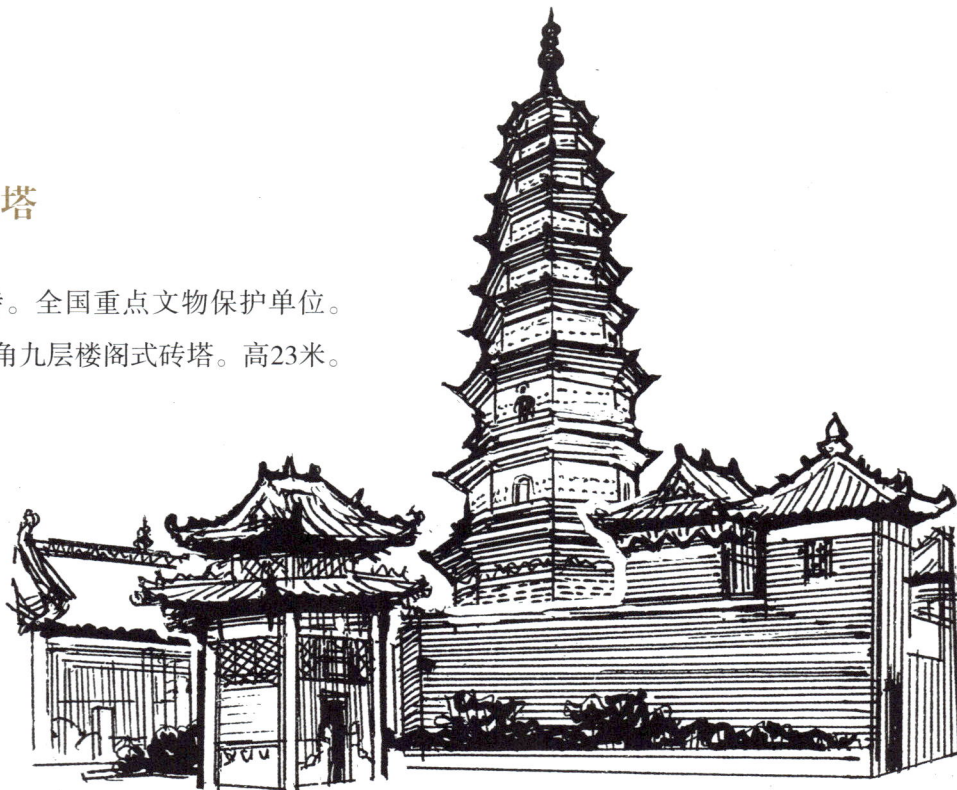

◀ 文峰塔

在宝丰县杨庄镇笔山。明万历七年（1579）建。六角锥形实心砖塔。高12.6米。

新乡市

▲ 铜塔

藏于新乡市博物馆。明中期铸造。八角十三层楼阁式铜塔。高2.95米。

▲ 玲珑塔

在原阳县原武镇。全国重点文物保护单位。建于宋崇宁四年（1105）。六角十二层楼阁式砖塔。高34米。

延津县

◀ **大觉寺万寿塔**

在延津县城关镇城北街。明嘉靖二十八年至万历十三年（1549—1585）建。六角七层楼阁式砖塔。高30米。

▶ **广唐寺塔**

在延津县石婆固乡塔铺村，也称白马塔。全国重点文物保护单位。宋代建，明嘉靖四十二年（1563）重修。六角残存八层楼阁式砖塔。高30米。

卫辉市

▲ **镇国塔**

在卫辉市城外东南隅。又称灵应塔。明万历十三年（1585）建。六角七层楼阁式砖塔。塔刹早毁，又称没顶塔。代修复。高34.5米。

辉县市

▼ **善济塔**

在辉县市城关街道中心路古塔公园天王寺。全国重点文物保护单位。建于元至元四年（1267）。六角七层楼阁式砖塔。高24.4米。

▲ **普照大禅师塔**

在辉县市薄壁镇白云寺后。建于元至元二十九年（1292）。2002年部分被盗。五层鼓状石塔。图为原塔，4.9米高。

▼ **徽公塔、秀公塔**

在辉县市薄壁镇白云寺后。徽公塔（右）全称寂照通悟徽公塔，南宋淳祐六年（1246）建，塔身嵌元好问撰碑铭。秀公塔（左）全称圆寂亲教秀公孤同向春风各自愁长老之塔，明嘉靖十六年（1537）建。均四角五层密檐式砖塔，高约7米。塔基须弥座大部分没于地下。

▲ **妙觉大禅师塔**

在辉县市薄壁镇白云寺北山坡。元代建。鼓状石塔。高3.17米。

▶ **凌云寺塔**

在辉县市高庄镇六台山村，俗称六台山塔。元代建。八角六层楼阁式砖塔，高11米。

▲ **隐庵长老塔**

在辉县市薄壁镇白云寺后。明代建。四角五层密檐式砖塔。高约7米。

▼ **魁星塔**

在辉县市南寨镇南村华石岭山，亦称魁星阁。清光绪十年（1884）建。六角三层石塔，高12米。

焦作市

修武县

▶ **百家岩寺塔**

在修武县方庄镇桑湾村北百家岩寺旧址，又称孝女塔。全国重点文物保护单位。唐代建。金重建。八角九层楼阁式砖塔。高26.15米。

◀ 瑞云塔

在修武县方庄镇桑湾村北百家岩寺旧址。明弘治四年（1491）建。四角三层楼阁式砖塔。高3米。

▶ 胜果寺塔

在修武县城关镇东大街。全国重点文物保护单位。宋绍圣三年（1096）建。明万历四十五年（1617）重修。八角七层楼阁式砖塔。高26.15米。首层低于地面约一米。

博爱县

▶ 七星塔、阮公塔

在博爱县月山镇月山寺月台山。元末至明中叶建。排列如北斗七星。六角五层楼阁式砖塔，高3至10米。旁阮公塔，明弘治五年（1492）建，葫芦形石塔。高约2米。

◀ 六公塔

在博爱县月山镇月山寺月台山。清乾隆四十二年（1777）建。六角五层密檐式砖塔。高约10米。

▶ 普同宝塔

在博爱县月山镇月山寺七星塔院。元代建。六角五层密檐式砖塔。高约6米。

▲ 苍公塔

在博爱县月山镇月山寺一公塔院。金代建。六角五层密檐式砖塔。高5米。

武陟县

▼ 妙乐寺塔

在武陟县城西南妙乐寺旧址。全国重点文物保护单位。后周显德七年（960）建，宋重修。四角十三层密檐式砖塔。高二十余米。

沁阳市

▲ 天宁寺三圣塔

在沁阳市博物馆。全国重点文物保护单位。金大定十一年（1171）建。八角十三层密檐式砖塔。高32.76米。

▲ 邠国公塔

在沁阳市博物馆（图中三圣塔右前侧）。元泰安二年（1325）建。覆钵式塔。高6.5米。

▼ 性空和尚塔

在沁阳市崇义镇南范村。建于清光绪十三年（1887）。四角五层密檐式砖塔。残高4.7米。

▼ 普通塔

在沁阳市紫陵镇云寨村云阳寺旧址。元至元二十五年（1288）建。四角三檐密檐式砖塔，高4米。

▲ 瑞庵和尚塔

在沁阳市紫陵镇云寨村云阳寺旧址。建于明成化五年（1469）。四角三檐密檐式砖塔。高4米。

▲ 胜公塔

在沁阳市紫陵镇云寨村云阳寺旧址。元中统四年（1263）建。四角五檐密檐式砖塔。高6米。

安阳市

文峰区

▶ 乾明寺塔

在安阳市文峰区冠带巷乾明寺内。又称小白塔。元代建。覆钵式砖塔。高12米。

▲ 天宁寺塔

在安阳市文峰区天宁寺，又称文峰塔。全国重点文物保护单位。后周天顺二年（952）建。四角五层楼阁式砖塔。通高38.65米。塔身上大下小。

◀ 宝莲寺塔

在安阳市文峰区宝莲寺镇杨家井。又称普同宝塔。明崇祯七年（1634）建。六角五层楼阁式砖石塔。高约8米。

殷都区

▶ 众乐村塔

在安阳市殷都区伦掌镇众乐村。宋代建。八角七层密檐式砖塔。残存四层，高6米。

龙安区

▶ 八宝塔

在安阳市龙安区善应镇黄阳山老母殿后。清代建。覆钵楼阁混合式砖塔。残高10米。

滑县

◀ **皇姑寺塔**

在滑县半坡店乡皇塔村北。明正统九年（1444）建。六角七层密檐式砖塔，附塔身建庙。高约7米。

◀ **明福寺塔**

在滑县县城明福寺。全国重点文物保护单位。唐宝历二年（826）建，北宋重建。原四角九层密檐式砖石塔，1929年改为七层，塔顶改桃状。1963年重修。高40米。塔身外壁圆龛浮雕坐佛。

安阳县

◀ **兴阳院塔**

在安阳县马家乡李家庄村兴阳禅院旧址。底层立一丈八高石佛，又名丈八佛塔。全国重点文物保护单位。宋代重修。八角七层楼阁式砖塔。高约20米。

◀ **修定寺塔**

在安阳县磊口乡清凉山村修定寺旧址。塔门楣刻三世佛，又称三生宝塔。塔身橘红色，俗称红塔。全国重点文物保护单位。南北朝始建，唐乾元元年（758）重建。又称唐塔。四角单层亭阁式琉璃塔。高20米。

▶ **香山佛寺塔**

在安阳县磊口乡上庄村香山佛寺景区狮子垴。宋代建，明代重修。六角楼阁式砖塔。残存一层。高约5米。

◀ **灵泉寺浮雕塔林**

在安阳县宝山灵泉寺两侧崖壁。东魏至宋代雕造。塔龛164个，其中宝山81个、岚峰山83个。浮雕四角单层亭阁式塔，高0.8-1.2米。

▶ **灵泉寺北齐双塔**

在安阳县宝山灵泉寺。北齐河清二年（563）建。四角单层亭阁式石塔。西塔高2.22米，东塔高2.14米。

▲ **灵泉寺唐双塔**

在安阳县宝山灵寺。唐代建。四角单层密檐式石塔。东塔高5.22米，西塔高为5.56米。

内黄县

▼ **大兴寺塔**

在内黄县毫城镇裴村。又称裴村塔。全国重点文物保护单位。始建于唐代。八角七层楼阁式实心砖塔。高18.7米。

▲ **里固石塔**

在内黄县井店镇里固村。唐代建，四角七檐密檐式石塔。残高2.78米。

▲ **复兴庵双石塔**

在内黄县二安乡前花固小学。现不知去向。唐天宝二年（743）建。四角单层密檐式石塔。高2.5米。

汤阴县

▶ 文笔塔

在汤阴县城关镇东南城墙旧址。又称文峰塔。清乾隆九年（1744）建。覆钵式上七层圆柱形砖塔。通高约25米。

▲ 奎光阁

在汤阴县城。又称奎光楼。明天启年间建。石基座上四层楼阁式砖塔，下两层四角，上两层八角，通高约22米。

林州市

◀ 文峰塔

在林州市龙凤山。又称登龙宝塔。清乾隆十二年（1747）建六角三层楼阁式石塔，道光十七年（1837）扩建为七层砖塔。高约20米。

▲ 乾寿禅师、大缘禅师摩崖塔

在林州市合涧乡北庵沟村南摩。四角单层亭阁式浮雕石塔。大缘禅师塔（左），唐贞观二十二年（648）凿，高0.77米。乾寿法师塔（右），唐贞观年间凿，塔龛高2.65米。

◀ 洪谷寺塔

在林州市合涧镇南庵沟村洪谷寺旧址。又名救公禅师塔。全国重点文物保护单位。始建唐代。四角七层密檐式砖塔。高15.4米。

▶ **惠明寺塔**

在林州市河顺镇申村惠明寺。明弘治十七年（1504）建。覆钵式石塔。高15.85米。

▲ **崇善寺塔**

在林州市河顺镇上坡村崇善寺。明成化年间建。覆钵式石塔。高约18米。

▶ **阳台寺双塔**

在林州市五龙镇岭后村阳台寺遗址。全国重点文物保护单位。唐天宝九年（750）建。四角密檐式石塔。残存东塔五檐2.79米高，西塔七檐高3.04米。

▲ **珍珠塔**

在林州市河顺镇塔子驼村西。唐代建，明正德十四年（1519）重建。四角七层式楼阁式砖石塔。高9米。

▼ **金塔**

在林州市横水乡九家庄村东。金大定十八年（1178）建。六角幢式石塔。高4.1米。

▲ **黄华塔林**

在林州市城郊乡黄华村谷觉仁院上下塔院，现存元明清僧塔16座，多为覆钵式和幢式石塔。后排右为元菊庵长老塔，幢式石塔，高4.1米。

鹤壁市

鹤山区

▶ 郜公塔

在鹤壁市鹤山区集乡西寺湾村和姬家山乡张陆沟村交汇处竹林寺旧址。元至元十二年（1275）建，四角三层密檐式石塔。高约6米。

淇滨区

◀ 天宁寺石塔

在鹤壁市淇滨区北阳镇良相村天宁寺旧址。又名陈婆造心经浮图。唐开元九年（721）建，四角七檐密檐式石塔，高1.63米。

▲ 玄天洞双塔

在鹤壁市淇滨区大河涧乡弓家村铁脚山麓。全国重点文物保护单位。玲珑宝塔（图右）始建于元，明正德间重建。四角九层楼阁式石塔，高约12米。砖塔（图左）清代建，四角七层密檐式，高7.5米。

▲ 丁公塔

在鹤壁市淇滨区云梦北山庞涓洞下方。明正德八年（1513）建。四角单层亭阁式石塔。高约3米。

▶ 超公和尚塔

在鹤壁市淇滨区灵山寺。球状石塔，高约3米。

浚县

▲ **福胜寺双塔**

在浚县县城佛圣寺。唐建东西双塔。残存四角八檐密檐式。高约4米。

▼ **升仙塔**

在浚县新镇镇淇门村。又称风雪避。清代建。八角七层楼阁式砖塔，高10米。

▲ **陇西尹公塔**

原在浚县真武庙遗址，移至县博物馆内。建于唐天宝九年（750）。四角五檐密檐式石塔。高约4米。

南阳市

卧龙区

▲ **鄂城寺塔**

在南阳市卧龙区石桥镇鄂城寺。始建于隋大业十三年（617），故称隋塔。北宋元符二年（1099）重建。六角七层密檐楼阁式砖塔。高23米。

▼ **龙角塔**

在南阳市卧龙区卧龙岗武侯祠西南。塔顶各角雕刻龙头故名。清咸丰四年（1854）建，六角五层楼阁砖塔，高11.1米。

镇平县

▶ 宝林寺塔

在镇平县四山乡伏牛山。明成化二十一年（1485）建。四层石塔，首层鼓状，上三层八角楼阁式。高9米。

南召县

◀ 云居才公塔、孤岩安公塔、窠公塔

在南召县留山镇马湾村全国重点文物保护单位丹霞寺塔林。云居才公塔（右），元至元三年（1337）建。六角密檐式砖塔，残存两层。孤岩安公塔（中），元至元六年（1340）建，六角三层楼阁式砖塔，高约4米。窠公塔（左），元代建，六角三层密檐式塔，高4-7米。

▼ 筠溪和公塔、海公塔、讷庵言公塔

在南召县留山镇丹霞寺塔林马湾小学门前。筠溪和公塔（右），元至元三年（1337）建，六角三层密檐式砖塔，高约4米；海公塔（左），元代建，六角单层密檐式砖塔，高1米余；讷庵言公塔（中），元至元三年（1337）建，六角密檐式砖塔，残存一层，约2.5米高。

▲ 元塔

在南召县留山镇丹霞寺塔林。元代建，六角三层密檐式砖塔。残高约5米。

▲ 明塔

在南召县留山镇丹霞寺塔林。明代建。四角二层楼阁式砖塔。高约3米。

▲ 明塔

在南召县留山镇丹霞寺塔林。明代建。四角单层亭阁式砖塔1座，高约2米。四角双层楼阁式砖塔2座，高约3米。

▼ 普参禅师塔、坦然公塔、海参绘公塔

在南召县留山镇丹霞寺塔林，丹霞寺西南。普参禅师塔（左），清光绪十一年（1885）建，单层亭阁式石塔，高约2米；坦然公塔，光绪三十二（1906）建，单层亭阁式石塔，高约4米；海参绘公塔，建于光绪十四年（1888），单层亭阁式石塔，高约4米。高2.5米。

淅川县

▼ 香严寺塔林

在淅川县仓房镇磨沟村白崖山香严寺（又名显通寺、香严长寿寺）。全国重点文物保护单位。东塔林（下图）、西塔林（右图），共26座。平面六角、四角，覆钟式、密檐式石塔、砖塔。

▶ 香严寺双石塔

在淅川县仓房镇白崖山香严寺。年代不详。钟形石塔。高约2米。

🏵 内乡县

◀ 法云塔

在淅川县仓房镇白崖山香严寺。颙愚谧禅师墓塔。清乾隆十一年（1746）建。六角七层楼阁式石塔。高15米。

▶ 法云寺塔

在内乡县马山口镇三岔河村。又称圣垛寺塔。明代建，景泰七年（1456）、清乾隆四十八年（1783）重修。八角七层楼阁式砖塔，高23米。塔心空高8米，塔顶有面向四方尾部相连的石狮。

🏵 唐河县

◀ 泗洲寺塔

在唐河县城关镇新春路。全国重点文物保护单位。宋绍圣二年（1095）建。明洪武十年（1377）、万历年间重修。八角十层楼阁式砖塔。高47.33米。

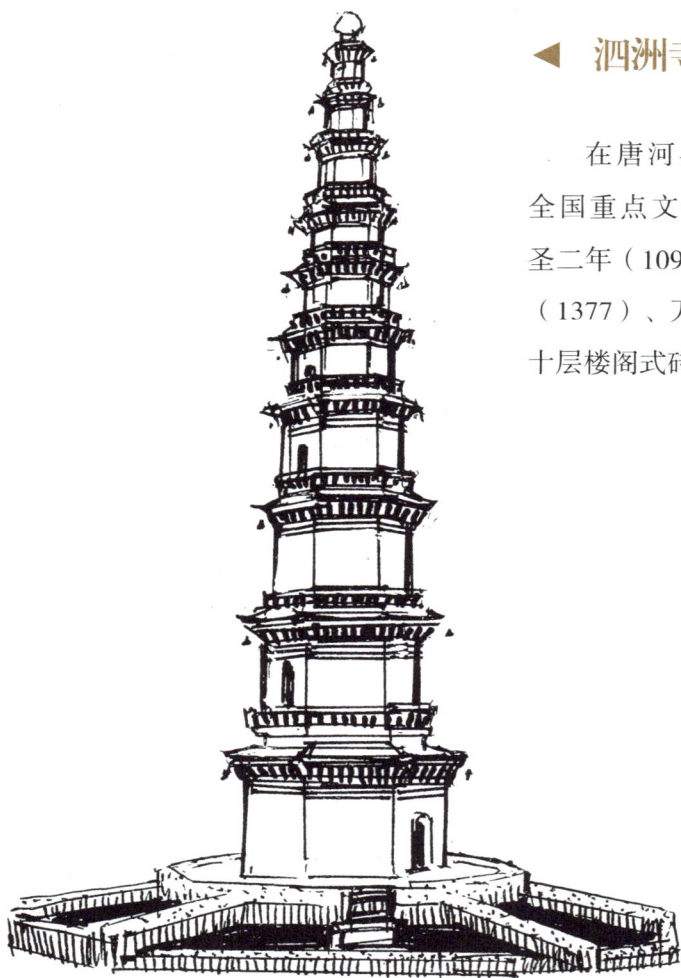

▲ 文笔峰塔

在唐河县文峰街道星江路文峰广场。清康熙十年（1671）建。八角九层楼阁式砖塔。高28米。

邓州市

▶ 福胜寺塔

在邓州市古城街道大十字街福胜寺，又称梵塔。全国重点文物保护单位。隋仁寿二年（602）建，北宋天圣十年（1032）重建。明洪武十年（1377）重修。八角七层楼阁式砖塔。高38.28米。1988年由地宫出土佛顶骨舍利、佛牙。

信阳市

浉河区

▲ 龙华寺石塔

在信阳市浉河区李家寨镇大王冲。清代建。覆钵式石塔。高3.65米。

光山县

▼ 紫水塔

在光山县城关镇东门外。清乾隆二十一年（1756）建。八角九层楼阁式砖塔。高27米。

商城县

▶ 崇福塔

在商城县赤城街道县第一中学。俗称北塔。宋代建，明万历三十六年（1608）、崇祯二年（1629）、2009年重修。六角七层密檐式砖塔。高22.3米。

◀ 息影塔

在商城县黄柏山。又名祖师塔。明天启元年（1621）建。八角四层密檐式实心砖塔。高8.45米。

周口市

太康县

▶ 小吴塔

在太康县逊母口镇小
吴村。又称吴广塔。清乾
隆年间建。八角五层楼阁
式实心砖塔。高14.8米。

商水县

▲ 寿圣寺塔

在商水县郝岗乡常社店村。
全国重点文物保护单位。北宋明
道二年（1033）建。六角九层楼
阁式砖塔。高41.5米。

▼ 寿圣寺塔

在太康县高贤集镇寿圣寺旧址。
又称高贤塔。全国重点文物保护单
位。明正德十三年（1518）建。六角
七层楼阁式砖塔。高28.3米。

商丘市

睢县

◀ 无忧寺塔

在睢县平岗镇周塔
村。宋代建，八角楼阁
式砖塔，残存三层，残
高约10米。

▼ 圣寿寺塔

在睢县后台镇阁庄村。全国重点文物保护单位。宋代建，2001年重修。六角九层楼阁式砖塔。高22米。

◄ 佛公灵塔

在民权县白寺。晚清建，八角三层楼阁式实心石塔。高4米。

民权县

▼ 双塔

在民权县双塔镇白云寺村总成寺旧址。西塔建于宋天圣二年（1024）；东塔明代重建。六角十三层密檐式砖塔，高约10米。

永城市

► 观音阁郭塔

在永城市芒山镇芒砀山。又称夫子庙佛塔。共三座楼阁式清塔。中塔康熙二十八年（1689）建。八角六层砖石塔，高十余米。塔体镶嵌64块《西游记》故事等大型砖雕。东塔建于康熙四十八年（1709）。八角六层石塔，高7米余。西塔八角六层实心石塔，高约6米。第三层刻《西游记》故事。

▲ 崇法寺塔

在永城市西城区。全国重点文物保
护单位。建于宋绍圣元年（1094）。八
角九层楼阁式砖塔。高34.6米。

鄢陵县

▼ 乾明寺塔

在鄢陵县安陵镇乾明寺遗址。全国重点
文物保护单位。隋仁寿四年（604）始建，
北宋中晚期重建。明嘉靖二十八年（1549）
重修。六角十三层楼阁式砖塔。38.3米高。

许昌市

◀ 文峰塔

在许昌市魏都区市博物馆。又
称文明寺塔。全国重点文物保护单
位。明万历四十二年（1614）建。
八角十三层楼阁式砖塔。高52米。

▲ 兴国寺塔

在鄢陵县马栏镇兴国寺旁。全国
重点文物保护单位。北宋太平兴国年间
建，六角九层楼阁式砖塔。高27米。

三门峡市

陕州区

▲ **宝轮寺舍利塔**

在三门峡市湖滨区陕州路宝轮寺旧址。俗称蛤蟆塔。全国重点文物保护单位。金大定十七年（1177）建。1991年重修。四角十三层密檐式砖塔。高约26米。

◀ **达摩塔**

在三门峡市陕州区李村陡沟乡原定林寺（后改名空厢寺）旧址。原名圆觉空塔。东魏元象元年（538）始建。八角七层楼阁式实心砖塔。高12.17米。

驻马店市

西平县

▶ **宝严寺塔**

在西平县柏城镇东关宝严寺遗址。全国重点文物保护单位。北宋末期建。明嘉靖二十五年（1546）、清光绪二十八（1902）、1980年重修。六角七层楼阁式砖塔。高28.8米。

泌阳县

▶ 南冲寺石塔

在泌阳县黄山口乡南冲寺村。明正德四年（1509）建。六角三层楼阁式实心石塔。高2.67米。

▲ 五龙顶双石塔

在泌阳县黄山口乡刘安村五龙山顶五龙爷庙旧址。明代建。双层须弥座六角三层密檐式石塔。东塔高3.44米；西塔3.5米高，已倒塌。

平舆县

▼ 普照寺塔

在平舆县李屯乡柳屯村。又称秀公戒师和尚塔普照寺。全国重点文物保护单位。金明昌五年（1194）建。六角七层楼阁式砖塔，高14米。

确山县

◀ 普惠塔

在确山县郭湾村南泉寺旧址，明万历十九年（1591）建，六角五层楼阁式砖塔，残存三层，高5米余。

▲ 龟山塔

在确山县朱古洞乡钱庄村西龟山。俗称半截塔。传建于宋，明重修。六角七层楼阁式砖塔，残存二层，残高8米。

◀ **北泉寺塔**

在确山县三里河街道乐山北泉寺。年代不详。六角楼阁式砖塔，残存三层，高约3米。

汝南县

▶ **悟颖塔**

在汝南县南关兴福寺址，原称兴福寺塔。1953年迁至洪山公园。俗传冬至正午塔无影，又称无影塔。全国重点文物保护单位。北宋建，隆庆元年（1567）重修。八角九层楼阁式实心砖塔。高26米。

济源市

▶ **延庆寺塔**

在济源市天坛街道柴庄延庆寺旧址。又名龙潭寺塔，俗称千佛舍利塔，或称文峰塔。全国重点文物保护单位。建于北宋景祐三年（1036）。第七层为明代维修所加。六角七层楼阁式砖塔。高28.16米。塔壁内外嵌佛像雕砖1344块。

湖北省 图谱

中国古塔全谱

武汉市

江岸区

▶ 古德禅寺殿顶佛塔

在武汉市江岸区黄浦路全
国重点文物保护单位古德禅寺
大雄宝殿顶。大雄宝殿建于清
光绪三年（1877），光绪末扩
建，1919年改建。钢筋混凝土
结构，结合西方、东南亚多种
风格，顶部有象征九龙拜圣的
9座缅式佛塔。高约2米。

汉阳区

▲ 石榴花塔

原在武汉市汉阳区西门外添福巷。1963
年拆迁复原于汉阳公园。相传南宋绍兴年间
建，明、清几次重建。六角三层楼阁式石
塔。高4米。

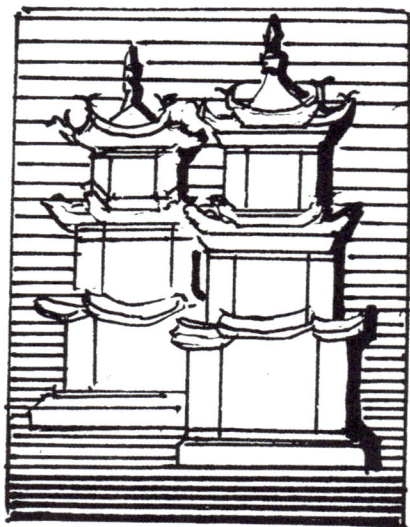

◀ 归元寺普同塔

在武汉市汉阳区归元寺塔
院。清顺治十五年（1658）建，
同治四年（1865）重建。六角三
层楼阁式石塔。3.54米高。

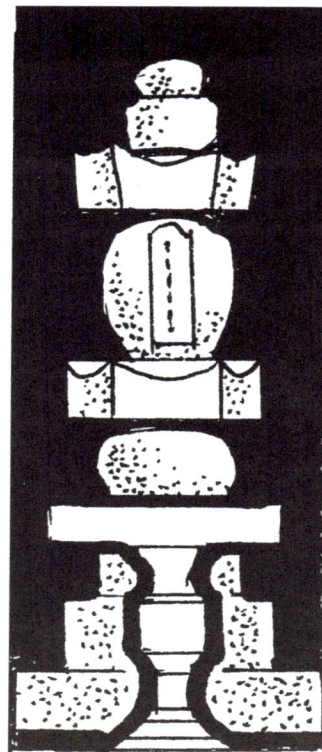

▶ 归元寺三塔院

在武汉市汉阳区归元寺塔院。清
代建。克归智仁（民国时期重建塔院
改称归仁丰）、白光明（图）、主峰
昆三和尚塔。鼓形石塔，高2.2米。

武昌区

◀ 胜像宝塔

原在武汉市武昌区蛇山西端黄鹤矶头,又称宝像塔。元至正三年(1343)建。1955年因建武汉长江大桥拆迁,1957年在引桥东头复原。全国重点文物保护单位。覆钵式石塔。高9.36米。

▶ 洪山宝塔

在武汉市武昌区洪山宝通寺。又称灵济塔,宝通塔。元至元二十八年(1291)建。清同治年间塔顶增高1.7米。1953年重修。八角七层楼阁式塔。高44.1米。

新洲区

▲ 兴福寺塔

原在武汉市武昌区洪山东麓,1963年在洪山宝通禅寺西侧复原。又称无影塔、小塔。八角七层楼阁式实心石塔。高11.25米。

▼ 藏经如来塔

在武汉市新洲区旧街镇大雅冲得云寺遗址。传为林野禅师灵塔。明崇祯年间建。六角三层楼阁式石塔。高约3米。

▼ 黄金佛塔

在武汉市新洲区街镇大和冲林场北。清康熙年间建,多次重修。六角三层楼阁式石塔。约4米。

◀ 古锋和尚塔

在武汉市新洲区辛冲镇辛冲村方家湾。清康熙三十三年（1694）建。四角二层楼阁式石塔。高约2米。

蔡甸区

▶ 本无和尚塔

原在武汉市蔡甸区军山街道群江村寺庙，1958迁到水石大院。元代建。覆钵式石塔，高2.4米。

宜昌市

伍家岗区

▲ 天然塔

在宜昌市伍家岗区沿江大道。相传晋郭璞建。清乾隆五十七年（1792）重建。2007年重修。八角七层楼阁式石塔。高45米。底层塔额"天然塔"，联刻："玉柱耸江干，巍镇荆门十二；文峰凌汉表，雄当蜀道三千。"

夷陵区

◀ 神秀法师石塔

在宜昌市夷陵区黄花乡古龙溪龙兴寺。传建于唐代。六角三层实心石塔。高约4米。

◀ 黄陵庙塔

在宜昌市夷陵区三斗坪镇黄陵庙。建于清咸丰四年（1854）。四个石鼓迭成塔身，基座埋于地下。高约2米。

西陵区

▼ 白骨塔

在宜昌市西陵区三斗坪镇黄陵庙村。清光绪二十五年（1899）建。圆形单层石塔。高3.2米。

点军区

▼ 石门洞道士墓塔

在宜昌市点军区联棚乡楠木溪村石门洞风景区，共3座。晚清建。六角楼阁式石塔，中塔三层，高1.9米。左右塔二层，高1.7米。

兴山县

▲ 园钦石塔

在兴山县古夫镇中阳垭村黄家山。夏元寺住持园钦骨塔。建于明嘉靖元年（1522）。2010年整体迁至西北15米处。八角七层楼阁式实心石塔。高4.9米。

秭归县

▼ 万寿寺塔

在秭归县沙镇溪镇李家河村。明嘉靖四年（1525）建。万历二十四年（1596）重修。六角五层楼阁式石塔。残存四层，高4.6米。

▲ 宝善塔

在秭归县茅坪镇陈家坝村西，又名古桃园塔。清同治三年（1864）建。六角七层楼阁式砖三合土塔。高19.3米。

远安县

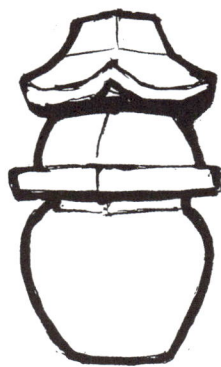

▲ 宝华海会塔

在远安县华林寺镇宝华寺村。明弘治三年（1490）建。残存三层，下层水缸形，二三层六角梯形。残高2.5米。

长阳土家族自治县

◀ **鸣凤塔**

在长阳土家族自治县东大花坪文笔峰。清同治四年（1865）建。八角七层楼阁式砖石塔。高27.5米。

▶ **河神亭塔**

在长阳土家族自治县鱼峡口镇盐井村。建于清乾隆十一年（1746）。六角三层楼阁式石塔。高6米。

▶ **盐井寺和尚塔**

在长阳土家族自治县鱼峡口镇盐井村。有东西两塔。四层石塔。首层鼓形，上三层为六角形。双层须弥座。西塔明正德九年（1514）建，高4.2米。东塔建于明末清初，高3.8米。

五峰土家族自治县

◀ **多三塔**

在五峰土家族自治县长乐坪镇甘沟村。清道光三十年（1850）建。八角三层楼阁式石塔。高3.55米。门额为"多三塔"，门联："多福多寿多子桂；三乐三乐三友贤。"

▶ **兴文塔**

在五峰土家族自治县五峰镇香东村。清同治八年（1869）建。2002年重修。六角七层楼阁式砖石塔。高22.38米。

当阳市

◀ **清溪寺塔**

在当阳市玉泉街道三桥村水库。宋代建。六角楼阁式石塔，水面三层，高约2米。水下四层。

◀ **静庵墓塔**

在当阳市庙前镇普济寺村普济寺遗址。清光绪六年（1880）建。六角五层楼阁式砖塔。塔顶已毁，残高5.2米。

▶ **玉泉寺铁塔**

在当阳市玉泉山玉泉寺前，全称如来舍利宝塔，又称当阳铁塔。全国重点文物保护单位。北宋嘉祐六年（1061）铸建。砖石基台，八角十三层楼阁式铁塔。高16.94米，重26.5吨。塔身铸2279尊佛像。地宫有佛牙舍利等文物。

黄石市

下陆区

▶ **大屋湾字库塔**

在黄石市下陆区团城山街道大屋湾。清光绪十年（1884）建。六角三层楼阁式石塔。高5.75米。

阳新县

▶ **步云塔**

在阳新县龙港镇雁龙港村。清康熙年间建。六角七层楼阁式砖塔。高15米。

▲ **泗洲寺塔**

在阳新县王英镇仙岛湖骆家山泗洲寺。建于清嘉庆二十二年（1817），六角五层楼阁式石塔。高约3米。

▼ **文峰塔**

在阳新县兴国镇宝塔村宝塔湖横泊洲。清嘉庆二十四年（1819）建。1984年重修。六角七层楼阁式塔，首层石砌，以上砖砌。高29.72米。

▼ **李清塔**

在阳新县大王镇李清村。建于清道光二十一年（1841）。八角七层楼阁式塔，一二层石砌，以上砖砌。高23.2米。无塔门。

▲ **通弥、崇义墓塔**

在阳新县木港镇陈祠村凤凰山。清嘉庆元年（1796）建。墓上并立八角五层楼阁式石塔。高1.57米。

▲ **演如亮禅师塔**

在阳新县太子镇朋畈村木鱼垴山坡。清道光二十七年（1847）建。圆柱状两层石塔。高约3米。

▼ **果法慧明塔**

在阳新县富水镇黄金岩村北。唐代始建。清光绪十四年（1888）重建。六角二层楼阁式石塔。0.71米高。

▲ 解正大师塔

在阳新县木港镇陈祠凤凰山。清光绪二十九年（1903）建。六角五层楼阁式石塔。3.4米高。

▼ 王太绍塔

在阳新县白沙镇韩家山村罗家祠堂后。建于清光绪二十九年（1903）。四角三层楼阁式石塔。高3米。

▼ 比丘尼塔

在阳新县白沙镇韩家山村罗家祠堂后。清代建。六角三层楼阁式石塔。高3米。

十堰市

郧西县

▼ 弥陀寺塔

在郧西乡湖北口回族乡桃园沟村秀裕峰北坡。明代建。八角五层楼阁式砖塔。高7.8米。除底层外实心。

▲ 铁山寺宝塔

在郧西县关防乡铁山寺村。建于明洪武十三年（1380）。六角楼阁式实心琉璃砖塔。下部现埋地下，地面仅五层，高9.7米。

竹山县

◀ 文峰塔

在竹山县文峰乡小寨山顶。清嘉庆元年（1796）建，道光二十六年（1846）重建。八角七层楼阁式实心砖塔，雷击存4层半，高22米。

▶ 塔儿湾塔

在竹山县得胜镇文峪河村。清代建。六角七层楼阁式石塔。高约10米。

▼ 竹林寺塔

在竹山县得胜外埠文峪河村。清代建。六角五层楼阁式石塔。高6.5米。

▲ 双台石塔

在竹山县双台乡青山村和尚沟石佛寺遗址，原有12座石塔。"文化大革命"中10座被毁。现存双塔。明末清初建。覆钵式石塔，一大一小，高5米左右。

丹江口市

◀ **龙山塔**

在丹江口市龙山镇龙山嘴龙巢山，又称文笔塔。清光绪三十二年（1906）建，当代重修。六角三层（内五层）楼阁式砖塔。高11.5米。

▲ **南岩宫道士塔**

在丹江口市武当山南岩。清末建。六角五层楼阁式砖石塔。高3米余。二层塔窗砖雕，三层嵌琉璃件，四层刻八卦。

▲ **武当山塔林**

在丹江口市武当山黄龙洞往金顶道侧并立四座道士墓塔。年代不详。六角七层楼阁式石塔（图左），高2米余。右后方有一形制相同道士塔（图右）。

▶ **李素希塔**

在丹江口市武当山五龙宫山坡。明永乐二十二年（1424）建。六角五层楼阁式实心石塔。高约3米。

◄ 胡公塔

在丹江口市武当山展旗峰后。清道光十一年（1831）建。六角七层楼阁式实心石塔。高0.9米。

▲ 紫霄宫舍利塔

在丹江口市武当山天柱峰展旗峰下。清代建。六角四层楼阁式塔。高约3米。

► 陈来真塔

在丹江口市大沟林业开发管理区曹家店。清乾隆年间建。六角三层楼阁式砖石塔。高约4米。

▼ 不二和尚墓塔

在丹江口市武当山展旗峰。明万历年间建。八角九层石塔，底层墓室。8.16米高。

襄阳市

襄城区

► 广德寺多宝佛塔

在襄阳市襄城区隆中村广德寺。全国重点文物保护单位。明弘治七年至九年（1494—1496）建。八角砖砌塔座上金刚宝座式砖石塔。通高16.8米。塔座东南、西北、西南、东北面石砌券门。正门佛龛石额"多宝佛塔"。进东北向小门夹壁石阶登塔座，出口为四角攒尖式罩亭。座上置5塔，中央覆钵式塔，四隅六角亭阁式小塔。

谷城县

宜城县

◀ 兴山宝公塔

在谷城县茨河镇五朵山狮子峰承恩寺附近。清代建。六角三层幢式塔。高7米。上层各面刻佛像。中层兴山宝公生平铭文。下层宝盖刻八仙故事，柱上刻佛教人物故事。

▶ 人物堆塑塔罐

出土于宜城县刘猴镇石河村。元至正五年（1345）制。六角三层亭阁式塔罐。各层塑人物送葬图。

鄂州市

鄂城区

▲ 灵泉寺塔林

在鄂州市鄂城区西山灵泉寺，现存8座。清代建。六角石砌楼阁式实心塔，2至4层，高1.6米—4.2米。乐业禅师塔、永谷禅师塔、融广禅师塔完整，其余塔刹损毁。

◀ 文星塔

在鄂州市鄂城区南浦路。明嘉靖二十一年（1542），清康熙七年（1668）易地重建。当代多次维修。八角五层楼阁式石塔。高23.13米。

荆州市

沙市区

► 万寿塔

在荆州市沙市区荆江大堤万寿园内。全国重点文物保护单位。明嘉靖二十七至三十一年（1548–1552）建。八角七层楼阁式砖石塔。40.76米高。因河堤升高，塔基低于堤面7.23米。

荆州区

◄ 无国禅师塔

在荆州市荆州区开元观北面。建于元至正八年（1348）。覆钵式石塔。高约3米。

松滋市

▲ 云联寺塔

在松滋市老城镇，俗称宝塔。清道光二十八年（1848）建，"文化大革命"中塔顶被毁，1981年修复。2018年重修。六角六层楼阁式砖石塔。高25米。

荆门市

摄刀区

◄ 升天塔

在荆门市掇刀区白庙街月亮湖广场，原名胡家塔。明崇祯十七年（1644）建，清乾隆十五年（1750）续建改名升天塔。咸丰年间重修。八角四层（取八卦之相，四象之意）楼阁式实心塔。高15.75米。供奉水后、魁星、地藏。

东宝区

▶ 文峰塔

在荆门市东宝区团结街东北酱品加工厂。清同治元年（1862）建。八角五层实心石塔。高20余米。

▲ 东山宝塔

在荆门市东宝区东宝山太平顶（古称东山）。隋开皇十二年（592）建，清嘉庆年间重建。抗战时期顶层炸毁，当代修复。八角七层楼阁式砖石塔。高28.5米。

◀ 仙居寺塔林

在荆门市东宝区仙居乡发旺村。原有明清塔数十座，现存较完好3座。楼阁式实心石塔。首层圆形，以上六角。清乾隆五十一年（1786）建云宝和尚塔，六层高7.2米。乾隆五十七年（1792）建通隰老觉灵之塔，五层高约6米。道光二十二年（1842）建恒亮大和尚塔，六层高约7米。

京山市

▶ 文峰塔

在京山县新市镇川山坛。清光绪八年（1882）建。六角七层楼阁式石塔。高35米。门匾"青云直上"。

钟祥市

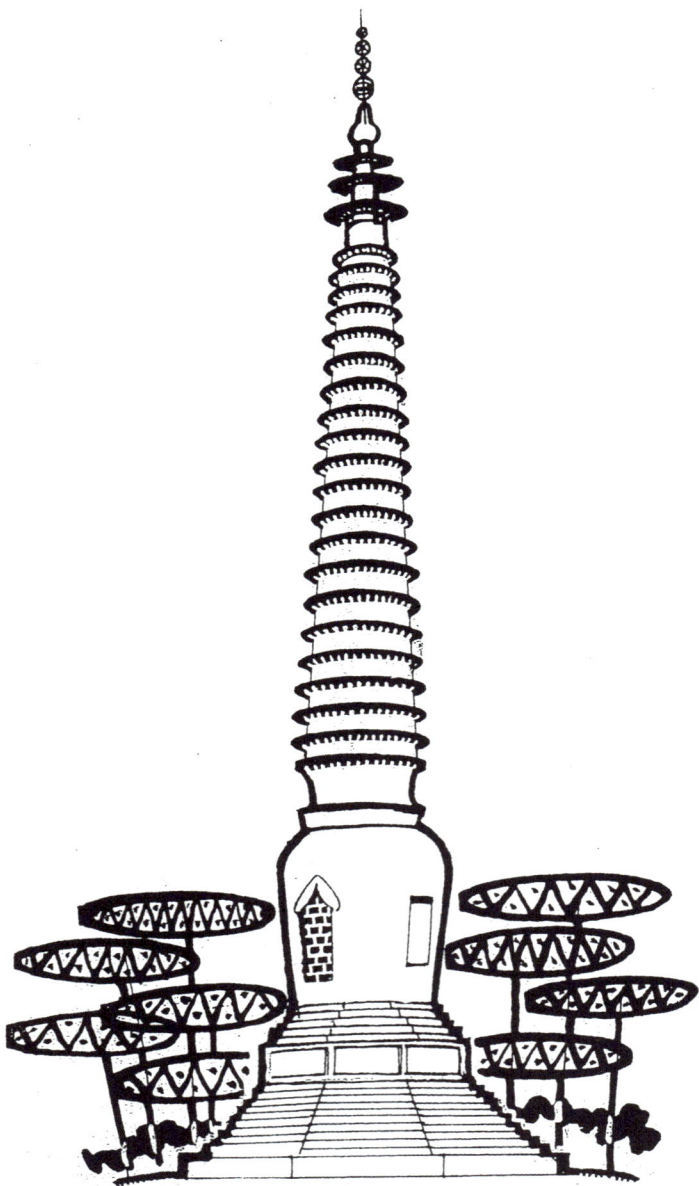

▲ **杨家岭塔**

在钟祥市客家店镇杨家岭村。原有双塔，现存东塔。明代建。六角单层亭阁式石塔，高2.3米。

▲ **云松修禅师塔**

在钟祥市客店镇杨家岭村黄家冲林场岩首寺。建于清嘉庆二十二年（1817）。六角单层亭阁式石塔，高约2米。

◀ **文峰塔**

在钟祥市郢中镇龙山之巅，又名文风塔、白乳高僧塔。全国重点文物保护单位。唐僖宗广明初年建。明洪武二十二年（1389）在土塔外加建砖石。圆形实心砖石塔，高21.52米。

黄冈市

黄州区

▶ **青云塔**

在黄冈市黄州区安国寺路宝塔公园内。又名安国寺塔、南塔。明万历二年（1574）建，清道光二十八年（1848）、光绪五年（1879）重修。八角七层楼阁式石塔。高39.89米。

红安县

▲ **桃花塔**

在红安县永河镇桃花村烟墩寨山。又名大寺塔。宋代建。六角七层楼阁式砖塔。高16.8米。

◀ **双城塔**

在红安县七里坪镇周家墩村。又名大圣寺塔、地藏王塔。全国重点文物保护单位。元末建。清同治十一年（1872）重修。六角十三层楼阁式砖塔。高35.4米。

黄梅县

▼ **众生塔**

在黄梅县大河镇四祖寺村，原称种松塔。卵形石塔。约建于唐中宗时期，高2.21米。内藏五祖弘忍前世种松道人真身舍利。北宋元符二年（1099）于塔外建六角攒尖顶石亭。俗称鲁班塔、鲁班亭。

▲ **毗卢塔**

在黄梅县大河镇四祖寺村。又名慈云塔、真身塔。全国重点文物保护单位。唐永徽二年（651）建，安放四祖道信真身。四角单层亭阁式砖塔，高11.34米。

▲ 衣钵塔

在黄梅县大河镇四祖寺村。宋代建。单层多宝式石塔。高3.17米。

▶ 佛母塔

在黄梅县黄梅镇东禅村。俗称娘娘塔、和尚塔。元延祐元年（1314）建。六角三层楼阁式石塔。高2.15米。

◀ 中山寺无名塔

在黄梅县五祖镇中山村中山寺西。明晚期建。六角两层石塔，残存首层鼓形，残高2米。

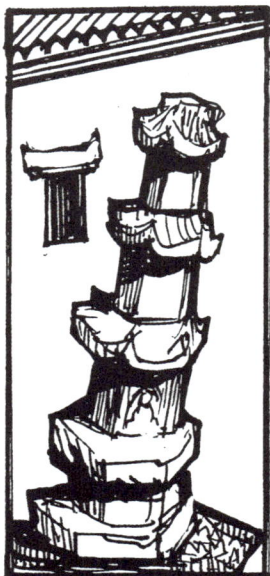

◀ 引路塔

在黄梅县大河镇一天门村。俗称龙凤塔。六角三层楼阁式石塔。高2.36米。

▼ 黑脸门生塔

在黄梅县大河镇门山村山岭。俗称风亭。元末明初（一说明末）建。30余根花岗石条交错叠架而成。13层，高3.5米。圆形石板刹座，三角石塔刹。第12层石板镌"黑脸门生刘□"。

▲ 菩提流支塔

在黄梅县五祖镇多云乡村。年代不详。圆锥形七层石塔。高92厘米。

◀ 五祖寺塔林

在黄梅县东山五祖寺周围东西塔林及李家塔林。唐至清代160多座八角型、圆型层数不等楼阁式、锥体、瓶式砖石塔。高3米左右。

▼ 释迦多宝如来佛塔

在黄梅县五祖寺前一门。北宋宣和三年（1121）建。八角五层楼阁式石塔，高5米。

▲ 三千佛塔

在黄梅县五祖寺二天门外。北宋宣和三年（1121）建。八角五层楼阁式石塔。高约6米。

▲ 十方佛塔

在黄梅县五祖寺东山古道侧。又名七佛塔、七如来佛塔。北宋宣和三年（1121）建。八角七层楼阁式石塔。高6.36米。

▼ 天泽霖禅师塔

在黄梅县五祖寺南东山古道西侧。清康熙六年（1667）建。六角三层石塔。残高二层1.9米。

▲ 求儿塔

在黄梅县五祖寺飞虹桥北门出口。明代建。覆钵式石塔。4.3米高。

◀ 千仞冈禅师塔

在黄梅县五祖寺南东山古道西侧。清康熙六年（1667）建。方柱形石塔。高2.05米。无塔刹，正面刻"磐山第三代千仞冈禅师塔"。

▲ 大满禅师石塔

在黄梅县五祖寺中岭堂遗址。建于1932年。覆钵式石塔。4.2米高。相传五祖弘忍佛骨之所。

◀ 法演禅师塔

在黄梅五祖寺。北宋建。瓜棱形三层楼阁式石塔，3.5米高。一层塔身南面凿佛龛。二层南镌"第十三代演禅师"字样。

◀ 孤怀禅师塔

在黄梅县五祖寺南东山古道西侧。清康熙四十三年（1704）建。瓜棱形三层石塔。4.15米高。塔壁方丈法名"文化大革命"中被凿。

▶ 光老禅师塔

在黄梅县五祖镇中山村中山寺外。清康熙年间建。八角三层楼阁式石塔，残高3米。

▲ 心老禅师塔

在黄梅县五祖镇中山村中山寺外。清雍正元年（1723）建。八角三层楼阁式石塔。高3.9米。

▲ 瑞馨昌师塔

在黄梅县五祖寺西塔林。清乾隆十三年（1748）建。八角三层楼阁式石塔，高3米。

◄ 高塔寺塔

在黄梅县黄梅镇城正街东南隅。又名百尺塔、春笋塔、乱石塔。全国重点文物保护单位。北宋大中祥符八年（1015）建。1987年重修。八角十三层楼阁式砖石塔，高30米。共设佛龛88座。二层以上实心，第三层外墙砖有阳雕"皇帝万岁""重臣千秋""民安物泰""同口功德""共成佛道"字样。

◄ 塔畈塔

在黄梅县柳林乡塔畈村。四角三层楼阁式石塔。通高3.1米。僧帽式塔刹。

◄ 塔式盖罐

黄梅县黄梅镇西池窑厂元延祐六年（1319）墓出土。青花缠枝牡丹纹覆钵塔式盖罐。高42.2厘米。现藏于江西九江博物馆。

浠水县

► 三角山塔林

在浠水县三角山坡地上。能印和尚塔建于清雍正六年（1728），六角单层石塔。（图左）高约2米。塔台两侧各建一双层小石塔，右前方另建一圆鼓形小石塔。高约1米余。（图右）

◄ 舍利宝塔

在浠水县白莲河镇大岭岗村大灵山。北宋元丰七年（1087）建。六角五层楼阁式石塔。高4.86米。

► 上嵩和尚塔

在浠水县清泉镇。清乾隆十四年（1749）建。圆形基座八角单层石塔。

蕲春县

▶ 恒山禅师塔

在蕲春县孙冲乡新路村。清代建。八角二层楼阁式石塔。高2.45米。

麻城县

◀ 柏子塔

在麻城县阎家河镇蔡家岗塔村九龙山。全国重点文物保护单位。元至正三年（1343）建。重修于2015年。六角九层楼阁式砖塔。高约28.5米。

▶ 周道一塔

在麻城县白水镇大坳水库左侧，禅师道一之墓塔。建于明万历三年（1575）。六角五层楼阁式石塔。高约15米。塔门额刻"大同"二字。

咸宁市

咸安区

▶ 笔峰塔

在咸宁市咸安区向阳湖镇宝塔村，又名慈恩雁塔、俗称宝塔，三国吴建木塔。清道光十八年（1838）改建石塔。八角七级楼阁式塔。高17米。

赤壁市

▼ 乌石塔

在赤壁市赤壁山坡仙亭外。六角五层楼阁式实心石塔。清代建。高5.5米。

◀ 峨石宝塔

在赤壁市宝塔山，建于清道光十六年（1836）。六角七层楼阁式石塔。高19.7米。

▲ 毕家畈宝塔

在赤壁市神山镇毕家畈村，清末建。六角五层楼阁式石塔。高约18米。首层门额"光路"；二层壁刻"聚奎"。可登至三层。

▲ 龙坑宝塔

在赤壁柳山湖镇陆水河北岸宝塔山顶，也柳山宝塔。清道光十六年（1836）建。六角七层楼阁式砖塔。高28米。

通山县

▼ 牛头塔

在通山县城西门外凤池山。清乾隆十七年（1752）建。同治三年（1864）重修。"文化大革命"中毁损。1998年修复。六角七层楼阁式石塔，高9米。

▲ 祖爷殿舍利塔

在通山县九宫山镇九宫山村凤凰山。殿建于南宋庆元元年（1195），明初重建。六角楼阁式石塔，残存三层，高7.2米。

▲ 万寿宫罗公远塔

在通山县九宫山镇九宫山村万寿宫。六角单层石塔。

▼ 翠岩和尚塔

在通山县志林桥镇雨山村。清嘉庆二十一年（1816）建。四角七层楼阁式石塔，残存六层，高约3米。

▼ 白云和尚墓塔

在通山县厦铺镇西隅村安平寺左。清乾隆十六年（1751）建。六角三层楼阁式石塔。高3.5米。

▼ 福成庙塔

在通山县厦铺镇花纹村。清代建。四角二层楼阁式实心石塔，高2.25米。

◀ 字藏塔

在通山县宝石乡坳平村仙鸡山。清代建。六角三层楼阁式砖石塔。高3.6米。

▶ 文峰塔

在通山县宝石乡坳平村仙鸡山。清代建。六角七层楼阁式砖石塔，高约13米。

▲ 似水塔

在通山县厦铺镇西隅村安平寺摇钱窝。清代建。六角二层楼阁式实心石塔，高约2.36米。正面镌"似水墓"。

▼ 照远墓塔

在通山县畅周乡文宣村后山。清代建。六角二层楼阁式石塔，高3.3米。

◀ 东台寺塔

　　在通山县杨林乡黄莲洞村石艮山。原有5座，现存2座。清代建。六角五层楼阁式石塔，一座高3.8米（左），另一座高约2米（右）。

武穴市

▶ 郑公塔

　　在武穴市花桥镇，原名椿山塔。全国重点文物保护单位。后晋天福年间建，元至大元年（1308）重建，明成化三年（1467）重修。八角七层楼阁式砖塔。高19.74米。用10余种型号砖块和9种式样的瓦筑成。

孝感市

大悟县

◀ 普同塔

　　在大悟县宣化店镇大堰村东峰庵后。又名东峰庵塔。明万历十一年（1583）建。八角十三层石塔。高约8米。

▶ 界岭寺塔

　　在大悟县宣化店镇张墩村东南。明崇祯八年（1635）建。覆钵式实心石塔。高约3.6米。

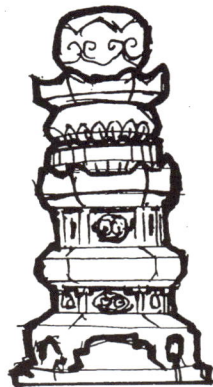

应城市

▶ 凌云塔

在应城市沙岗村文峰塔公园。亦名
文峰塔、文笔峰。建于明嘉靖三十四年
（1555），清同治十年（1871）、2011年
重修，八角七层楼阁式砖石塔。高34米。

随州市

东城区

◀ 文峰塔

在随州市东城区文峰路。建
于清光绪十年（1884）。八角七
层楼阁式砖石塔。高26.24米。

曾都区

▼ 融常塔

在随州市曾
都区新城镇尚家湾
村。建于1925年。
六角单层幢式石
塔。高约2米。

▲ 通贤禅师塔

在随州市曾都区长岗镇大洪山洪山寺，也称洪山寺
塔、大洪山舍利塔。明成化十二年（1476）建，2019年重
修。六角五层楼阁式砖塔。高12米。

▲ 云庵禅寺塔

在随州市曾都区新城镇
尚家湾村。清代建。六角三
层楼阁式石塔。高3.3米。

▲ 太白顶塔林

　　在随州市曾都区万和镇桐柏山太白。清代建僧塔，东塔林10座，西塔林3座。除1座石块垒砌外，其余均用凿制石材砌成。平面圆形、六角或八角，三至八层不等，楼阁式、密檐式或覆钵式。高3.08米至7.5米。

随县

◀ 姑嫂塔

　　在随县洪山镇廖家老湾东，也称大洪山砖塔。唐代始建。六角三层楼阁式砖石塔。塔顶坍塌。残高8.5米。

▶ 云堂寺砖塔

　　在随县万和镇七尖峰林场，又称七尖峰砖塔。清代建。覆钵式石塔。高3.6米。

▶ 栲栳寺塔

　　在随县吴山镇栲栳村，共3座。明清建。六角楼阁式砖塔。东南塔双层，仅存下层，残高2米。东北塔三层，高4.3米。西塔三层，高6.4米，塔刹为一小塔。

广水市

▶ 大贵山石塔

在广水市蔡河镇大贵山塔湾，明末清初建两座僧塔。一座六角七层楼阁式实心石塔，高6.7米，各层置佛龛；一座覆钵式石塔，高2.73米。

恩施土家族苗族自治州

恩施市

▼ 金峰寺塔

在恩施市太阳河乡鑫峰山村。清同治五年（1866）建。六角三层楼阁式砖石塔。高约2米。

▲ 众生塔

在恩施市白果乡两河口村楠木园双山寺遗址。清嘉庆九年（1804）建。四角三层楼阁式石塔。高5米。

▲ 福寿塔

在恩施市白果乡双山寺遗址。塔身刻"福寿"二字，因状如莲花又称莲花塔。清道光十四年（1834）建。六角四层楼阁式石塔。高6米。

▶ 连珠塔

在恩施市六角亭老城东门外龙首山。清道光十二年（1832）建，1983年重修。八角七层楼阁式砖石塔。高34.8米。

▶ 金刚石塔

在恩施市白果乡双山寺遗址。塔身刻弥勒佛像，又称弥勒佛塔。清道光三年（1823）建。六角三层楼阁式石塔，高6米。

利川市

◀ **培风塔**

在利川市团堡镇。清道光二十六年（1846）建。六角七层楼阁式砖石塔。高约13米。

▶ **凌云塔**

在利川市南坪乡南坪集镇凌云街。清道光七年（1827）建。六角七层楼阁式砖石塔。高14米。

▲ **宜影塔**

在利川市团堡镇野猫水村。清咸丰六年（1856）建，六角七层砖石塔。现存六层，残高9.5米。

▼ **步青桥塔**

在利川市毛坝乡青岩双泉村步青桥头惜字塔。清光绪元年（1875）建。六角三层楼阁式石塔。20世纪六七十年代中第四层被毁。残高5.7米。一、二层刻修建步青桥序文。

宣恩县

▼ **凌云塔**

在宣恩县珠山镇明珠山。又名连珠塔、宝塔。清同治九年（1870）建。1980年代重修。六角七层楼阁式石塔。高16.4米。

咸丰县

◀ **观音塔**

在咸丰县小村乡田坝村猫耳溪畔吊嘴坡。又称苗塔。清嘉庆十五年（1810）建。八角四层楼阁式塔。高7.9米。

▲ 灵京鹫寺塔

在咸丰县小村乡白果村陈家林双塔。凉慧和尚塔，清嘉庆十五年（1810）建，八角三层楼阁式塔，高4.1米。即成大和尚塔，清嘉庆年间建，六角三层楼阁式塔，高3.02米。

▶ 回龙塔

在咸丰县小村乡中心场村。清道光二年（1822）建。八角七层楼阁式石塔，高5.8米。

◀ 川主庙塔

在咸丰县小村乡中心场村西。清代建。四角三层楼阁式石塔，残存首层。高3.42米。

🔱 建始县

▶ 望坪宝塔

在建始县青花乡高坪镇望坪村。清光绪二十七年（1901）建。六角五层楼阁式砖石塔。高约16米。

▲ 建阳塔

在建始县业州镇宝塔山。宋代建，2015年重修。八角五层楼阁式石塔。高约10米。

▶ 石柱观塔殿

在建始县望坪蟠龙山顶。古称朝贞观。明嘉靖年间建，清乾隆元年（1736）重建。大殿为六角四檐亭阁式砖木塔。高10.97米。

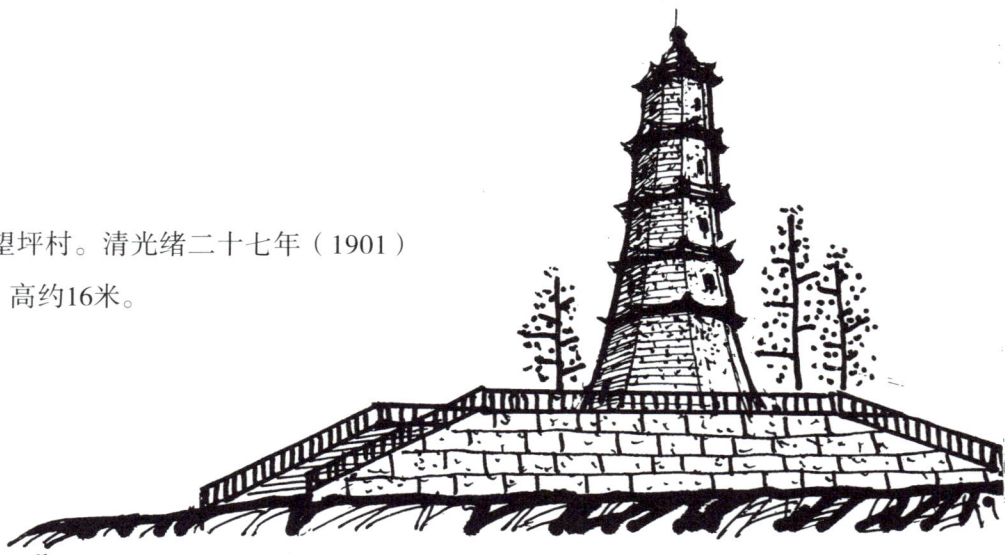

湖南省 图谱

中国古塔全谱

长沙市

岳麓区

▲ 五轮塔

在长沙市岳麓区岳麓山。又称北伐阵亡将士纪念塔。1927年建，毁于"文化大革命"期间，2002年以原构件复原。正面原镌"五轮塔"三字，后改为"先烈光明"。五轮塔为天人合一之塔。塔身五层，意为世界由地水火风空构成。其形分别为正方形、圆形、三角形、半圆和圆点，各层有金书梵文。五轮还象征人体，代表头、面、胸、腹、足。塔高11.18米。

▼ 隋舍利塔

在长沙市岳麓区岳麓山。隋代建。阿育王式石塔。高12米。

望城区

◀ 蚂蚁山覆钵塔

在长沙市望城区蚂蚁山明洪武年间墓出土，现藏长沙博物馆。覆钵式石塔，高1.56米。

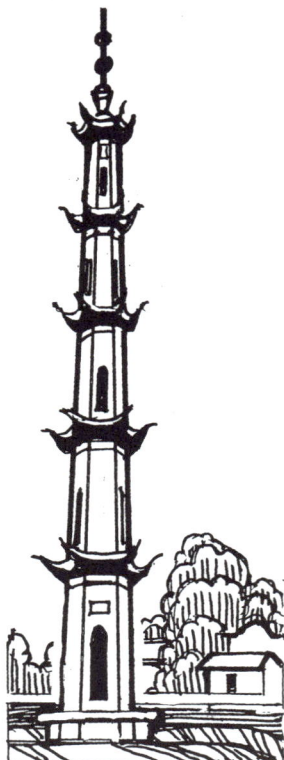

▶ 文星塔

在长沙市望城区茶亭镇静慎村。清光绪五年（1879）建。六角五层楼阁式石塔。高20米。

▲ 新华村塔

在长沙市望城区乌山街道新华村。清道光二十三年（1843）建惜字炉。六角二层楼阁式石塔。高约6米。

▲ 斗笠山塔

在长沙市望城区桥驿镇龙塘村斗笠山，晚清或民国初期建。六角五层楼阁式石塔。高十余米。

▼ 九峰山村惜字塔

在长沙市望城区茶亭镇谭家村九峰山村庙坡岭。清道光十年（1830）建。2008年重修。六角五层楼阁式砖塔。高12米。可上至三层。底层"惜字塔"匾，树顶长一朴树。

▼ 高陵塔

在长沙市望城区茶亭镇望群村。清光绪年间建。六角五层楼阁式石塔。高约20米。

▼ 杉木桥塔

在长沙市望城区星城镇杉木桥边。清光绪十三年（1887）建。六角五层楼阁式石塔，高约12米。

▲ 聂家村文星塔

在长沙市望城区东城镇聂家村。清代建。六角五层楼阁式石塔。惜字塔。高约20米。五层门楣"文星塔"。

▶ 巩桥塔

在长沙市望城区乌山街道蓟家巷子村巩桥。清代建。六角二层楼阁式石塔。高约4米。

▶ 百骨塔

在长沙市望城区乌山街道乌山村。清代建。六角三层楼阁式石塔。高约6米。

雨花区

▶ 飘峰塔

在长沙市雨花区开慧镇飘峰山南麓峡谷口。清光绪元年（1875）建。六角七层楼阁式石塔。高25米。2层化纸炉门匾"珍同画点"。4层刻"飘峰塔"3字。5层镌"敬惜字纸"4字。6层匾"笔阵凌云"。内供石雕佛像一尊。

开福区

◀ 清太和尚墓塔

在长沙市开福区沙坪街道汉回村铁炉寺后象鼻山。清太和尚墓塔，清光绪八年（1882）建。六角二层楼阁式石塔。高米余。

▼ 植基塔

在长沙市开福区新港镇芙蓉北路与青竹路交汇处。清光绪二十三年（1897）建。六角五层楼阁式石塔。高10米。

▲ 百祥和尚墓塔

在长沙市开福区铁炉寺后象鼻山。正顺复度和尚（百祥和尚）墓塔，光绪二十八年（1902）建。六角二层楼阁式实心石塔。高米余。

▲ 铁炉寺和尚墓塔

在长沙市开福区铁炉寺后象鼻山。清代建寺僧墓塔。六角二层楼阁式石塔。高米余。

长沙县

▲ 洞泉冲塔

在长沙县北山镇洞泉村洞洋鼓岭。清同治六年（1867）建。六角七层楼阁式石塔。惜字塔。高11米。

▼ 石常惜字塔

在长沙县北山镇石常乡新中村（原卷石村）南桂塘。清道光九年（1829）建。六角三层楼阁式石塔，高4.5米。三层匾"惜字炉"。

▲ 新中村惜字炉

在长沙县北山镇新中村。清道光九年（1829）建。六角三层石塔，高约6米。

浏阳市

▶ 楚圆祖师墓

在浏阳市金刚镇石庄村石霜寺，原有墓塔138座，现存10座。楚圆祖师墓塔，宋代建。单层亭阁式石塔。高约2米。

▶ 念持禅师塔

在浏阳市宝盖寺后山。清代建。八角幢式石塔。高约2米。

▶ 无字禅师塔

在浏阳市古港镇宝盖寺后山。年代不详。六角单层亭阁式石塔，高1米余。

▲ 清然禅师塔

在浏阳市宝盖寺后山。清嘉庆二十年（1815）建。八角幢式石塔。高1米余。

▼ 密因禅师塔

在浏阳市宝盖寺后山顶。清代建。八角幢式石塔。高1米余。

▲ 长鳌江口桥塔

在浏阳市大围山镇长鳌江桥头。桥建于清光绪三十三年（1907），一说道光年间。八角三层石砌惜字塔。首层门额为："火候十分"。对联："翰墨流香处；文章入化时。"

◀ 周洛塔

在浏阳市社港镇周洛村。清同治十一年（1872）建。六角三层楼阁式石塔。高5米。匾刻"敬字亭"。

▼ 培文塔

在浏阳市伏龙镇培文村王家岩。清同治八年（1869）建。八角七层楼阁式砖塔。1998年倒塌剩下塔基和一、二层半壁，残高约5米。

宁乡市

◀ 海光僧塔

在宁乡市沩山乡西元村。1938年建，1997年重修。钟形石塔。高约米余。

▼ 大益坝塔

在宁乡市喻家坳镇大益坝桥中墩。清末建。六角三层楼阁式砖石塔。上部实心，中部焚烧字纸门洞门额"惜字亭"。高2米余。

衡阳市

雁峰区

▲ 接龙塔

在衡阳市雁峰区雁峰街道接龙山。原接龙塔在抗日战争中被毁。现塔为原接龙庙前焚纸炉，又名白骨塔、焚字炉。清康熙年间建。八角五层楼阁式石塔。高约8米。

石鼓区

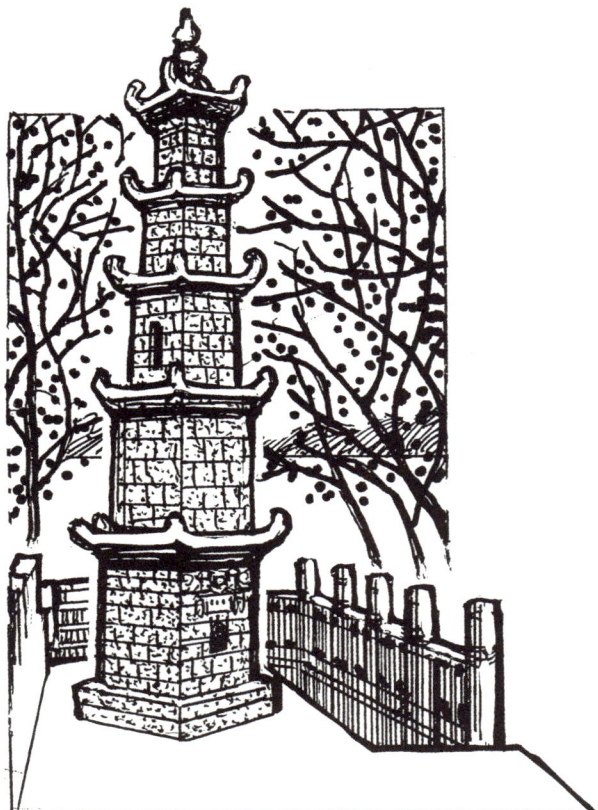

珠晖区

▼ 珠晖塔

在衡阳市珠晖区茶山坳镇藕塘村拜亭山。建于清光绪二十三年（1897）。八角七层楼阁式砖塔。高35米。首层王之春书塔匾。

◀ 双龙惜字塔

在衡阳市石鼓区烟洲镇。清代建。六角五层楼阁式石塔，惜字塔。高约6米。

▶ 来雁塔

在衡阳市石鼓区江边，与回雁峰对峙故名。明万历十九年（1591）建。1989年重修。八角七层楼阁式塔，首层石砌，以上砖砌。高36米。首层彭玉麟书"来雁塔"匾。

耒阳市

▲　凌云塔

　　在耒阳市水东江街道青麓山巅，又名青麓塔、青龙塔，清康熙五十八年（1719）建，八角七层楼阁式砖石塔。高31米。

▶　鹫岭塔

　　在耒阳市导子乡观音岩。清嘉庆年间建。六角五层楼阁式石塔。高约9米。

常宁市

▲　培元塔

　　在常宁市桐黄乡大立村。清同治五年（1866）建，八角七层楼阁式塔。首层石砌，以上砖砌。高30余米。

▼　雕龙塔

　　在耒阳市大义乡雕龙村公案山。清光绪十四年（1888）建。六角五层楼阁式石塔。高11米。首层浮雕盘龙，故名。

▼　石岭字库塔

　　在常宁市烟洲镇石岭。明天顺至嘉靖年间建。1959年损坏。六角五层楼阁式石塔。高约9米。一层有焚字口，三层门额"字库"，浮雕龙头，联云"频书归化境，泼墨有馀香"。四层浮雕文曲星。

衡阳县

▲ 岣嵝峰僧墓塔

在衡阳县岣嵝乡高峰村岣嵝峰禹王宾馆左侧。清代建。六角单层亭阁式石塔。高约1米。

衡山县

▲ 七七纪念塔

在衡山县衡山香炉峰下全国重点文物保护单位忠烈祠前。1942年建成。塔体竖五颗炮弹，一大四小，象征汉满蒙回藏等各族人民团结抗战。中间炮弹高十余米。

◀ 见相塔

在衡山县衡山南台寺内，石头希迁和尚墓塔。南朝梁天监中建，清光绪十六年（1890）修复。六角幢式石塔，高约2米。

◀ 三生塔

在衡山县衡山掷钵峰东麓福严寺前。传为陈朝慧师三生尸骨墓塔。三座并列六角幢式石塔，高约米余。

衡南县

▶ 字纸塔

在衡南县茅市镇井冲村赤足组。清光绪二年（1876）建。六角三层，高约5米。

◀ 文魁塔

在衡南县茅市镇占禾村楠木组。清光绪二十二年（1896）建。六角四层。高约10米。

▶ 岐山塔林

在衡南县岐山风景区。有仁瑞寺（原称岐山寺）清代僧塔三十余座。六角五层或七层楼阁式石塔。高5–7米。

株州市

❈ 醴陵市

▶ 起元塔

在醴陵市西山街道马背岭。清咸丰元年（1851）建。八角十一层楼阁式石塔。18.6米高。

▲ 财源塔

在醴陵市江源小区。清乾隆年间建。初名才公塔，民国改称财源塔。八角七层楼阁式石塔。18米高。

◀ 仙石砖塔

在醴陵市浦口镇仙石村。清道光年间建。六角五层楼阁式砖塔。高17米。

▲ 金鱼石塔

在醴陵市王坊镇。清同治九年（1870）建惜字塔。六角三层楼阁式石塔。高近10米。

▼ 沩山古塔

在醴陵市东堡乡月形山，亦称月形宝塔。清代建。六角五层楼阁式石塔，高约12米。

▲ 扬道庵明禅师塔

在醴陵市东堡乡竹湖村烟竹湖扬道庵后山。六角单层亭阁式石塔。高1米多。

▲ 陈家岭惜字塔

在醴陵市南桥镇洪源村陈家岭。清同治七年（1868）建。六角五层楼阁式石塔。高约6米。

攸县

▲ 文明上塔

在攸县县城洣水南岸窑湾山。明万历四年（1576）建。清嘉庆二十三年（1818）、2005年重修。八角七层楼阁式砖塔。高21米。门额"文明塔"。

◀ 文明下塔

在攸县鸭塘铺乡桐坝村。清代建。2010年重修。八角七层楼阁式石塔。高22.35米。

▼ 鼎盛塔

在攸县黄丰镇丰陇村。清末建并列两座，一座毁于"文化大革命"中。六角五层楼阁式石塔。塔门额"鼎盛塔"匾。高约10米。

◀ 文明中塔

在攸县县城西郊洣水南岸皂角树水口山。明万历四年（1576）建。2010年重修。六角七层楼阁式石塔。高9.7米。

▼ 凌云塔

在攸县鸭塘浦乡马鞍山，清嘉庆二十一年（1816）建。2009年重修。八角七层楼阁式砖塔。高28米。

▲ 旷长髭塔

在攸县黄丰桥镇圣寿山。清光绪二年（1876）修复。六角二层幢式石塔。高2.1米。墓表刻《长髭旷禅师像赞》。刻联："凭什么造就石室云岩；靠这个引导曹洞宗风。"

▲ 普同塔

在攸县黄丰桥镇乌井村宝宁寺边。清康熙十年（1671）建。六角六层楼阁式石塔。高约3米。建亭覆盖。

▲ 万峰和尚塔

在攸县黄丰桥镇宝宁寺塔林。清康熙二十六年（1687）建。六角单层亭阁式石塔。高1.8米。右竖塔志铭。

▲ 善道和尚塔

在攸县黄丰桥镇宝宁寺塔林。唐建，元毁。清康熙二十五年（1686）、2003年两次复修。六角单层亭阁式石塔。高2.2米。

▲ 圣寿勇禅师塔

在攸县黄丰桥镇宝宁寺塔林。清代建，2003年依原样复建。六角单层亭阁式石塔。高约2米。

▲ 能祥慧禅师塔

在攸县黄丰桥镇宝宁寺塔林。清乾隆二十五年（1760）。六角单层亭阁式石塔。高2米。

▲ 石林广祁禅师塔

原在攸县黄丰桥镇宝宁寺殿左，2003年迁至后山。清雍正年间建。六角单层亭阁式石塔。高约1米。

◀ 琢城大师塔

在攸县黄丰桥镇宝宁寺塔林。清康熙三十八年（1699）建。1990年代迁现址。四角单层亭阁式石塔。高1.7米。

▶ 启辉禅师塔

在攸县黄丰桥镇宝宁寺塔林。六角单层锥形石塔。前三面为塔志铭。高约2米。

▶ 一归塔

在攸县黄丰桥镇宝宁寺塔林。嵩隐和尚塔（右）。六角单层亭阁式石塔。高约1米。塔前竖《双鹤云归》碑。

▶ 日升暎塔

在攸县黄丰桥镇宝宁寺塔林。六角单层亭阁式石塔。高1米。

◀ 解师德惺塔

在攸县黄丰桥镇宝宁寺塔林。六角单层亭阁式石塔。高约2米。

▶ 定山觉逵禅师塔

在攸县黄丰桥镇宝宁寺塔林。六角单层锥形石塔。高约1米。

茶陵县

▶ 笔支塔

在茶陵县洣江乡荣华村荣华山麓，又名东门塔、笔直塔。明嘉靖八年（1529）建，清嘉庆八年（1803）重建。于2012年重修。六角七层楼阁式石塔。高约10米。

▼ 舟流塔

在茶陵县界首镇。清嘉庆年间建。六角五层楼阁式砖塔。高十余米。

炎陵县

◀ 永怀塔

在炎陵县湘山寺。明万历四十五年（1617）建。清数次重修。六角九层楼阁式砖塔。高约13米。

湘潭市

湘乡市

▶ 状元塔

在湘乡市金石镇大湖村。又名云霄塔。明末清初建。1928年雷击损毁六七层。2017年修整。六角七层楼阁式石塔。高17米。二层额书"湖山保障"。

邵阳市

双清区

◀ 东塔

在邵阳市双清区东塔公园。南宋建炎元年（1127）建。重建于清道光十四年（1834），同治元年（1862）续建。八角七层楼阁式砖塔。高27米。

北塔区

▼ 北塔

在邵阳市北塔区北塔公园。全国重点文物保护单位。明万历十年（1582）建。八角七层楼阁式砖石塔。高26米。

邵阳县

大祥区

▲ 猴子塔

在邵阳市大祥区九井湾后山。清乾隆三十九年（1774）建。咸丰三年（1853）重修。八角七层实心楼阁式砖石塔。高15米。塔顶一石雕猴子。

◀ 金称市镇敬字阁

在邵阳县金称市镇。清道光七年（1827）建。六角五层楼阁式石塔。高10米。首层"焚字炉"，三层额"敬字阁"，对联"珍藏天地秘，收拾圣贤心"。

▶ 树塘村惜字塔

在邵阳县郦家坪镇树塘村，清咸丰元年（1851）建。八角五层楼阁式实心石塔。高约8米。

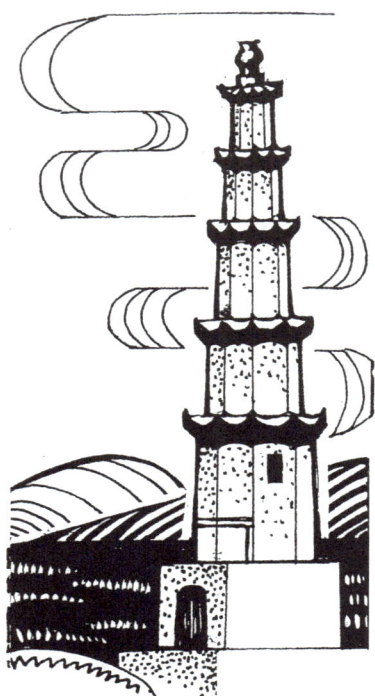

◀ **紫塘惜字塔**

在邵阳县郦家坪镇紫塘村西。清道光十年（1830）建。六角五层楼阁式实心石塔。7.5米高。炉口刻"焚字炉"。

▶ **中山村惜字塔**

在邵阳县塘田市镇中山村。清咸丰年间建。1933年重修。六角三层楼阁式砖石塔。高约10米。联云："不拘三坟暨五典，长存一字值千金。"

武冈市

▲ **云山禅师塔林**

在武冈市云山胜力寺，明天启至清道光年间14座僧塔。可见名号有燕居禅师塔、云树禅师塔、三十四世钟运行塔、弗器禅师塔、惺声禅师塔、达理禅师之塔、登岸叛老和尚塔。六角三层楼阁式实心石塔。高约2米。

◀ **凌云塔**

在武冈市迎春亭街道，俗称东塔。清道光九年（1829）建。八角七层楼阁式砖塔。36.2米高。

洞口县

▶ **文昌塔**

在洞口县洞口镇洞口县一中南校区。建于清咸丰十年（1860）。1985年重修。八角九层楼阁式砖塔。高43米。

◀ **云峰塔**

在洞口县高沙镇云峰村云峰岭。清光绪四年（1878）建。八角五层楼阁式砖石塔。高17米。一层门额浮雕双龙抢宝。二层石匾"云峰塔"。

▶ **青云塔**

在洞口县洞口镇大胜村。清同治四年（1865）建。八角五层楼阁式砖塔。高19.5米。

隆回县

◀ **奎峰塔**

在隆回县高田乡。据传元代杀马埋塔下，以戒族中不团结者，又称闷马塔。八角五层楼阁式砖石塔。高20多米。

▼ **岩口惜字塔**

在隆回县岩口镇河边村藕塘冲口。清道光二十九年（1849）建，2018年重修。三层楼阁式砖石塔。首层四角，二层八角，三层六角。高12米。炉口刻"惜字炉"。联云："珍重闲司籍，搜罗小拾遗。"

▼ **三塘村惜字塔**

在隆回县滩头镇三塘村。建于清道光二十三年（1843）。六角二层楼阁式石塔，高7米。首层刻"敬惜字纸"。

◀ **塘坳村惜字炉**

在隆回县岩口镇塘坳村。清道光八年（1828）建。六角二层楼阁式石塔。底层炉门额刻"惜字炉"。高3米。

新邵县

▶ 毗庐寺石塔

在新邵县巨口铺镇白云铺村白云岩毗庐寺外。晓松法师葬于清道光十七年（1837）。六角二层楼阁式实心石塔，高约7米。塔旁有石棺。

岳阳市

云溪区

▶ 培风塔

在岳阳市云溪区文桥镇臣山村龟山。建成时称簪笔，又称臣山塔、龟山塔。清乾隆五年（1740）建。道光十八年（1838）重修。八角七层楼阁式石塔。高33米。

岳阳楼区

◀ 慈氏塔

在岳阳市岳阳楼区洞庭南路宝塔巷。后梁建木塔。毁于北宋大火。南宋淳祐二年（1242）重建八角七层楼阁式实心砖塔。高34.58米。

岳阳县

▶ 凌云塔

在岳阳县鹿角镇中洲乡宝塔村中洲湖畔，又名中洲宝塔。清道光四年（1824）建。八角七层楼阁式石塔。高32.04米。

临湘市

▶ 乌龙塔

在临湘市江南镇儒溪社区儒矶山顶，又称临湘塔、儒矶塔。清光绪七年（1881年）建。八角七层楼阁式实心砖石塔。高33米。

汨罗市

◀ 永安塔

在汨罗市沙溪镇兰溪村下大坝组，晚清建。六角七层楼阁式石塔，惜字塔。现剩两层。高约2米。

▶ 文峰塔

在汨罗市川山坪镇清泉村。清代建。六角五层楼阁式砖塔。高近20米。

湘阴县

▼ 状元塔

在湘阴县城关镇，又称魁星塔、乌龙塔。清乾隆五十年（1785）建，嘉庆三年（1798）加修塔顶。八角七层楼阁式石塔。高28米。首层门楣"状元塔"。

▲ 文星塔

在湘阴县城关镇八甲巷。又名八甲塔。清乾隆五十年（1785）建。八角七层楼阁式砖石塔。高31.5米。首层门楣刻"文星塔"。

▲ 中塅村塔

在湘阴县长康乡中塅村。六角五层楼阁式石塔。惜字塔。高十余米。

平江县

▶ 翔霄塔

在平江县梅仙镇哲寮村船形山。又称干霄塔。清光绪二年（1876）建惜字塔。六角七层楼阁式石塔。高12米。

郴州市

苏仙区

▶ 南塔

在郴州市苏仙区文明山。清乾隆八年（1743）重建。2002年重修。八角七层楼阁式石塔。高24.8米。

桂阳县

◀ 桂阳北塔

在桂阳县雷坪镇梧桐村，又称梧桐塔、葫芦塔。清光绪三十一年（1905）建，2012年重修。六角五层楼阁式砖塔。高16米。

▶ 陈溪新村塔

在桂阳县雷坪镇陈溪新村。清代建惜字塔。六角三层楼阁式砖塔。高6米余。

▼ 梧桐葫芦塔

在桂阳县雷坪镇梧桐村。清光绪年间建，2017年重修。六角五层楼阁式砖石塔。惜字塔。高约10米。

▲ 新村塔

在桂阳县雷坪镇新村。清同治三年（1864）建。六角三层楼阁式石塔，惜字塔。高约6米。

▶ 下龙泉村塔

在桂阳县洋市镇下龙泉村。清道光元年（1821）建惜字塔。四角单层亭阁式石塔。高约2米。火口联："常把残书藏玉匣，须将回禄化云烟。"

▼ 上龙泉村塔

在桂阳县洋市镇上龙泉村。清嘉庆年间建。四角单层亭阁式石塔。高3米多。塔身薜荔树枝条攀援。

◀ 上阳家塔

在桂阳县洋市镇双江村上阳家。清光绪元年（1875）建惜字塔。四角单层亭阁式石塔。高约2米。门额刻"惜字炉"。联云："六角金炉焚字纸；五层雁塔摘文星。"

◀ 下阳家塔

在桂阳县洋市镇双江村下阳家。清代建。六角五层亭阁式石塔。惜字塔。高约7米。

◀ 下阳八角塔

在桂阳县泗洲乡下阳村。清同治年间建。八角七层楼阁式砖石塔。高16米。

▶ 上田坊塔

在桂阳县洋市镇双江村下阳家。明代建惜字塔。1936年重修。六角三层楼阁式石塔。"大跃进"时期毁损上层，残高约7米。

▼ **小满泉塔**

在桂阳县洋市镇府桥村。清代建惜字塔。六角楼阁式砖石塔。残存四层，高约10米。

▼ **双江村塔**

在桂阳县洋市镇双江村。清代建。八角五层楼阁式石塔，惜字塔。高约5米。

▲ **双江村廊桥塔**

在桂阳县洋市镇双江村。清代建。六角三层楼阁式石塔，惜字塔。高约6米。

▼ **中留村塔**

在桂阳县樟市镇中留村。清代建。六角三层石塔，惜字塔。高约6米。

▲ **沙里村塔**

在桂阳县樟市镇沙里村。清道光三十年（1850）建。六角三层楼阁式石塔。高约5米。首层火口刻"敬字"。联云："形能藏简册，气自绕云烟。"

▼ **毛甫村塔**

在桂阳县樟市镇毛甫村。清代建。六角三层楼阁式石塔，高约6米。

▲ **梅湾村塔**

在桂阳县龙泉镇梅湾村。清咸丰年间建。六角三层楼阁式石塔。高约3米。火门刻"惜字炉"。

▼ 毛里村塔

在桂阳县龙泉镇毛里村。清同治四年（1865）建惜字塔。六角五层楼阁式石塔。高约9米。火门额刻"熔经"。

▼ 元里村塔

在桂阳县方元镇元里村。清光绪十九年（1893）建。四角单层亭阁式石塔。高约4.5米。火口刻"焚炉"。

▼ 银河村文峰塔

在桂阳县仁义镇银河村乡仙岛村。清咸丰十一年（1861）建。八角七层楼阁式砖塔。高23.9米。

▼ 云峰塔

在桂阳县流峰镇板桥乡坛山。又名聚星塔。清咸丰年间建。八角七层楼阁式砖塔，残高六层20余米。

▼ 鱼拜塔

在桂阳县流峰镇樟木大禾村鱼拜组。清光绪八年（1882）建惜字塔。六角二层楼阁式石塔。高约5米。二层门额"过化"。联云："鸿文无漏泴，翰墨有余香"。刹刻"泰山石敢当"。

▲ 高峰塔

在桂阳县仁义镇大坊村宝塔山。清初建。2018年重修。八角七层楼阁式石塔。高约27米。

▶ 东庄村塔

在桂阳县流峰镇东庄村。清光绪二十三年（1897）建惜字塔。六角三层楼阁式砖塔。高约6米。

▲ 三阳村塔

在桂阳县流峰镇三阳村。清
嘉庆十七年（1812）建惜字塔。
六角三层楼阁式石塔。高约5米。

▶ 社背村塔

在桂阳县流峰镇社背村公祠
前。清嘉庆十八年（1813）建。
六角二层楼阁式石塔，高约4米。
首层刻"点雪"，楹联"文章归
煅炼；笔墨化烟云"。

▼ 下板桥村塔

在桂阳县流峰镇下板桥村。
清代建惜字塔。六角二层楼阁式
砖塔，高约6米。

▲ 三家寨塔

在桂阳县流峰镇东庄
村。清代建惜字塔。三层楼
阁式砖塔。首层四角，二层
八角，三层圆形。高约6米。

◀ 锦湖文峰塔

在桂阳县莲塘镇
锦湖村。清光绪十一
年（1885）建。八角
七层楼阁式砖石塔。
高18米。

◀ 清口文峰塔

在桂阳县春陵江镇白水乡清溪村。明代建，清
嘉庆十八年（1813）建，2016年重修。八角七层楼
阁式砖塔。高20余米。

▶ 马头村塔

在桂阳县春陵江镇马头村。清代建。六角五层
楼阁式石塔，因欧阳海大坝蓄水，仅一层出水面。

▶ **西湖塘桥塔**

在桂阳县樟木乡西湖塘村西湖河旁。清道光十二年（1832）建惜字塔。六角三层楼阁式石塔。高约5米。

◀ **朱美村塔**

在桂阳县浩塘镇朱美村。清代建。六角单层亭阁式石塔，高米余。

◀ **瑶溪村塔**

在桂阳县和平镇瑶溪村。清代建。六角五层楼阁式石塔，惜字塔。二层为淤泥中。

嘉禾县

◀ **青山村塔**

在嘉禾县广发镇青山村。清嘉庆十年（1805）建惜字塔。六角二层楼阁式石塔。塔刹缺失。高约4米。

▶ **文峰塔**

在桂东县三台山。明代建，清道光十七年（1837）重建。八角七层楼阁式石塔。19.5米高。

桂东县

宜章县

◀ **观音阁塔**

在宜章县笆篱镇观音阁桥上。清咸丰七年（1857）建。四角三层楼阁式塔，高13.75米，集桥、塔、庙为一体。

▶ **观音堂宝塔**

在宜章县一六镇塘尾村。明弘治七年（1494）建。四角九层楼阁式石塔。高约8米。顶层以上缺失。三到六层浮雕佛像。

◀ **东塔**

在宜章县岩泉镇东河村。清代建。六角五层楼阁式砖石塔。高22米。

▶ **东河村塔**

在宜章县岩泉镇东河村。清代建惜字塔。六角三层楼阁式砖石塔。高11米。

永兴县

▲ **鹅公寨塔**

在永兴县县城东龙华山公园鸡公山（又名凤凰山）。明代建。八角五层楼阁式石塔。高18米。

▼ **郎水宝塔**

在永兴县悦来镇爱好村。又称登云塔。清代建。六角五层楼阁式砖塔。高10余米。

◀ **文峰塔**

在永兴县高亭乡板梁村。又称板梁塔、镇龙塔。建于清道光九年（1829）。八角七层楼阁式砖石塔。高27.5米。

汝城县

▲ 文塔

在汝城县卢阳镇南门桥边。明成化五年（1469）建，清光绪二十二年（1896）重建。1984年重修。八角七层楼阁式塔。高38.5米。

▼ 热水蜗牛塔

在汝城县热水镇蜗牛山。始建于元初，清代重建。六角七层楼阁式石塔。高21米。

▲ 香垣宝塔

在汝城县土桥镇。清代建。六角五层楼阁式砖塔。高十余米。

▼ 文昌塔

在汝城县土桥镇土桥村。清代建。六角四层楼阁式砖塔。高十余米。

▲ 道南塔

在汝城县附城乡道南村，原称惜字亭。清咸丰八年（1858）建惜字塔。八角五层楼阁式石塔，高约8米。塔身布满浮雕，南面额题"禹门""声阶""十倍"。北面额题"飞腾"。东面额书"惜字亭"，下刻"太极图"。西面书"文光射斗"。

临武县

◀ **石灰窑村塔**

在临武县武水镇石灰窑村。清道光十九年（1839）建。四角单层亭阁式石塔。2.7米高。火口刻"惜字炉"，有联："火灿洪炉光射斗，灰珍遗字重如金。"

永州市

零陵区

▶ **廻龙塔**

在永州市零陵区永州镇回龙塔路潇水东岸。全国重点文物保护单位。明万历十二年（1584）建。2016年重修。八角楼阁式砖塔。外观七层，内为五层。高27.25米。

道县

▲ **文塔**

在道县宝塔脚村雁塔山。明天启年间建，清乾隆二十九年（1764）重修。八角七层楼阁式砖石塔。高33米。

蓝山县

▼ **传芳塔**

在蓝山县城东塔下寺。建于明嘉靖四十二年（1563）。八角七层楼阁式砖石塔。高40.18米。

▲ **秀峰塔**

在蓝山县龙溪、毛俊两乡交界处。又名东塔、童峰塔。明万历年间移建今址。清光绪十五年（1889）重建。八角七层楼阁式砖石实心塔。东南面崩塌。高17米。

双牌县

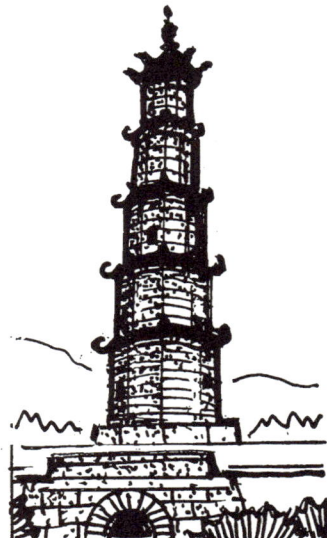

◄ 镇水宝塔

在双牌县阳明山国家森林公园万寿泉。北宋建。六角三层楼阁式石塔。高约2米。

► 文塔

在双牌县江村镇黑漯村田垌。清道光二十四年（1844）建。六角五层楼阁式石塔。高十余米。

新田县

◄ 青云塔

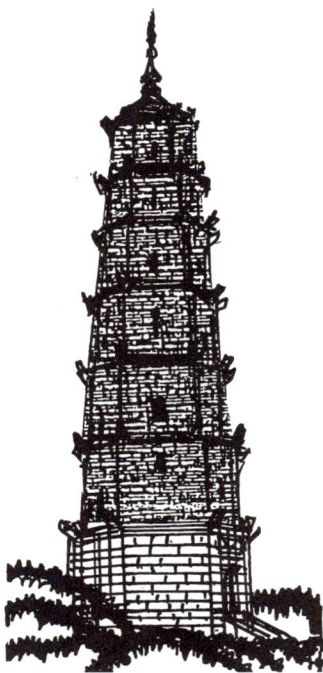

在新田县翰林山青云公园。清咸丰九年（1859）建，1919年重建。八角七层砖石塔。高31.7米。

► 龙溪塔

在新田县知市坪镇龙溪村。清代惜字塔。六角五层楼阁式石塔。高7.8米。

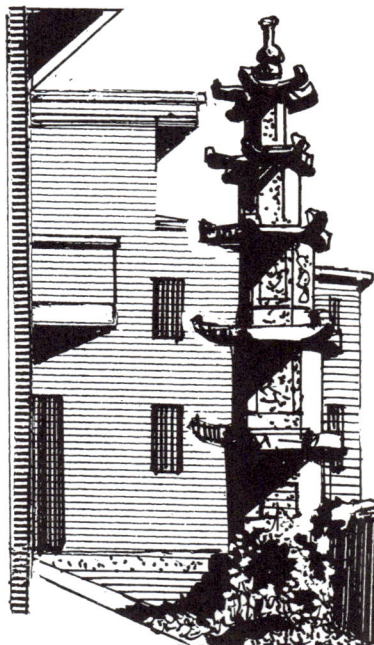

▼ 程家村塔

在新田县高山乡程家村。清代惜字塔。六角三层楼阁式石塔。高约5米。火口刻"惜字炉"，联云："食古真能化，当今未丧文。"

◄ 刘家山红塔

在新田县冷水井镇刘家山村。清代惜字塔。八角五层楼阁式塔，高约8米。首层石板砌筑，以上砖砌。火门额刻"化境"，联云："熔经铸史，毓秀钟灵。"

► 陆家村塔

在新田县骥村镇陆家村。清同治六年（1867）建惜字塔。六角三层楼阁式石塔。高近5米。二层设三个火门。额刻"敬惜""字纸"。

▲ 彭梓城村塔

在新田县枧头镇彭梓城村。清代惜字塔。六角五层楼阁式塔。首层石构，以上砖砌。高12.5米。

▼ 云砠下村塔

在新田县金盆镇云砠下村。清道光二十一年（1841）建惜字塔。六角三层楼阁式石塔。高约7米。

▶ 下青龙村塔

在新田镇龙泉镇下青龙村。清道光二十二年（1842）建惜字塔。六角五层楼阁式塔，一二层石砌，以上砖砌。火门刻"惜字炉"。高约9米。

▼ 大塘背村塔

在新田县十字乡大塘背村。清道光十一年（1831）建惜字塔。六角三层楼阁式石塔。高近5米。

▼ 下塘窝村塔

在新田县金盆镇下塘窝村。清同治三年（1864）建惜字塔。六角三层楼阁式石塔。一层火门额"有归藏"。高约5米。

▼ 陈晚村塔

在新田县金盆镇陈晚村。清道光十八年（1838）惜字塔。六角三层楼阁式石塔。二层火门额"居其所"。高约6米。

▲ 蓝田村塔

在新田县莲花乡蓝田村。清咸丰七年（1857）建惜字塔。六角三层楼阁式石塔。高约9米。

▼ 砠湾村塔

在新田县枧头镇砠湾村。清道光四年（1824）建惜字塔。六角三层楼阁式石塔。高5米。三层刻"畏圣言"。

▼ 何昌村塔

在新田县高山乡何昌村。清咸丰年间建惜字塔。六角三层楼阁式石塔。高约7米。二层火门额刻"有元气"。

▲ 唐家村塔

在新田县三井镇唐家村。清光绪八年（1882）建惜字塔。六角三层楼阁式石塔。高约5米。火口刻"文章入化"。联云："独抱经纶富，长晋翰墨香。"刹顶为小石狮，亦称石狮塔。

江永县

▶ 镇景塔

在江永县潇浦镇南景村塔山巅。又名文峰塔、圳景塔。清代建。"文化大革命"期间塔顶炸塌一角，1983年重修。六角七层楼阁式砖塔。高24米。

◀ 龟塔

在江永县下层铺镇上甘棠村。年代不详。六角三层楼阁式砖石塔。高约2米。

▶ 文峰塔

在江永县粗石江镇清溪村旁。清乾隆四十六年（1781）建。1983年、2018年重修。八角七层楼阁式砖石塔。高36米。其砖块十种类型。

宁远县

◀ **文星塔**

在宁远县湾井镇下灌村西冷江岸。清乾隆三十一年（1766）重建。八角五层楼阁式砖塔。高约20米。

▶ **老柏家村塔**

在宁远县禾亭镇老柏家村。惜字塔。清咸丰十年（1860）建。六角三层楼阁式石塔。高约7米。

祁阳县

▶ **文昌塔**

在祁阳县龙山街道宝塔街湘江东岸万卷书岩上。明万历元年（1573）建，清乾隆十一年（1746）重建。八角五层楼阁式砖石塔。高36.8米。供奉文昌帝君、天聋、地哑、太上老君、关圣帝君、武财神、观世音、魁星。

东安县

▲ **吴公塔**

在东安县紫溪市镇紫溪河北岸。清乾隆十四年（1749）建。八角七层（内实五层）楼阁式砖石塔。高28米。

▶ **石期文塔**

在东安县石期市镇东湘江边，清乾隆十三年（1748）建。八角七层楼阁式砖石塔。高24米。

◀ **七家廖字纸塔**

在东安县鹿马桥镇七家廖村四方井。清道光十二年（1832）建惜字塔。六角三层楼阁式石塔，高约7米。

江华瑶族自治县

▶ **文塔**

在江华瑶族自治县沱江镇东山顶，又称凌云塔。建于清同治八年（1869）。八角七层楼阁式砖石塔。高21米。

常德市

津市市

▼ **大同寺塔林**

在津市市关山猫儿岭大同寺。14座清及前代僧墓塔。"文化大革命"间损毁，1991年复建。白色大理石塔，亭阁式、覆钵式、幢式、圆柱体式。高四五米间。塔院有古塔4座（右），为殊光珠禅师、证禅师之塔。残高米余。

石门县

◀ **梯云塔**

在石门县楚江镇宝塔社区。明万历元年（1573）建，清乾隆五十七年（1792）雷击毁上三层，道光三十年（1850）重修。八角七层楼阁式石塔。34.2米高。

▶ **善会和尚塔**

在石门县夹山管理处夹山寺。唐代建。全国重点文物保护单位。四角三层楼阁式砖塔。高约6米。

▶ **圆悟克勤禅师塔**

在石门县夹山管理处夹山寺。宋代建。全国重点文物保护单位。六角三层楼阁式砖塔。高约6米。

▲ **野拂维禅师塔**

在石门县夹山管理处夹山寺，清康熙九年（1670）建。整块青灰砂石雕凿而成，鼓型瓜状塔身。高1.63米。

澧县

◀ **蜚云塔**

在澧县澧澹乡宝塔湾村。明天启三年（1623）建砖塔，清嘉庆二十二年（1817年）易石塔。八角七层楼阁式石塔。高33米。

▶ **花瓦寺塔**

在澧县宜万乡花瓦村。全国重点文物保护单位。宋代建。八角七层楼阁式实心砖塔。22米高。

汉寿县

► 镇龙塔

在汉寿县龙阳镇宝塔河村南禅寺旁，又称宝塔河塔、南禅寺塔、西竺山塔、文峰塔。明嘉靖年间始建。清康熙元年（1662）重建。八角七层楼阁式砖塔。33.27米高。

益阳市

赫山区

◄ 三台塔

在益阳市赫山区孟家洲。清乾隆四十八年（1783）建，嘉庆二十年（1815）重建。同治八年（1869）重修。八角七层楼阁式塔，高31米。

▲ 奎星塔

在益阳市赫山区泉交河镇下节街道。清道光八年（1828）建。1920、1990年重修。八角七层楼阁式砖石塔。高约26.9米。

◄ 斗魁塔

在益阳市赫山区龟台山下资江边。清乾隆十二年（1747）建，同治十二年（1873）重建。1969年塔顶二层因倾斜拆除，1988年复原。八角七层楼阁式石塔。高29.18米。

◄ 白鹿寺塔林

在益阳市赫山区会龙山塔林山。存开山祖师广慧和尚之塔等白鹿寺僧十来座石塔。其造型除最下方三座幢式外，其余覆钟式。高度2至5米。

沅江市

▲ 凌云塔

在沅江市万子湖乡千秋洑洲。清乾隆五十八年（1793）建。八角七层楼阁式石塔。高33.5米。

▼ 镇江塔

在沅江市万子湖乡小口塞湖村朱家嘴洞庭湖中。清乾隆四十七年（1782）建。八角七层楼阁式石塔。高23.95米。

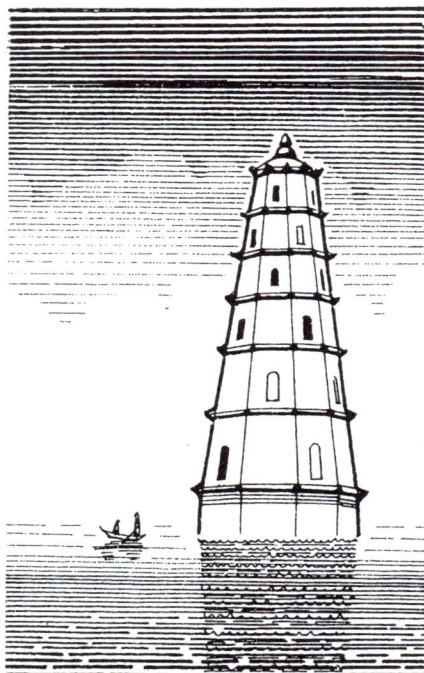

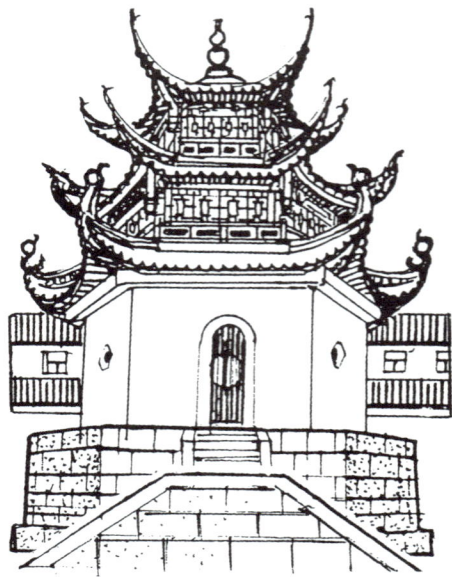

▲ 魁星楼

在沅江市庆云山街道和平社区。俗称八角亭。清乾隆五十九年（1794）建。1963、1998年重修。六角三层楼阁式塔。首层砖砌，上二层木构。高15米。

桃江县

安化县

◀ 跃龙塔

在桃江县凤凰山北麓资江南岸。清道光十四年（1834）建，2014年重修。八角七层楼阁式砖石塔。高25.5米。

▶ 文澜塔

在安化县小淹镇陶澍村。清道光十五年（1835）建。八角七层楼阁式石塔。高24米。

◀ 联元塔

在安化县梅城镇，俗称南宝塔。清乾隆十四年（1749）建于城南笔架山顶，乾隆三十八年（1773）迁城北望城坡，五十四年（1789）重建。道光二十五年（1845）复修。八角七层楼阁式石塔。高27米。首层匾额道光御书"印心石屋"，二层"文澜塔"匾额。

▲ 三星塔

在安化县大福镇旋湾塘。建于清同治四年（1865）。六角七层楼阁式石塔。高20.5米。

▼ 大福惜字塔

在安化县大福镇浮山村。传为清云贵总督罗饶典建于道光咸同年间。六角二层楼阁式三合土夯筑塔，高约7米。塔顶长一树。

▼ 木孔土塔

在安化县大福镇大尧村。建于清光绪十六年（1890）。六角四层三合土夯筑塔。高16.5米。

张家界市

永定区

怀化市

鹤城区

◀ 崇文塔

在张家界市永定区崇文街道宝塔岗社区。清乾隆十八年（1753）建。六角七层楼阁式石塔。高25米。

▶ 兴隆桥塔

在怀化市鹤城区石门乡四方田村兴隆桥头。清代建。六角三层楼阁式实心石塔。

洪江市

▶ 赤峰塔

在洪江市黔城镇赤宝山。原名文峰塔。清咸丰九年（1859）建。八角七层楼阁式砖塔，高28米。

会同县

▲ 金龙太子塔

在会同县金龙乡金龙山。元代始建，清康熙四十五年（1706）重建。八角单层亭阁式石塔，高约13米。塔内有金龙太子殿。

▼ 文峰塔

在会同县长寨乡小市村。清代建。六角七层楼阁式砖塔。高约20米。

沅陵县

◀ 龙吟塔

在沅陵县城北高洲。明代建。清道光二十九年（1849）重建。八角七层楼阁式砖石塔。高42米。

▶ 鹿鸣塔

在沅陵县沅陵镇鹿溪口村鹿鸣山。清道光二十九年（1849）重建。上四层雷击受损，"文化大革命"毁损。2016年修复。八角七层楼阁式砖石塔。高23米。

◀ **凤鸣塔**

在沅陵县城南岸香炉山。明万历中期建。清道光三十年（1850）重修。八角七层楼阁式砖塔。高25米。

溆浦县

▶ 龙泉寺舍利塔群

在溆浦县三江镇龙泉山村龙泉寺外前后，残存14座，多为六角重檐石塔，高低不一。最早为宋一心法师墓塔，高约2米。

娄底市

娄星区

▶ 澄清塔

在娄底市娄星区杉山镇澄清村。清光绪二十五年（1899）建，八角三层楼阁式砖塔。惜字塔。高12米。

双峰县

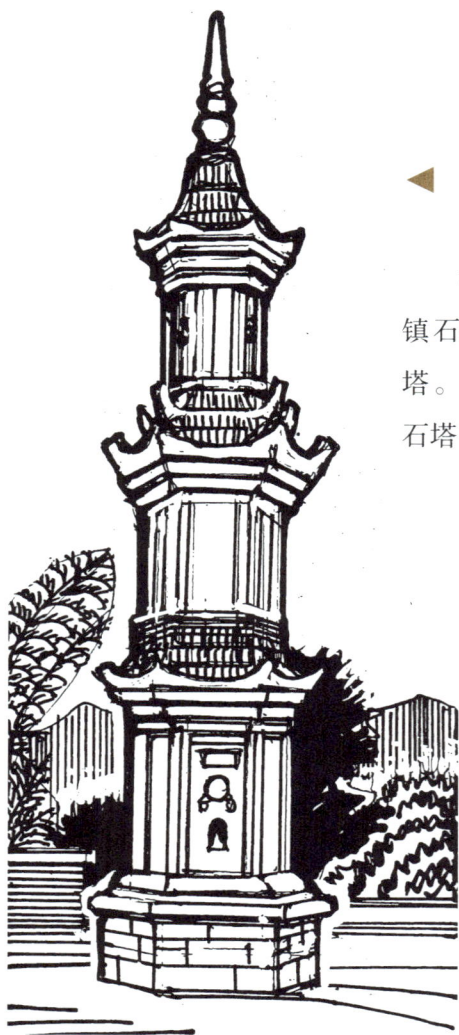

◀ **石坝塔**

在双峰县杏子铺镇石坝。清代建惜字塔。六角三层楼阁式石塔。高10米。

▲ **洛阳湾塔**

在双峰县杏子铺镇洛阳湾江边。清同治十一年（1872）建惜字塔。六角三层楼阁式石塔。高10米。火门刻"共仰文明"。门联："为学相朝登道岸，余灰尽使付东流。"

涟源市

◀ **石塔**

在涟源市蓝田镇蓝田中学。清道光二十六年（1846）建。六角三层楼阁式石塔。高十余米。

▶ **大竹塔**

在涟源市伏口镇大竹村。清道光十七年（1837）建惜字塔。六角三层楼阁式石塔。高16米。

◀ **药王殿惜字炉**

在涟源市杨市镇龙山药王殿前。清代建。四角单层石塔。高约2米。

▼ 观音崖塔

在涟源市湄江乡观音崖下。清代建。六角二层楼阁式石塔。高约2米。

新化县

▲ 宝塔山塔

在新化县西河镇宝塔山。清道光四年（1824）建。六角七层楼阁式石塔，残存四层。高10余米。

▶ 彩彩和尚塔

在新化县水车镇长石村白旗峰。乾隆三十七年（1772）建。墓中央建六角三层楼阁式石塔，高2.25米。

▲ 北塔

在新化县上梅镇滨江北路。全国重点文物保护单位。清道光十三年（1835）建。八角七层楼阁式砖石塔。高42米。

◀ 文昌塔

在新化县洋溪镇新化五中校园。清乾隆四十九年（1784）建，光绪十四年（1888）重修。八角三层楼阁式砖木塔。高十余米。

◀ 邹法灵公冢塔

在新化县水车镇紫鹊界贡米岭圆形墓冢旁。明代建。四角二层亭阁式石塔。中心开孔，上刻"求则得之"。两侧刻联"法术至天；灵念无方"。

湘西土家族苗族自治州

龙山县

▶ 钟英塔

在龙山县民安街道宝塔村五老峰，又名文峰塔。清道光十九年（1839）建。六角七层楼阁式砖塔。高20余米。

永顺县

◀ 培英塔

在永顺县城南不二门观音岩寺宝塔山。清道光年间建。八角七层楼阁式石塔。高20米。

▶ 钟灵塔

在永顺县车坪乡，清乾隆年间建。六角五层楼阁式石塔。高约15米。

保靖县

▶ 钟灵山塔

在保靖县龙溪乡要坝村。清光绪三十二年（1906）建。八角七层砖石塔。高23米。

广东省 图谱

中国古塔全谱

广州市

荔湾区

▲ 龙津西路文塔

在广州市荔湾区龙津西路荔枝湾畔。清代建，2010年重修。六角二层楼阁式砖塔，石墙脚。13.6米高。首层门额及二层窗额嵌"南轴""云津阁"匾。

越秀区

▶ 六榕寺塔

在广州市越秀区六榕路六榕寺。俗称六榕花塔。全国重点文物保护单位。南朝宋建四角六层木构宝庄严寺舍利塔供奉佛舍利。唐王勃撰《广州宝庄严寺舍利塔记》。宋绍圣四年（1097）重建砖木塔。1980年重修。八角九层（内十七层）穿壁绕平座楼阁式砖木塔。高57.6米。

▼ 华林寺石塔

在广州市荔湾区下九路华林寺。清康熙四十年（1701）建。六角七层楼阁式石塔，高7米。1965年在塔底发现套盒内藏舍利子。

▲ 怀圣寺光塔

在广州市越秀区光塔路怀圣寺。全国重点文物保护单位。唐代建。塔顶原立金鸡，1934年改砌火焰形尖顶。两层圆筒式砖塔，高36.3米。中为实心柱，南、北拱门各有蹬道绕塔心柱至首层塔顶，塔壁开长方形小窗。

▼ 光孝寺双铁塔

在广州市越秀区光孝路全国重点文物保护单位光孝寺。南汉铸造四角七层楼阁式铁塔，塔基周饰仰莲。西铁塔（图左）铸于大宝六年（963），以南汉后主刘鋹名义铸造，原塔共铸佛像1千尊，又称千佛铁塔。残存下三层。通高约3.8米。东铁塔（图右）为大宝十年（967）内太师龚澄枢与邓氏三十二娘捐铸，通高7.69米，铸佛像1024尊。

▲ 光孝寺双石塔

广州市越秀区光孝寺大雄宝殿月台。明嘉靖二十四年（1545）建。八角七层楼阁式实心石塔。高4.95米。

▲ 六祖瘗发塔

在广州市越秀区光孝寺。为瘗藏禅宗六祖惠能剃度之发，始建于唐仪凤元年（676）。八角七层楼阁式实心砖塔，高7.8米。

◀ 南汉青釉佛塔

2022年在广州市第一人民医院改建项目工地出土约30座，部分残损严重。南汉时期造，六角三层密檐式青釉瓷塔，高12厘米。

天河区

▲ 莲池寺普同塔

在广州市天河区天平架蚰蛇坑莲池寺。建于清雍正元年（1723），四角单层亭阁式石塔。高2.44米。刻"普同"二字。塔座两侧开凿小洞供奉众僧骨灰。

▼ 六榕寺墓塔林

在广州市天河区白云山柯子岭和顺岗。占地4300多平方米。原有六榕寺南朝以来历代僧人墓塔二百余座，"文化大革命"中毁损，1980年代后修复塔墓46座及数座合葬墓塔等。覆钵式石塔。高1.6～1.8米。

海珠区

▲ 赤岗塔

在广州市海珠区新市头路。明万历四十七年（1619）始建，天启年间建成。1998年重修。八角九层（内十七层）穿壁绕平座楼阁式砖塔。高48.9米。

▼ 琶洲塔

在广州市海珠区新港东路。原名海鳌塔。建成于明万历二十七年（1599）。1990年、2005年重修。八角九层（内十七层）穿壁绕平座楼阁式砖塔。高50余米。

番禺区

▲ 莲花塔

在广州市番禺区莲花山镇莲花山。原名文昌塔。又称石砺塔、狮子塔。明万历四十年（1612）建，1981年重修。八角九层（内十一层）楼阁式砖木塔。高48米。

▲ 蔡边文昌塔

在广州市番禺区沙头镇蔡边村螺山。1923年建，1981年重修。六角三层楼阁式砖木塔。高约20米。底层门额"斯文荟萃"。塔刹铜葫芦。

▼ 水绿山青文阁

在广州市番禺区沙湾镇北村塔岗。清康熙六年（1667）建。六角三层砖木塔。1921年重建为钢筋混凝土结构。高约20米。1986年重修。供奉魁星、关公、文昌等。

▼ 大魁岗塔

在广州市番禺区石楼镇大岭村。清光绪十年（1884）建。六角三层楼阁式砖木塔。高19.2米。首层门额"作镇菩山"李文田题。二三窗额为"司命司忠""日月齐光"。

黄埔区

◄ 深井文塔

在广州市黄埔区长洲街深井社区。清光绪二十一年（1895）建，2004年重修。六角三层楼阁式砖木塔。高约19米。原供奉土地神、文昌、关公、文魁星。

► 边岗文塔

在广州市黄埔区长洲岛上庄村边岗（俗名打钟岗）。清光绪年间建。六角二层楼阁式砖塔。7.5米高。

从化区

► 小坑村文昌塔

在广州市从化区杠杆镇小坑村旁。传建于明末，重修于清代、1994年。四角三层楼阁式砖塔。高23米。供奉文昌神、财帛星君、魁星神像。塔顶四角设石雕麒麟。

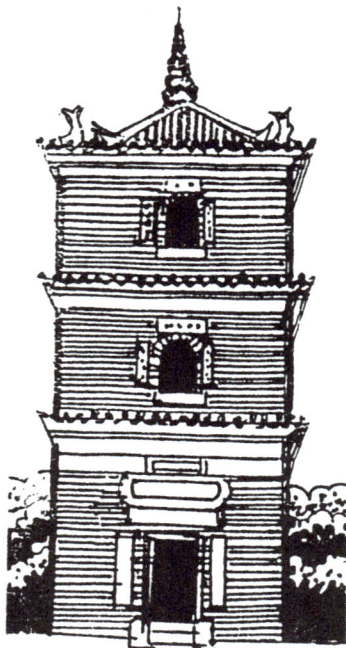

增城区

▼ 景星楼

在广州市增城区小楼镇腊圃村报德祠左侧。原名振星楼，又名文塔。明代建，1999年重修。六角五层楼阁式砖塔。高24米。门额"景星楼"。砖雕花窗，窗额"经纬同天""文星高照""笔春造化""青云直上"。

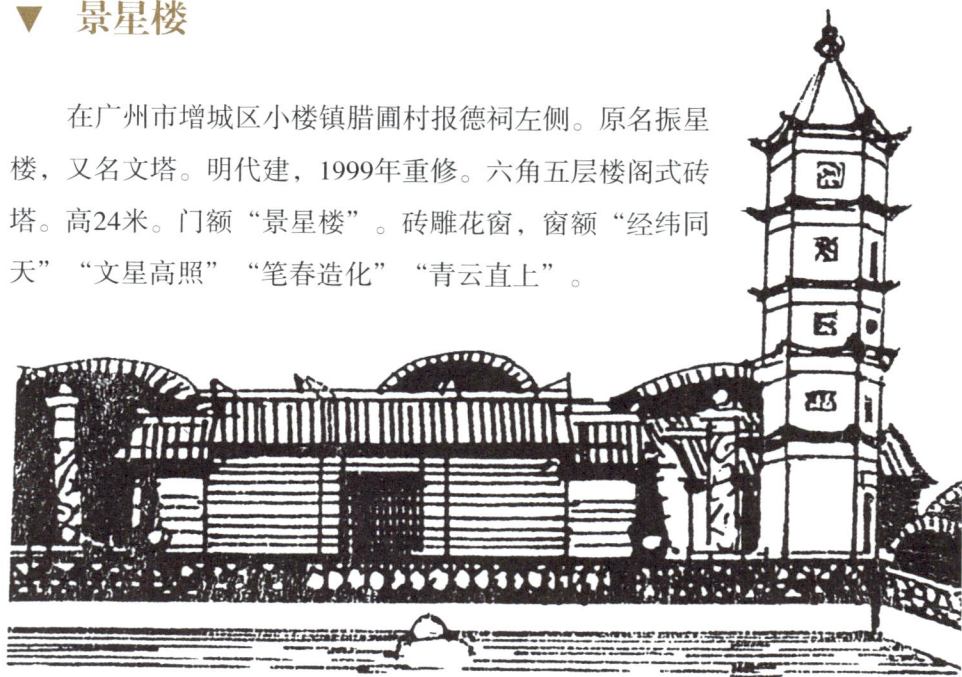

◄ 雁塔

在广州市增城区荔城镇夏街村夛山。明万历元年（1573）建，清光绪二十五年（1899）、1992年重修。八角七层楼阁式砖石塔。高32米。

▼ 朱村塔

在广州市增城区朱村街道。明代建。六角五层楼阁式砖石塔。高约12米。

▼ 凌云楼

在广州市增城区中新镇钟岭村。清代建。六角三层楼阁式砖塔。高12.5米。

◄ 登云阁

在广州市增城区石滩镇石湖村田心村。清乾隆二十三年（1758）重建，光绪十一年（1885）重修。六角三层楼阁式砖木塔。各层门额"登云阁""峙镇南关""天魁拱辅"。首层内壁嵌光绪《文阁亭序》碑。

▼ 势凌霄汉塔

在广州市增城小楼镇东境村。俗称文昌塔，1934年建。六角五层楼阁式钢筋混凝土框架砖砌塔。门额"势凌霄汉"。

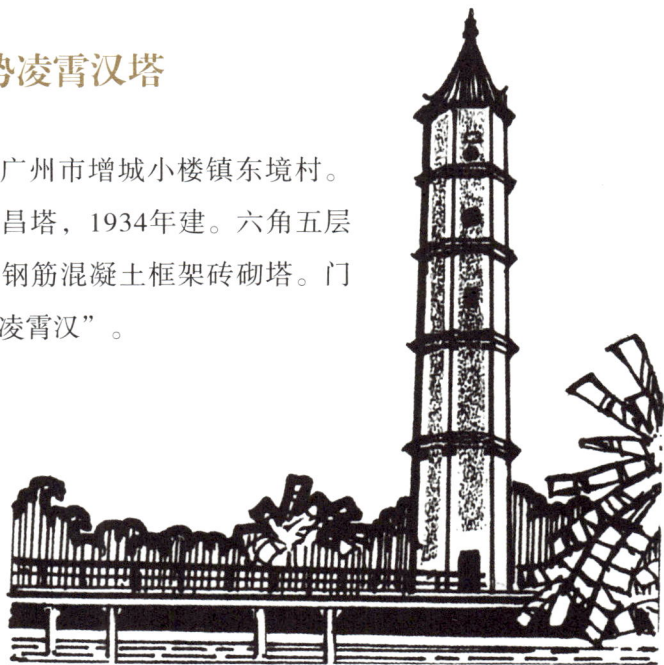

◄ 文昌阁

在广州市增城区石滩镇岗贝村南华社。清初建。六角三层楼阁式砖塔。塔顶已毁。底层门额"文昌阁"，三层门额"月楼"。

▼ 文笔阁

在广州市增城区石滩镇麻车村。明嘉靖年间建。圆锥体实心砖塔。高约11米。每年夏至日初升，塔影射进祖祠后殿，寓意文笔入祖堂。族谱称为"祖祠文笔"。

► 云步先登塔

在广州市增城区增江街道白湖村。俗称文昌塔。1914年建，1998年重修。六角三层楼阁式砖塔。高约22米。门额"云步先登"。

▲ 下围文塔

在广州市增城区派潭镇玉枕村下围自然村。民国建，2002年重修。六角三层楼阁式塔，砖石钢筋混凝土结构。高约10米。

韶关市

曲江区

▶ 灵照塔

在韶关市曲江区全国重点文物保护单位南华寺。唐先天年间建木塔供奉惠能肉身。元和七年（812）宪宗赐名"元和灵照塔"。北宋太平兴国元年（976）重建赐额"太平兴国之塔"。南宋绍兴三十二年（1162）重建。明成化十三年（1477）改建砖塔，万历四十三年（1615）重修。八角五层楼阁式，高29.3米。底层塔心室供地藏王菩萨。生铁、铜铸覆钵式塔顶。

◀ 降龙铁塔

在韶关市曲江区南华寺鼓楼，又名千佛塔。塔座南汉遗存，高1.2米，须弥座四角铸托塔力士，上部仰莲座。清雍正五年（1727）重铸塔身塔顶。四角五层楼阁式实心铁塔。总高5.1米。

▲ 文武阁塔

在韶关市曲江区凤田镇。清代建，六角五层楼阁式砖石塔。残高15.56米。门额"文武阁"。

▲ 仙人塔

在韶关市曲江区大塘镇蛇岭山脚。宋代建。八角穿壁绕平座楼阁式砖塔，现存六层，残高22.76米。

武江区

▶ 文武阁塔

在韶关市武江区龙归镇方田村。清代建，2006年重修。六角五层楼阁式砖塔。高16米。底层门楣"文武阁"。

始兴县

◀ 沈所塔

在始兴县城西沈所塔岗岭。清嘉庆年间建，道光十六年（1836）重修。六角九层楼阁式砖塔。高约30米。三、五层石匾"迥澜""五星□奎"。

▶ 周所塔

在始兴县顿岗镇周所村。又称清凉山寺塔、前身塔。明万历年间建。六角七层楼阁式砖塔，残高约27米。塔刹及第七层1958年"大炼钢铁"建高炉所拆。

仁化县

◀ 水口塔

在仁化县石塘镇历林村。明以后建。六角七层楼阁式砖塔。高18.6米。塔刹不存。

▼ 文峰塔

在仁化县丹霞乡岭头村。明万历年间建。八角九层楼阁式砖塔。高34.7米。红砂岩塔基。首层门额"文笔冲霄"。

▲ 云龙寺塔

在仁化县董塘镇安岗村后山。原称西山寺塔。全国重点文物保护单位。唐乾宁至光化年间建。四角五层楼阁式砖塔。塔顶已残，高10.4米。

▲ 文明峰塔

在仁化县长江镇桐子坪。明万历二十五年（1597）建，清道光十九年（1839）重修。六角七层楼阁式砖塔。高19.2米。塔刹不存。

◀ **双水塔**

在仁化县扶溪镇水口村。又称白塔。明塔形制。六角七层楼阁式砖塔。首层门额"文光辉映"。塔刹不存。高24.8米。

▼ **普同塔**

在仁化县丹霞山锦石岩前。清顺治五年（1648）建。存入锦石岩历代禅师骨灰。八角三层楼阁式砖石塔。高3.6米。

▶ **华林寺塔**

在仁化县闻韶镇下徐村。宋元丰五年（1082）建。六角七层穿心绕平座楼阁式砖塔。高21.74米。

▲ **古奘愿来和尚墓塔**

在仁化县丹霞山宝珠峰脚，清代建，六角单层亭阁式石塔。高1.6米。

▲ **螺顶浮屠**

在仁化县丹霞山海螺顶，也称丹霞山塔。建于清康熙六年（1667）。六角单层亭阁式实心砖石塔。8.9米高。须弥座束腰刻青龙、白虎、朱雀、玄武。塔身四面浮雕释迦、文殊、普贤、观音立像。

▲ **澹归和尚墓塔**

在仁化县丹霞山海螺岩。别传寺祖师澹归墓塔。清初建。六角单层亭阁式实心石塔。高2.2米。

▼ **丹霞普同塔**

在仁化县丹霞山锦江边山上。清康熙四十年（1701）建。四角单层幢式石塔。高约3米。

▼ 腾凤塔

在仁化县董塘镇潼阳溪旁。明代建。六角七层楼阁式砖塔。高20米。塔刹无存。

◀ 华林寺塔

在仁化县闻韶镇下徐村。宋元丰五年（1082）建。六角七层穿心绕平座楼阁式砖塔。高21.74米。

▲ 华表峰塔

在仁化县长江镇桐子坪山顶。明万历二十六年（1598）建，清道光十九年（1839）重修。高19.26米。六角七层楼阁式砖塔。首层门匾"华表峰"。

翁源县

◀ 八角塔

在翁源县坝仔镇一心村。俗称八角庙。清康熙四十年（1701）建。八角五层楼阁式塔。高26.7米。边角砌筑青砖，余用河石灰沙。二、三层门额"盛世""文明"。首层塔檐角置瓷狮子或鲤鱼。塔内神龛奉玉皇大帝及十八罗汉。左图为塔正面。

◀ 积峰塔

在翁源县岩庄镇礼岭村。清代建。六角三层楼阁式塔。高12.5米。下半部灰沙夯筑，上半部河石砌筑。

▶ 文阁塔

在翁源县江尾镇长江村。清光绪十六年（1890）建。六角三层灰沙石夯筑楼阁式塔。高17.6米。

▼ 文昌阁

在翁源县龙仙镇石背村。清代建。四角三层楼阁式砖石塔。塔顶已毁。高12米。

▼ 田心塔

在翁源县龙仙镇田心村。又称文昌星阁。清代建。六角三层楼阁式砖石塔。刹顶已毁。高约12米。

▲ 康公塔

在翁源县康公镇兰青村。清代建。六角三层楼阁式砖石塔。高12米。

乳源瑶族自治县

◀ 文塔

在乳源瑶族自治县侯公渡镇宋田村。明代建。清乾隆、光绪间重修，宣统元年（1909）重建。六角五层楼阁式砖塔。首层门额"文光射斗"。高16.5米。

◀ 文昌阁

在乳源瑶族自治县乳城镇文昌公园。明万历二十九年（1601）建六角三层楼阁式砖塔，天启五年（1625）续建为七层。1996年重修。高21.2米。二三层石门额"气象万千""文星拱照"。

乐昌市

▶ 龟峰塔　文峰塔

在乐昌市乐城街道隔武江相望。龟峰塔在新村大肚岭。明嘉靖十九年（1540）建。1964年重修。八角七层楼阁式砖塔。高15.9米。文峰塔在河南村南塔公园。俗称南塔。始建于宋，明嘉靖十八年（1539）重建。八角七层楼阁式石塔。高19米。

◀ 了石和尚墓塔

在乐昌市庆云镇庙背村凑云仙庵后。清初建。八角锥形石塔。高2米。

▶ 水口塔

在新丰县沙田镇白楼村。清末建。六角三层楼阁式塔，河卵石和石灰砌筑。高12.6米。

▶ 阳福塔

在新丰县沙田镇阳福村。建于明永乐十四年（1416），清道光二十九年（1849）重修。六角五层楼阁式砖塔。高20.1米。题额"珠联璧合""文武帝阁""紫极垣"。

🔅 南雄市

▶ 三影塔

在南雄市雄州镇永康路。又称延祥寺塔。全国重点文物保护单位。建于宋大中祥符二年（1009），1981年重修。六角九层穿壁绕平座楼阁式砖塔。铁铸塔刹，高50.2米。

🔅 新丰县

▼ 雁塔

在新丰县丰城镇双解村老围山。又名文峰塔。清乾隆四年（1739）建。六角七层楼阁式砖塔。高33.2米。首层题额"文光射斗"，门联："雁塔呈祥昭日月；龙门瑞启震风雷。"

▶ 白塔

在新丰县梅坑镇梅东村横岭。清道光年间建。六角五层楼阁式砖石塔，高13.2米。题额"文帝阁""魁星楼"。

▲ 珠玑石塔

在南雄市珠玑镇珠玑巷。又称贵妃塔。全国重点文物保护单位。元至正十年（1350）造。八角七层幢式石塔。17块红砂岩石雕刻垒成，二至四层浮雕佛像。高3.36米。

▼ 溪头塔

在南雄市百顺镇溪头村，又名娘娘塔、姐妹塔。宋代建。六角七层楼阁式砖塔，三层以上实心。塔刹已失。残高18米。

▼ 新龙塔

在南雄市新龙镇龙口村。宋代建。六角五层楼阁式砖塔。残高21米。

▼ 上朔塔

在南雄市大塘镇上朔村五指石岭。清代建，重修于1981年。六角七层楼阁式砖塔，高26米。

▲ 国坪塔

在南雄市澜河镇下村。宋代建。六角五层楼阁式砖塔，五层及顶已毁，残高13米。

◀ 小竹塔

在南雄市江头镇小竹村。宋代建，六角楼阁式砖塔。残存三层，残高约10米。

◀ 许村塔

在南雄市黄坑镇许村。宋代建，塔身砖缝发现北宋景德元年（1004）铜钱。坍塌严重，残高20.1米。

◀ 回龙寺塔

在南雄市湖口镇新湖罗田村。宋代建，六角七层楼阁式砖塔。1958年拆毁三层，残高11.8米。

▶ 平林惜字塔

在南雄市油山镇平林村。传孔子后裔留居平林村，明代建惜字塔。六角三层楼阁式砖塔。高约9米。

深圳市

宝安区

▶ 凤凰塔

在深圳市宝安区福永街道凤凰村。清嘉庆年间建，1991年重修。六角六层楼阁式塔。高约20米。首层石砌，二层以上砖砌。一至六层门额为"凤阁朝阳""开文运""经纬楼""独占""直上""绮汉"。

▼ 龙津石塔

在深圳市宝安区沙井镇沙井村龙津桥旁。南宋嘉定十三年（1220）为镇水而建。1984年修复。四角单层亭阁式石塔，高2米。塔身正面浮雕佛像。

罗湖区

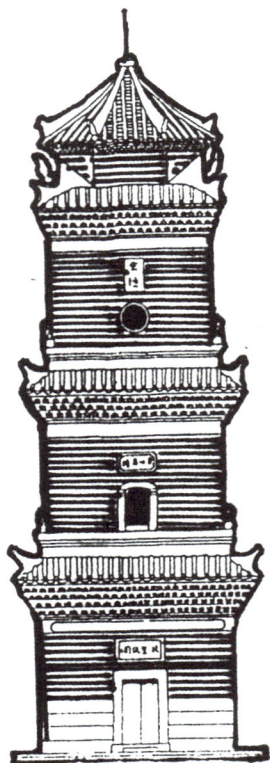

◀ **文昌阁**

在深圳市罗湖区新安镇固戍村。清乾隆年间建，光绪元年（1875）、1945年重修。四角三层楼阁式砖石塔，高12米。各层门匾："联登阁""更上一层楼""会报"。

▶ **西坑宝塔**

在深圳市龙岗区横岗街道西坑公园。清末建，1980年重修塔刹。七角四层楼阁式砖塔。

龙岗区

汕头市

龙湖区

▼ **腾辉塔**

在汕头市龙湖区下蓬镇鸥上村辛厝祠前。清乾隆二年（1737）建。1917年地震塔刹震歪。2016年重修。六角七层（内为三层）楼阁式塔。高16米，塔顶六角五层楼阁式小塔。石砌门框，其余以贝灰、河沙、糯米、黄糖混合夯筑。腔内用石枋承木楼板。

潮阳区

▲ **大颠祖师塔**

在汕头市潮阳区铜盂镇灵山寺后。全国重点文物保护单位。唐长庆四年（824）灵山寺主持大颠祖师圆寂后建塔。唐末开塔"唯舌根尚存如生"，宋末开塔仅余"古镜一圆"，故称舌镜塔。八角基座覆钟式石塔。高2.8米。

◀ 文光塔

在汕头市潮阳区文光街道。全国重点文物保护单位。南宋绍兴元年（1131）建。咸淳二年（1266）重建，称千佛塔。明崇祯八年（1635）重建称文光塔。清嘉庆二十年（1815）、1956、1981年重修。八角七层楼阁式。高42.42米。首层石砌，以上各层砖砌，石门框及平座。首层匾额"文光塔"。楹联："千秋文笔振金石，百丈光芒贯斗牛。"

◀ 晴波塔

在汕头市潮阳区海门镇莲峰。清光绪九年（1883）建。八角五层楼阁式贝灰三合土构筑塔。高16.5米。

🏵 潮南区

◀ 祥符塔

在汕头市潮南区峡山街道龟山顶。宋代建，明万历二十五年（1579）重建时地基掘出"祥符"铜钱得名。八角七层楼阁式实心砖塔。残高21.66米。塔刹残缺。

▶ 涵元塔

在汕头市潮南区灶浦镇龟山顶。明崇祯十二年（1639）建成。八角七层穿壁回旋式结构楼阁式砖石塔。高约43.4米。

🏵 濠江区

▶ 表角灯塔

在汕头市濠江区广澳片区表角，又名广澳灯塔。清光绪六年（1880）铸件拼装圆柱体铁塔。1922年改钢筋混凝土结构。高6.7米。

▲　鹿屿灯塔

　　在汕头市濠江区鹿州岛。清光绪六年（1880）建。圆柱体铸件拼装铁塔。高6.6米。

南澳县

▶　龙门塔

　　在南澳县深澳镇虎屿岛。建于清道光十六年（1836）。用于军事瞭望。八角七层楼阁式石塔，残高20米。顶层崩缺。

佛山市

禅城区

▶　经堂铁塔

　　在佛山市禅城区祖庙，原置经堂古寺。阿育王式铁塔，重4吨。清雍正十二年（1734）铸造。佛龛额铸"释迦文佛"四字。乾隆四十六年（1781）加建白石须弥座。通高4.6米。塔于"文化大革命"中砸碎，发现石函藏舍利二百余颗。1987年塔得复原。

澄海区

◀　田宝塔

　　在汕头市澄海区上华镇龙田村。明万历七年（1579）建文峰塔。清同治三年（1864）重建更名文明塔。六角五层楼阁式砖塔，11.64米高。二三层中空。

▼　仁寿寺塔

　　在佛山市禅城区祖庙路，又称如意宝塔。1935年建。八角七层楼阁式钢筋混凝土塔。高25米。

🏵 南海区

▼ 象林塔

原在佛山市南海区里水镇麻奢宝象林寺内，清康熙五年（1666）建，称瑞塔。1974年迁至西樵镇西樵山白云洞三湖书院前。六角七层楼阁式白玉石塔。5.5米高。

▼ 魁星塔

在佛山市南海区九江镇下北铁滘村。清嘉庆五年（1800）建。六角二层楼阁式砖塔。高6米。

▲ 奎光阁

在佛山市南海区西樵山白云洞。始建于明万历间，清乾隆四十二年（1777）重建，多次重修。四角三层楼阁式通道砖塔。高15米。门楣"万里云衢"，三楼竖匾"奎光楼"。

▶ 文昌塔

在佛山市南海区大沥镇东秀碧华村。清代建惜字塔。六角三层楼阁式砖塔。

🏵 顺德区

◀ 太平塔

在佛山市顺德区大良街道太平山。因山下为旧寨村俗称旧寨塔。明万历二十八年（1600）建，清道光十一年（1831）、光绪十四年（1888）及1989年重修。八角七层楼阁式砖塔，高25.58米。三层门匾"天门瑞气""震旦玄光"。

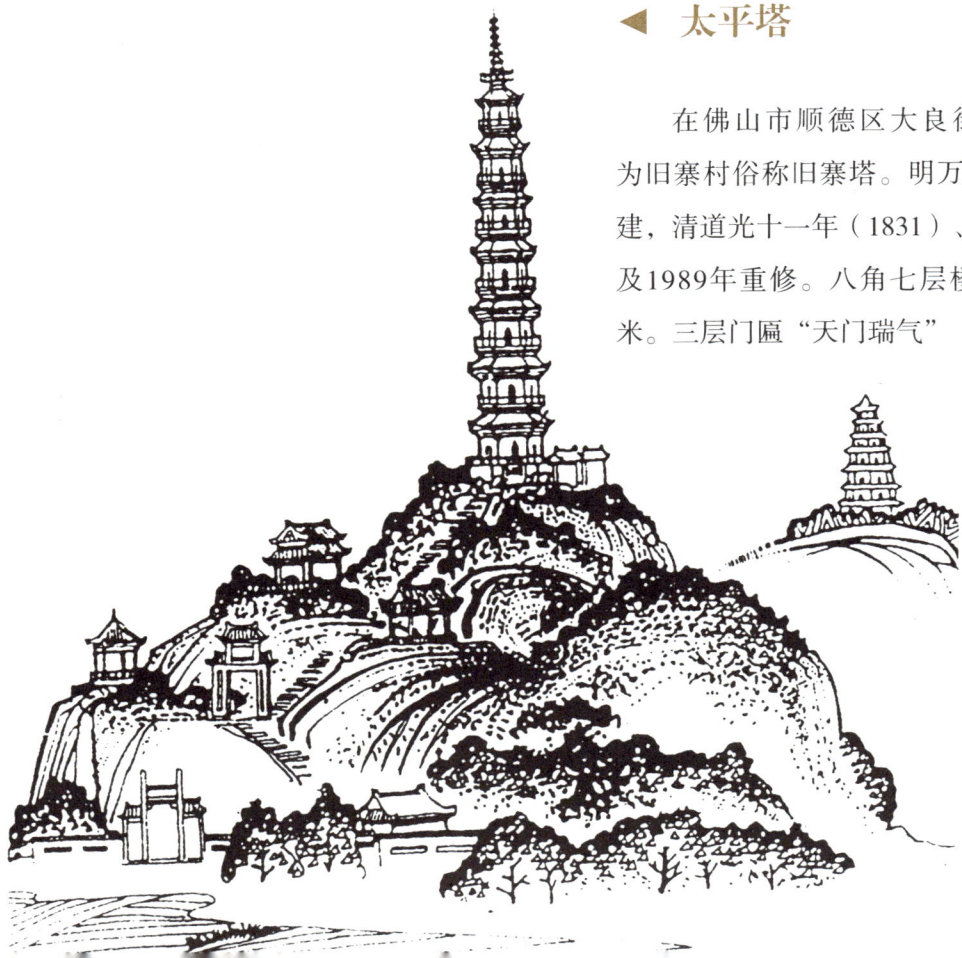

◀ 神步塔

在佛山市顺德区大良街道神步山。因山下有青云路又称青云塔。明万历三十二年（1604）建成。清代与太平塔同时两次重修。八角七层楼阁式砖塔，1985年重修改为钢筋混凝土楼板。高45.4米。四层门楣"三元挺秀"。

▼ 桂洲文塔

在佛山市顺德区容桂街道振华社区。又称聚魁阁。建于清乾隆五十九年（1794），1989年重修。六角七层楼阁式塔，下半部及塔门石砌，余为砖砌。高36米。

▲ 近光阁

在佛山市顺德区勒流街道扶闾村。清代形制。六角二层楼阁式砖塔，高约1米。铜葫芦刹。一二层门楣"世彩文风""近光阁"。

▶ 龙江文塔

在佛山市顺德区龙江镇勒流街道。清乾隆二十九年（1764）建，道光二十一年（1841）重修。六角七层楼阁砖塔。高36.2米。

高明区

▶ 文昌塔

在佛山市高明区明城镇。明万历十二至十四年（1584—1586）间建，清乾隆、嘉庆年间三次重修，1959、1985年重修，八角七层楼阁式砖塔，1985年重修塔腔改钢筋混凝土结构。高37米。塔檐上饰鳌鱼。

▼ 大奎阁

在佛山市高明区合水镇小洞。清代建，1921年重修。六角二层楼阁式砖塔。高10米。门楣"凤起蛟腾""大奎阁"。

▲ 明阳塔

在佛山市高明区明城镇岗根山。清光绪十六年（1890）建。六角三层楼阁式砖塔。高13米。

▲ 灵龟塔

在佛山市高明区明城镇龟峰山。明万历二十九年（1601）建。八角七层楼阁式砖塔，铁铸相轮塔刹。32.3米高。塔腔内原供石佛二尊，已佚。

◀ 海口塔

在佛山市高明区明城镇沧江与西江汇合点沙坦上，1932年为标志高明县沧江入口点建成引航塔。三角锥形实心塔。高20.5米。上刻"高明海口"。

🌸 三水区

◀ 文塔

在佛山市三水区乐平镇大旗头村。清光绪十五年（1889）建。六角三层楼阁式砖塔。15.67米高。

▼ 魁岗文塔

在佛山市三水区河口镇。建于明万历三十年（1602），1986年重修。八角九层楼阁式砖塔。高40余米。首层门额"文星开运"阮元题。三、五层门额"灵杰楼""大奎阁"。

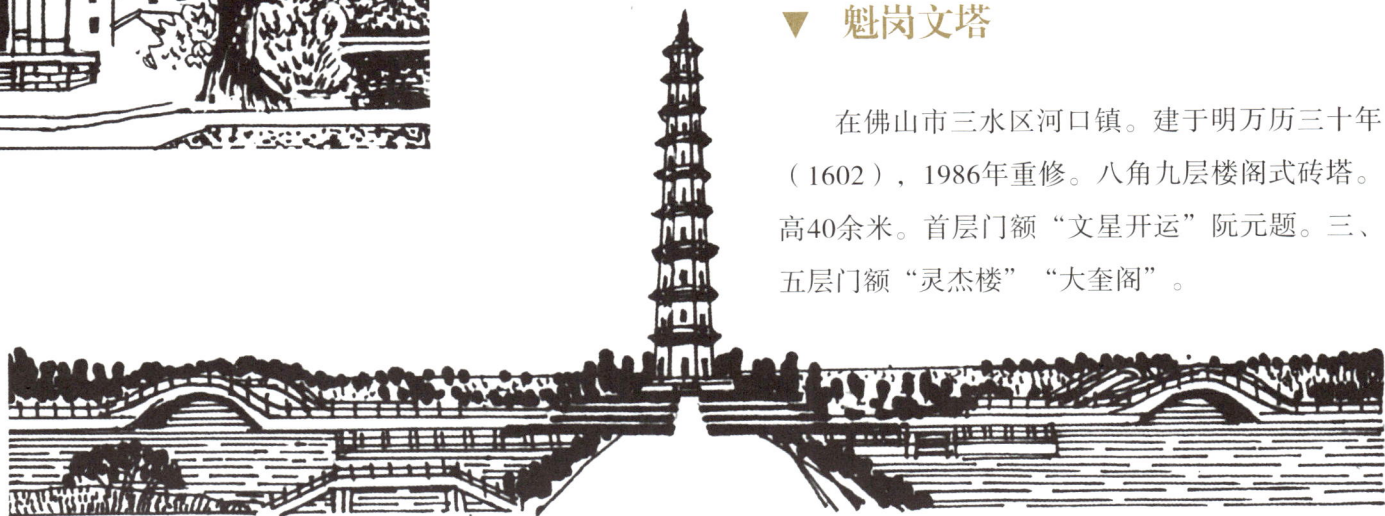

江门市

新会区

▼ 沙冲文昌阁

在江门市新会区大泽镇沙冲村长江里。明建。六角三层楼阁式砖塔。高约12米。底层门框红砂岩砌筑，门额"文昌阁"。

▲ 慈溪文昌阁

在江门市新会区古井镇慈溪村安山里。清光绪十三年（1887）建。六角三层砖塔，高23米。各层门匾"天开文运""文昌阁""慕光"。

▶ 白石塔

在江门市新会区会城街道北门社区圭峰山玉台寺。建于清康熙二十二年（1683），抗战时期被拆毁，1956年修复，现立于观音阁前。六角七层仿楼阁式石塔，高6.1米。仰覆莲基座。

▼ 天禄抗战纪念塔

在江门市新会区环城镇天禄村鼠山。1946年为缅怀1939年在天禄乡牺牲抗战志士和死难乡亲而建。六角七层楼阁式砖石混凝土塔。高28米。塔门匾刻"抗战纪念塔"。塔内存《天禄乡抗战纪念碑记》。

◀ 龙兴寺塔

在江门市新会区会城街道公园市博物馆旁。原位于会城西郊大云山龙兴寺内，寺、塔始建于隋，寺毁塔存，1929年迁建于西山，后移今址。六角五层仿楼阁式，一至三层为花岗岩石造无侧脚，四五层为红砂岩石造出侧脚，用料及风格不一，当为重修所致。塔顶仰莲承宝珠刹。

▲ 城南文昌阁

在江门市新会区会城街道城南村。始建于明万历间，清康熙四十三年（1704）重修。六角二层楼阁式砖塔，通高12.5米。首层设檐廊。二层匾额"文昌阁"。各脊饰塑行龙。葫芦刹。

▶ 镇山宝塔

在江门市新会区会城街道北门社区圭峰山玉台寺前从形制看应为元代之物。原在寺内灵溪石桥侧，后移至现牌坊旁通高3.07米。石砌八角阶基，上施仰莲瓣须弥座，座上为圆柱状塔身，用灰、红两色沉积岩打制，首层塔身四面各设佛龛。塔身上施三层亚字形宝盖，首层侧面隐刻壶门，门内刻"佛"字。宝盖上施圆柱形塔脖，脖身镌刻"镇山宝塔""阿弥陀佛"。仰莲承托宝珠刹。

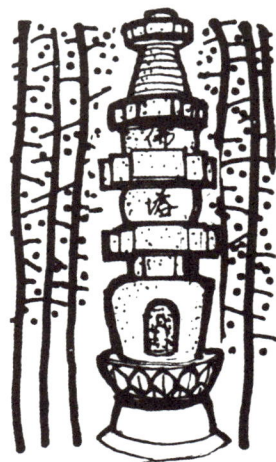

▼ 七堡文阁

在江门市新会区会城街道潭冲村。清代建。六角三层楼阁式塔，红砂岩墙基及门框，青砖砌筑，高约15米。葫芦塔刹。一三层檐下灰塑图案。

▼ 东洋文阁

在江门市新会区大泽镇牛勒村东洋里。清代建。六角二层楼阁式砖塔。高约12米。底层门框红砂岩砌筑。一二层门额"翰墨林""文阁"。檐下灰塑图案。仰莲承托宝珠刹。

◀ 文炳阁

在江门市新会区古井镇文楼学校内。清光绪二十六年（1900）建，1985年重修。八角七层楼阁式砖塔，高28米。

◀ 凌云塔

在江门市新会区会城街道茶坑村凤山。明万历三十七年（1609）建。八角七层楼阁式砖塔，高32.41米。塔基红砂岩条石砌筑。壁内折上式。一二层设佛龛。各层设腰檐平座，叠涩出檐。宝瓶收刹。

❀ 台山市

◀ 凌云古塔

在台山市台城镇茂林村船山。明万历四十一年（1613）建。清同治年间、1960年、1979年、1993年重修。八角七层楼阁式砖塔。高48米。

▶ 纸墨坟塔

在台山市台城镇石花山。清光绪二十六年（1900）建惜字塔。八角三层楼阁式砖塔。高5米。首层碑刻"纸墨至宝坟"。

🏵 开平市

◀ 开元塔

在开平市长沙街道平冈村马山。清乾隆十六年（1751）建成称文塔，又称楼岗塔。道光二十三年（1843）续建二层易今名。八角七层楼阁式砖石塔，高19.5米。叠涩出檐并挑出假平座。

▶ 保厘塔

在开平市苍城镇牛牯山，原名文阁。清乾隆六十年（1795）建三层。道光二十三年（1843）北移增建至五层。更名保厘塔。八角五层楼阁式砖塔。高13.5米。

▶ 大岗八角楼

在开平市月山镇大岗村。又名大岗塔、文昌阁。清代建。八角三层楼阁式砖塔，高约10米。相传开村时以"罗盘宝地"岗顶建塔，沿其八角建村。

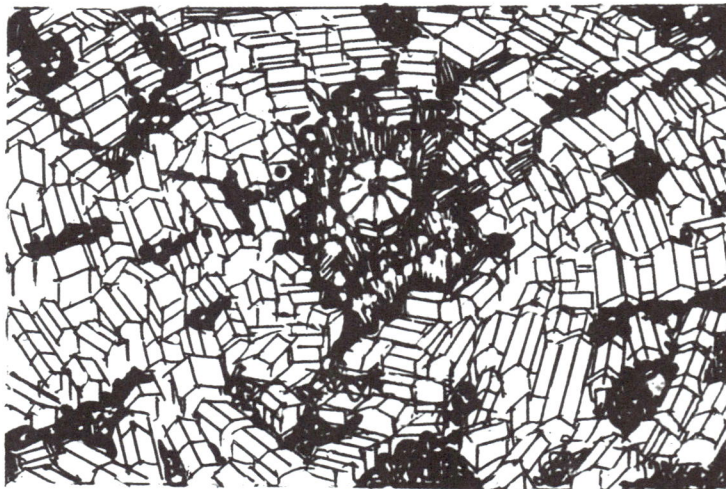

🏵 鹤山市

湛江市

🏵 麻章区

▲ 隔朗文阁

在鹤山市雅瑶镇隔朗村沙帽岗。又称文笔。始建年代不详，清嘉庆十三年（1808）重修，光绪六年（1880）增建。六角三层楼阁式砖塔，高12米。二层门匾"离明阁"。

◀ 文笔塔

在湛江市麻章区湖光镇那柳村海堤上，俗称铅笔塔。1943年由村民自筹资金建成。八角九层楼阁式砖塔。高10余米。

▼ 硇洲灯塔

在湛江市麻章区硇洲镇孟岗村东南马鞍山上。全国重点文物保护单位。清光绪二十八年（1902）建成。圆柱形石塔。高5.9米。

吴川市

▲ 双峰塔

在吴川市吴阳镇文塔小学。明万历二十七年（1599）建。八角七层楼阁式砖塔。高21米。

▲ 三柏文塔

在吴川市中山镇三柏圩旁。清咸丰年间兴建。八角三层楼阁式砖塔。高10米。塔刹不存。

廉江市

◀ 文笔塔

在廉江市良垌镇东桥村。清乾隆年间建，1991年重修。六角三层楼阁式砖塔。高约17米。二层门额"回水亭"。

▶ 昌明塔

在雷州市雷城镇曲街二小学北侧。清乾隆九年（1744）建。八角七层楼阁式砖塔。高17米。塔顶改建成水塔。

雷州市

▼ 三元塔

在雷州市雷城镇三元塔公园。明万历四十三年（1615）建文魁塔，又名启秀塔。挖塔基时发现三个蛇蛋，故称三元塔。1984年重修。八角九层（内十七层）穿壁绕平座楼阁式砖塔。高57米。

◀ 向党村塔

在雷州市乌石镇向党村。建于明万历十九年（1591），1993年重修。八角九层楼阁式塔。高十余米。

▶ 登云塔

在徐闻县徐城镇民主路。明万历四十三年（1615）开建，天启五年（1625）续建。八角七层楼阁式砖塔，塔顶残存铁覆盆，残高36.41米。

徐闻县

茂名市

茂南区

▶ 焕文塔

在茂名市茂南区金塘镇低山村。又名屯水塔、惜字塔。清同治年间建。八角三层楼阁式砖石塔。高10米。下二层实心。

高州市

◀ 文光塔

在高州市城东镇头岭。又称文笔塔。清嘉庆二十一年（1816）建，1986年重修。八角七层楼阁式砖塔。高30.61高。

▶ 艮塔

在高州市城北东门岭。清道光六年（1826）建。又称镇龙塔。八角六层楼阁式实心砖塔。21.08米高。一层门额"龙腾天市"，二层嵌匾"积基树木""科宦俱高""群山领袖"。

◀ **宝光塔**

在高州市潘州街道沿江西路。全国重点文物保护单位。建于明万历四年（1576），清咸丰九年（1859）、1993年重修。八角九层楼阁式砖塔。高65.8米。

化州市

◀ **题雁塔**

在化州市长岐镇犀湾村。清同治九年（1870）建木塔，十二年（1873）重建八角三层楼阁式砖塔。高16米。

▶ **旺岭古塔**

在化州市长岐镇旺岭。明万历八年（1580）建，清咸丰年间、近年重修。八角二层楼阁式砖塔。高13米。首层门额"报德祠"。

▼ **文昌阁**

在肇庆市端州区朝圣路。又称奎星阁。始建年代不详，清乾隆二十四年（1759）重建，嘉庆七年（1802）重修易名文昌阁。多次修葺。六角三层楼阁式砖塔。高15米。

肇庆市

端州区

▶ **崇禧塔**

在肇庆市端州区古塔南路。明万历十三（1585）建成。1983年重修。八角九层（内十七层）穿壁绕平座楼阁式砖塔。高57.5米。

▶ 元魁塔

　　在肇庆市端州区东堤二路。建于明天启三年（1623）。1998年重修。八角七层（内十层）楼阁式砖塔。高27米。

鼎湖区

◀ 庆云寺祖师墓塔

　　在肇庆市鼎湖区庆云寺右侧。祖师墓以初代祖师栖壑与二代祖师在犙墓塔为大。分别建于清顺治十七年（1660）和康熙三十年（1691）。四角单层亭阁式石塔。高2.1米。在犙墓塔铭为梁佩兰撰，陈恭尹书。

高要市

▼ 巽峰塔

　　在高要市黄岗镇乌榕山。俗称乌榕塔。明天启七年（1627）建，1997年重修。八角七层（内十三层）穿壁绕平座楼阁式砖塔。高44.37米。

▲ 文明塔

　　在高要市南岸镇塘岗。又名镇塘塔。明万历十六年（1588）建，1986、1996年重修。八角七层（内十三层）穿壁绕平座楼阁式砖塔。高45米。

德庆县

怀集县

◀ **三元塔**

在德庆县德城镇白沙山。建于明万历二十七年（1599），1996年重修。八角九层（内十七层）穿壁绕平座楼阁式砖塔。高53米。

▲ **文昌阁**

在怀集县怀城镇白沙山。建于明天启元年（1621）。1991年重修。六角五层楼阁式砖塔。高25米。

封开县

▶ **南丰文笔塔**

在封开县南丰镇万禄村。清嘉庆十九年（1814）建。为纪念嘉庆帝师钱鸿施所建。八角三层楼阁式砖塔。高10余米。

惠州市

惠城区

▶ **泗洲塔**

在惠州市惠城区狮山上。唐末建，明天启三年（1623）重建。多次修葺。八角七层（内）十三层穿壁绕平座楼阁式砖塔，高37.7米。

◀ **文笔塔**

在惠州市惠城区桥西街道北门街社区。清代建，2000年重修。六角五层楼阁式砖塔。高20.29米。

▶ **蔗布文笔塔**

在惠州市横沥镇蔗布村，又名文昌阁。清康熙年间建。六角三层楼阁式砖塔。高14米。

惠东县

▶ **文昌阁**

在惠东县梁化镇星湖村。明末建。六角三层楼阁式盔顶砖石塔。高12米。

博罗县

▶ **凌云阁**

在博罗县横河镇上石湖嘴。清道光二十八年（1848）建，2007年重修。六角四层楼阁式盔顶砖塔。高21.7米。

▼ **骊光远耀塔**

在博罗县杨侨镇塔下村。又称文昌塔。清嘉庆十五年（1810）建。八角五层楼阁式砖塔。塔顶"文化大革命"拆除，残存四层，高约20米。叠涩出檐。门额"骊光远耀"。

龙门县

▶ 凌云阁塔

在龙门县永汉镇官田村。建于清代，2005年重修。四角三层楼阁式砖塔，首层设副阶。高13米。

◀ 永坑文笔塔

在龙门县龙华镇水坑村。又称文明阁。清乾隆元年（1736）建，嘉庆十九年（1814）重修。六角三层楼阁式砖塔。高18.5米。首层门额"文明阁"。

梅州市

梅江区

▶ 千佛铁塔

在梅州市梅江区东风路千佛塔寺。南汉大宝八年（965）铸造置修慧寺。清乾隆年间移转置梅县城东岌，1990年迁至东岩莲花山。1993年新建八角九层楼阁式石塔保护。四角七层铁塔，各面遍铸佛像。高4.2米，重15吨。第五层原件，第一层铭文补缺铸造，其余皆1990年代补铸。

◀ 罗衣塔

在梅州市梅江区长沙镇上罗衣村。清代建。六角七层楼阁式砖塔。高十余米。

▶ 镇龟塔

在梅州市梅江区金山街道东厢村。八角四层楼阁式砖塔。高约10米。

梅县区

▲ 元魁塔

在梅州市梅县区松北乡铜琶管理区梅江河畔山崖上。明万历四十七年（1619）建，崇祯二年（1629）竣工。1986年重修。八角八层楼阁式塔，塔基与底层石砌，以上砖砌。高39.5米。

▼ 文祠塔

在梅州市梅县区石坑镇琴江村琴江小学。清乾隆九年（1744）建。八角三层楼阁式砖塔。高16.87米。各层有瞭望孔和枪眼。

▲ 分水塔

在梅州市梅县区松源镇与福建省象洞分水岭。清代建。八角七层楼阁式砖塔。塔刹无存。

◀ 四方塔

在梅州市梅县区水车镇先锋村。清乾隆年间建。四角五层楼阁式砖石塔。高15米。四层匾"正气参天"。

◀ 隆文双塔

在梅州市梅县隆文镇岩前村。清代建。分立相距150米小山坡，上塔八角七层楼阁式砖塔。高35米。塔刹无存。下塔六角二层楼阁式砖石塔，高15米。

大埔县

▲ 无影塔

在大埔县湖寮镇龙岗村老虎岩山。清雍正十二年（1734）建，六角五层楼阁式塔。一二层灰沙夯筑，三至五层砖砌。石板封顶。高20米。

▲ 汇龙东文阁

在大埔县三河镇汇东村。清嘉庆四年（1799）建，六角三层楼阁式砖塔。高约10米。上层祀魁星，中层祀昌黎伯。

▼ 磊英塔

在大埔县湖寮镇河头村，俗称河头塔、梅子塔。清代建。六角三层楼阁式砖塔。高16米。内壁绘山水图。

▼ 奎元塔

在大埔县大麻镇恭州村。清乾嘉年间建。1984年重修。六角五层楼阁式砖塔。高23米。

◀ 凤西塔

在大埔县三河坝镇汇城村。又称南安塔、凤西亭。明嘉靖三年（1524）建，2004年重修。六角五层灰沙塔。高约30米。村道穿过底层。

▲ 邹公庙塔

在大埔县枫朗镇下木村。清代建，1995年重修。四角三层楼阁式石塔。高11米。底层祀邹公，上层祀魁星，中层祀文昌帝。各层设额"邹公庙""文昌阁""魁星楼"。

◀ 朝元塔

在大埔县湖寮镇葵坑村。建于清乾隆二十四年（1759）。六角五层楼阁式灰沙夯塔。高约12米。

🏵 丰顺县

◀ 丰良塔

在丰顺县丰良镇丰荆村牛牯岭。建于清嘉庆二十五年（1820）。八角七层楼阁式砖塔。高32米。现倾斜5度。

▶ 雁州塔

在丰顺县砂田镇占头村。又名笔峰塔、文塔。清嘉庆二十一年（1816）建。1994年重修。八角五层楼阁式砖石塔。高14.4米。首层门额"雁塔"。

🏵 五华县

◀ 可喜亭

在五华县梅林镇梅林中学（原梅岗寺、文武祠）。清嘉庆年间建。六角三层楼阁式砖塔。高11.2米。

▶ 周江塔

在五华县周江镇狮潭村阳坪岗。清嘉庆年间建。八角五层楼阁式灰沙塔。三四层叠涩出檐，1958年拟改作炼铁高炉受拆毁，塔顶不存。残高13.6米。

▼ **矮车塔**

在五华县转水镇矮车村澄岭背。又名澄岭塔、奎文阁塔。清道光年间建。六角六层楼阁式灰沙砖塔。高16米。门额"奎文阁"。

▲ **培风塔**

在五华县岐岭镇联安村。又名合水塔。清代建。六角六层楼阁式灰沙塔。高35.5米。

▲ **联珠塔**

在五华县大坝镇坝心村珠光山。清嘉庆十七年（1812）建。八角四层楼阁式砖塔。高约24米。

平远县

▶ **文昌塔**

在平远县坝头乡樟演村。清代建。八角五层楼阁式砖塔。高21米。门额"文昌阁"。

◀ **培元塔**

在平远县石正镇安仁村。清道光二年（1822）建，八角七层楼阁式砖塔，残存二层。高约5米。

◀ **奎文阁**

在平远县坝头乡。清代建。八角五层楼阁式砖塔。残存四层，高18米。

▲ **安仁石塔**

在平远县石正镇安仁村粤赣交界尖山。清康熙年间建。圆锥形石塔，内填夯土。高18米。

▶ **凌风塔**

在平远县石正镇潭头村。清嘉庆元年（1796）建。八角七层楼阁式砖塔。高35.5米。

蕉岭县

▶ 广福古塔

在蕉岭县广福镇乐于村广福寺原址。清嘉庆年间建，亦称文昌阁。八角五层楼阁式砖塔。高24米。第五层为12根红漆木柱支撑，原绘有魁星点斗图、八卦图。2004年遭雷击，仅剩残墙及塔基。

◀ 水口塔

在蕉岭县高思乡水口文阁岌，又称文奎阁。清道光十五年（1835）建。八角五层楼阁式砖塔。高30米。

▶ 路亭古塔

在蕉岭县文福镇红星村原路亭庵后，又称文福古塔。清道光三年（1823）建成。八角七层楼阁式三合土青砖塔。高32.6米。

▶ 青云塔

在蕉岭县南礤镇石寨村水口山。又名石寨古塔。清嘉庆年间建。八角七层楼阁式砖塔。高28米。

◀ 昭庐塔

在蕉岭县新铺镇金沙村新店前伯公厅山，清代建。八角三层楼阁式灰沙砖垒塔。高6.62米。塔顶施烽火烟孔，战事来临在塔内点燃烟火警告村民。

兴宁市

◀ 合水花塔

在兴宁市合水镇合水水库。明末建镇龙宝塔，民国重建，1959年重修。八角九层楼阁式砖塔。高20余米。

▶ 文峰塔

在兴宁市新镇文星村长陂岭。清嘉庆十九年（1814）建。十层楼阁式砖塔。一二层四角，三层以上八角，高38.6米。

▲ 霞岚古塔

在兴宁市罗岗镇霞岚村。清嘉庆年间建雌雄两塔分座相邻山上。此为公塔。六角四层楼阁式夯土塔。高13米。

▲ 新青塔

在兴宁市叶塘镇筲竹村新青队。清代建，六角三层楼阁式石灰沙夯筑塔。高11.5米。首层供魁星爷，二三层原供文昌帝、观世音。

▼ 文塔

在兴宁市罗浮镇中和村吊鬼坑山。清代建母塔和子塔双塔，此为母塔。六角七层楼阁式夯土塔，高19米。仅三层辟有两门。

汕尾市

海丰县

◀ 赤山塔

在海丰县海城镇赤山。明崇祯三年（1630）建。八角六层楼阁式实心塔。高20.63米。一至五层灰沙夯筑，六七层黑色方砖砌筑。第七层已塌毁。

▲ 谢道山塔

在海丰县海城镇谢道山。又名水口塔。清康熙二十七年（1688）建。八角七层楼阁式塔。首层下半部花岗岩石砌筑，以上灰沙夯筑。1997年遭暴风雨崩塌，残存三层，高约10米。

陆丰市

▶ 甲秀塔

在陆丰市甲子镇待渡山。俗称甲秀楼。明万历年间建，清嘉庆十年（1805）重建。六角二层楼阁式三合土夯筑塔。高11米。第二层用石梁挑平座。

◀ **福星塔**

在陆丰市碣石镇玄武山。明万历五年（1577）建福星亭，清嘉庆二十一年（1816）改建为文星阁。同治四年（1863）改建为八角三层楼阁式石塔。1967年"破四旧"拆毁，1981年按原貌重建。高18.6米。地基以九条石桩叠立，民间称为"九龙归山"。

河源市

源城区

▶ **龟峰塔**

在河源市源城区源城镇龟峰山。俗称老塔。全国重点文物保护单位。南宋绍兴二年（1132）建，明万历三十年（1602）重修。八角七层穿壁绕平座楼阁式砖塔。高42.6米。1989年维修时底层设副阶。

紫金县

◀ **蓝塘文笔塔**

在紫金县蓝塘村北。清代建。"文化大革命"毁坏。圆形石块泥砌塔，残存2米。

◀ **马鞍山文笔塔**

在紫金县古竹镇下洞村马鞍山。清代建。六角三层夯土塔。"文化大革命"炸剩半边。

▶ **上濑文笔塔**

在紫金县瓦溪镇上濑村。清中叶建，同治年间重修。六角三层楼阁式砖塔。高10.5米。题匾"文坛天开""更上一层楼""扶摇直上"。

▲ **官山嶂文笔塔**

在紫金县乌石镇官山嶂顶。年代不详。圆形三层楼阁式石塔。残存底层。高3米。

东源县

◀ **齐坑文笔塔**

在东源县蓝口镇齐坑村。清代建，1997年重修。六角二层楼阁式三合土筑塔。高约10米。批红灰。门额"青云门"。

▶ **文阁塔**

在东源县黄村镇下漆村。1918年建。八角五层楼阁式三合土筑塔。高22米。门额"文阁"。

▲ **玉湖文笔塔**

在东源县曾田镇玉湖村。清同治年间建。2007年重修。六角三层楼阁式砖塔。高12米。

▲ **奎阁塔**

在东源县柳城镇下坝村。清代建。八角三层楼阁式砖塔。高17米。二层以上实心。

◀ **水口塔**

在东源县涧头镇洋潭村。清同治年间建。六角三层楼阁式灰砂石块砌塔。高15米。

龙川县

▶ **下塔**

在龙川县田心镇塔峰村。又名仙塔。宋宣和二年（1120）建，明万历三十三年（1605）、1985年重修。四角七层楼阁塔。高16.3米。塔心室条石框架黄土坯砖砌筑。

▲ **和围文昌塔**

在龙川县黎咀镇和围村。清代建，六角四层楼阁式砖石塔。高约13米。

▲ **樟州文昌塔**

在龙川县车田镇樟州村。清代建。六角三层楼阁式砖石塔。高约9米。

▲ 陂角文笔塔

在龙川县田心镇陂角村。清代建。八角九层楼阁式砖塔。高约30米。

▼ 文峰塔

在龙川县麻布岗镇大长沙村。明天顺八年（1464）建，2001年重修。六角五层楼阁式砖石塔。高23米。

▶ 文武阁塔

在龙川县黎咀镇和畲村。清代建。六角三层（内四层）楼阁式砖塔，高约12米。

▼ 正相塔

在龙川县佗城镇塔西村。唐开元三年（715）始建。又名开元塔、俗称老塔。1957、1959、1980、1985年重修。六角七层楼阁式砖塔，高32.2米。

▼ 新塔

在龙川县佗城镇胜利村。建于明天启二年至十二年（1622—1639）。八角七层穿壁绕平座楼阁式砖塔。高31米。

◀ 秀峰塔

在龙川县黎咀镇魏洞村。清代建，2006年重修。八角七层楼阁式砖塔，高18米。

▼ 苏市塔

在龙川县黄布镇欧安村。清末建。八角五层楼阁式砖塔，高约13米。

◄ 增坑文昌塔

在龙川县车田镇增坑村禾民山。清代建。六角三层半楼阁式砖石塔。高10米。

◄ 荷塘文昌塔

在龙川县铁场镇塘江村。清代建。六角三层楼阁式盔顶砖塔，约9.5米高。首层门额"文运天开"。

◄ 楠木坑文昌塔

在龙川县赤光镇南龙和村。又称文昌祠。清代建，2006年重修。六角三层楼阁式砖石塔，7.5米高。塔顶青灰瓦粘石灰盖成，无桁桷承重。铜葫芦塔刹2008年被盗。

▼ 六合皇塔

在龙川县麻布岗镇大长沙村。清代建。八角三层楼阁式砖塔。高约15米。

◄ 增坑文笔塔

在龙川县车田镇增坑村禾民山。清代建。六角三层半楼阁式砖石塔。高10米。

连平县

► 东山塔

在连平县元善镇东山。清代建，1999年重修。六角七层楼阁式砖塔。高约33米。

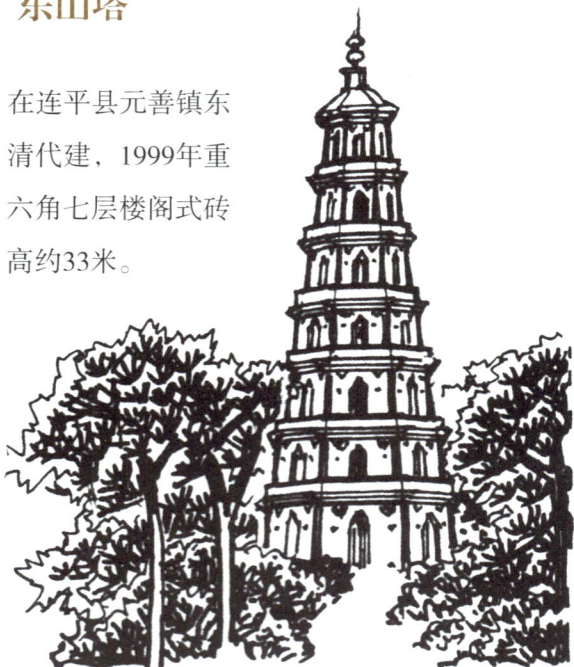

▼ 活水塔

在连平县三角镇塘背乡山。清代建。六角七层楼阁式三合土砖塔。高10米。

▲ 绣缎文笔塔

在连平县绣缎镇尚岭村塔岭山。清嘉庆十年（1805）建。六角五层楼阁式塔。高12.4米。主体三合土砌筑，腰檐、平座青砖砌筑。

◀ **水口塔**

在连平县上坪镇东阳村。清代建。六角七层楼阁式砖塔。高15米。塔刹不存。

◀ **忠信文笔塔**

在连平县忠信镇。清代建。六角七层楼阁式灰沙夯塔。残存三层，高11.5米。

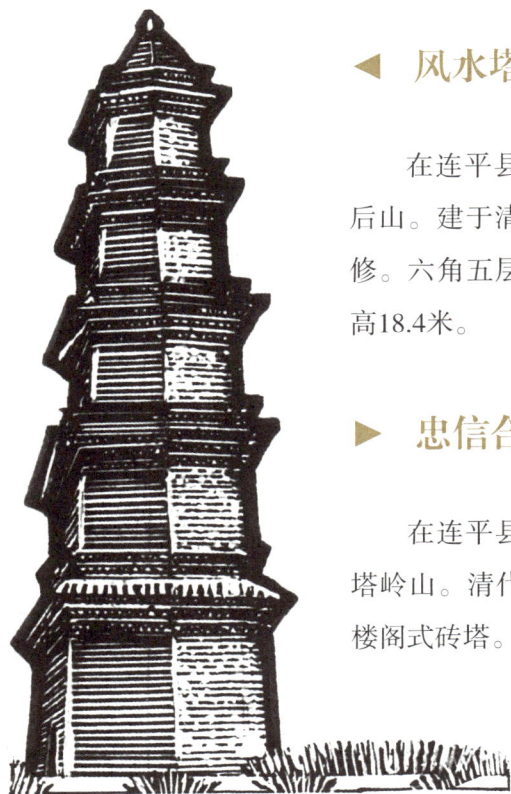

◀ **风水塔**

在连平县上坪镇东阳村后山。建于清代。2008年重修。六角五层楼阁式砖塔。高18.4米。

▶ **忠信合水塔**

在连平县忠信镇司前村塔岭山。清代建。六角七层楼阁式砖塔。高22米。

▲ **陂头文笔塔**

在连平县陂头镇帽子峰山。明末建，清道光十九年（1839）重修。六角五层楼阁式砖塔。高13米。塔刹不存。

🦋 和平县

▼ **华表塔**

在和平县彭寨镇墩头村。原名黄獠社塔。明代建，六角五层楼阁式三合土灰砂石塔。高17米。各层门额为"祖师殿""文武帝阁""奎星楼""仰之而高""参天"。

◀ **东风亭**

在和平县林寨镇古云寨山，又名六角亭，1936年村民陈伯厚为纪念其母守节而建，又称贞节亭。1966年改今名。六角三层楼阁式砖塔，高12米。吴铁城题门额"德符贞顺"。

◀ **龙头水口塔**

在和平县古寨镇丰和村。清代建，八角四层楼阁式砖塔。塔刹不存，残高13米。

◀ 郭山口书纸塔

在和平县粮溪镇坪地村。清代建。六角三层楼阁式石和灰砂构塔。高3.5米。

◀ 文武帝阁

在和平县下车镇和二村水口。清代建。六角三层楼阁式石塔。残高9.3米。

▶ 彰洞水口塔

在和平县合水镇彰洞村。清道光十三年（1833）建。六角三层楼阁式砖石塔。高16米。

◀ 石龙村塔

在和平县东水镇石龙村。清代建。六角二层楼阁式三合土塔。高12米。

◀ 李坑文笔塔

在和平县浰源乡黄田村李坑村。清光绪年间建。六角三层楼阁式盔顶卵石砌筑塔。高12米。

◀ 新南文笔塔

在和平县贝墩镇新南村。清代建。六角三层盔顶楼阁式山石砌筑塔。高8米。

▼ 江广桥桥塔

在和平县下车镇镇山村江广桥（俗称五眼桥）第一个桥墩凤凰台。清代建惜字塔。六角三层楼阁式砖塔。高3米。

阳江市

江城区

◀ 北山石塔

在阳江市江城区北山。旧称东山石塔。南宋宝祐年间建，清光绪二年（1876）、1983年重修。八角九层楼阁式石塔。高18.52米。五层以上实心。三层刻"福禄来朝"。

◀ 岗背塔

在阳江市江城区岗列街道岗背岭。又称文笔塔。明万历三十二年（1604）建。清康熙五十七年（1718）重建。圆锥体砖塔，残高12米。塔尖崩毁。

阳西县

阳东县

◀ 中山纪念塔

在阳西县上洋镇山海南村，清嘉庆十二年（1808）建文笔塔，1941年为纪念孙中山在原址重建。六角七层楼阁式砖塔。1969年塔顶被雷击毁，现存六层，高十余米。二层镶孙中山半身像，上方刻"天下为公"。

▲ 独石塔

在阳东县雅韶镇北津港独石洲。清嘉庆二十二年（1817）建。圆锥体实心石灰沙三合土塔。高11米。塔身刻"独占文明"。

▶ 华洞文笔塔

在阳东县大沟镇华洞村。清代建。八角六层楼阁式砖塔。残存三层，高8米。

阳春市

▶ 文塔

在阳春市春城镇岗背岭。俗称番塔。清嘉庆元年（1796）建，1988年重修。八角八层楼阁式砖石塔。高23.3米。

◀ 飞来寺塔

在阳春市永宁镇沙田村岗美岭。清道光八年（1828）建。八角六层楼阁式砖塔。高15米。六层窗额灰塑"魁星楼"。

▶ 金刚塔

在阳春市河西街道崆峒岩崆峒禅寺仰止亭两边各一座。寺明代建，清代重修。均为六角重檐砖砌塔，高5米。铁红色灰砂抹面，内塑四大金刚。

清远市

清城区

▼ 七星岗塔

在清远市清城区北江一路。1921年建。八角五层楼阁式砖塔。高近二十米。第四层竖塑"中流砥柱"。

▲ 长天塔

在清远市清城区飞霞洞风景区。1935年建，六角三层楼阁式砖塔。道人麦长天1927年去世，葬后六年开棺肉身不化，建塔供奉真身。"文化大革命"初，真身被毁，塔受损坏，后重修。

▲ 飞来寺瓷塔

清远市清城区飞来寺旧址溪谷出土5座。单层六角三檐彩釉瓷塔，高约10厘米。推断隋唐间制。

清新区

▶ 鳌头塔

在清远市清新区太和镇飞
水口。俗称飞水塔。明万历十三
年（1585）建，2010年重修。八
角九层楼阁式砖塔。高29.7米

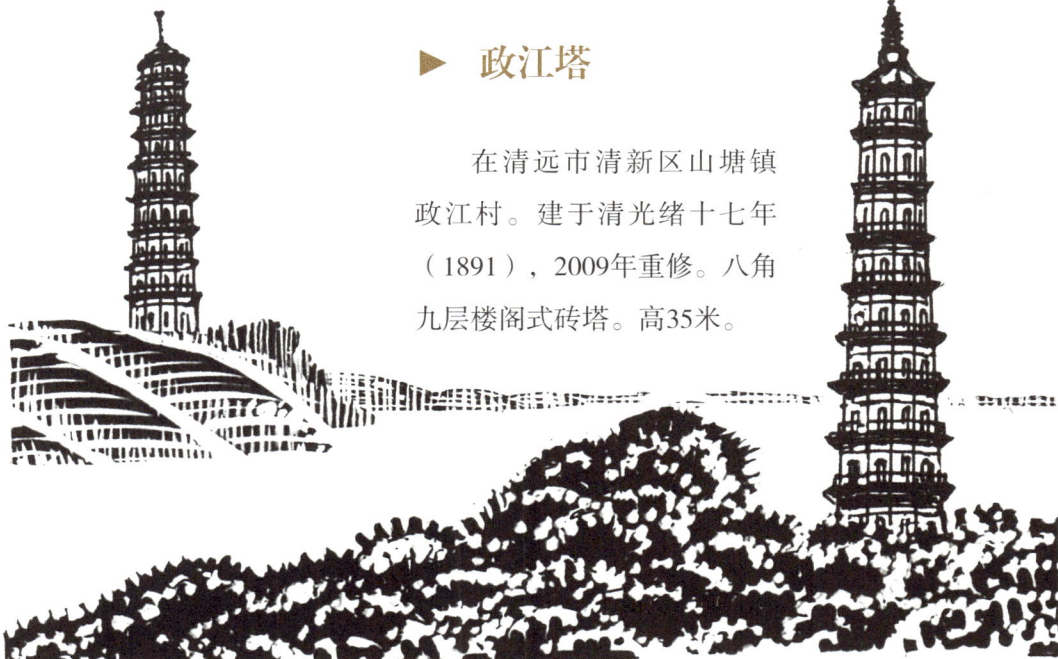

▶ 政江塔

在清远市清新区山塘镇
政江村。建于清光绪十七年
（1891），2009年重修。八角
九层楼阁式砖塔。高35米。

阳山县

▶ 文峰塔

在阳山县城东。明
崇祯元年（1628）始建
九层石塔，清雍正五年
（1727）改建为八角九层
楼阁式砖塔。高40.4米。

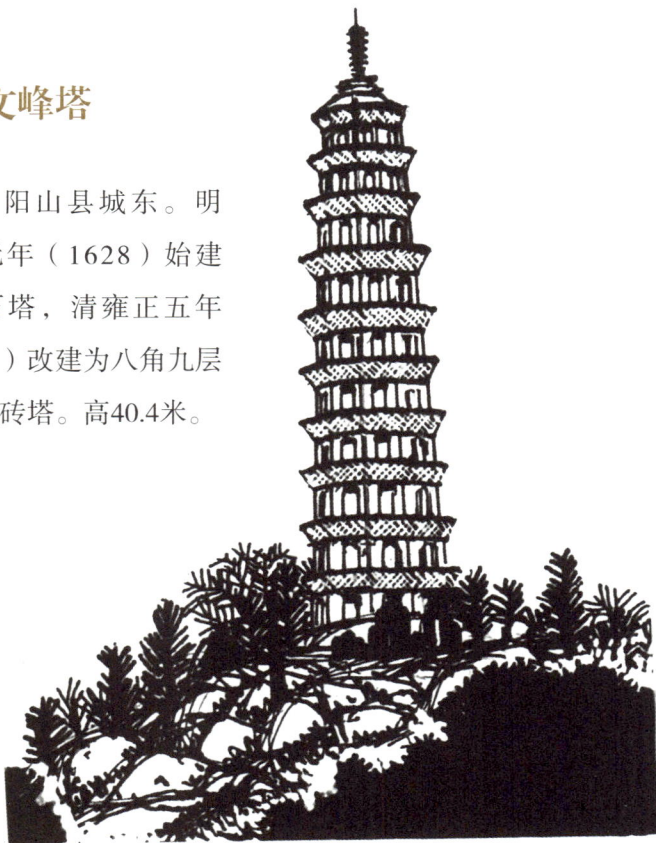

英德市

◀ 雪山墓塔

在英德市云岭镇水头村
西华寺遗址。塔林存明崇祯
七年（1634）再创梵刹的雪
山、雪坡禅师墓塔。六角幢
式石塔。高约2米。

◀ 文昌塔

在英德市九龙镇金造村。清末建。六角
三层楼阁式砖塔。塔刹已失，高12米。

▶ 南山文峰塔

在英德市大站镇南山风景区。明天启年
间建，2016年重修。八角九层楼阁式砖塔。
高48.5米。

◀ 洛家塘文笔塔

在英德市岩背镇洛家塘村外。清末民初复建。五层八角楼阁式塔。首层砾石灰浆砌结，以上砖砌。高约10米。首层正面、西面有佛龛。

▶ 蓬莱寺塔

在英德市浛洸镇第一初级中学。又称舍利塔。唐咸通年间初建，宋塔风格。1990年维修增补副阶、平座栏杆和铁铸塔刹。六角五层楼阁式砖塔。高21.38米。

◀ 泉水村文笔塔

在英德市九龙镇泉水村前。清末建，三层圆形楼阁式塔。叠石灰砂浆砌筑。高7.8米。

连州市

▶ 慧光塔

在连州市连州镇慧光路。全国重点文物保护单位。南朝宋泰始四年（468）建，宋代重建。六角九层楼阁式砖塔。高49.87米。首层人字形砖栱承托坐斗，上置鸳鸯交手栱。

◀ 夏湟文峰塔

在连州市丰阳镇夏湟村。清道光年间建。六角五层楼阁式砖塔。高20.1米。

▲ 文笔塔

在连州市瑶安乡大营村。建于清道光三十年（1850）。六角五层楼阁式砖塔。高16米。

▼ 冲头村惜字塔

在连州市星子镇清江冲头村。清代建。六角二层楼阁式石塔。高3米。塔刹已毁，首层匾"惜字亭"。

◀ 敬联村惜字塔

在连州市星子镇敬联村。清代建。六角二层楼阁式石塔。高3.1米。炉联："字内能存千古事；炉中可化万年书。"

◀ 大营村字纸亭

在连州市瑶安乡大营村。1913年建。六角单层亭阁式砖塔。3.2米高。壁镶《鼎建字纸亭碑》。

◀ 卿罡村化字炉

在连州市保安镇卿罡村。清咸丰十一年（1861）建。四角单层亭阁式砖塔。高2.85米。塔身嵌《鼎建化字炉碑》。

东莞市

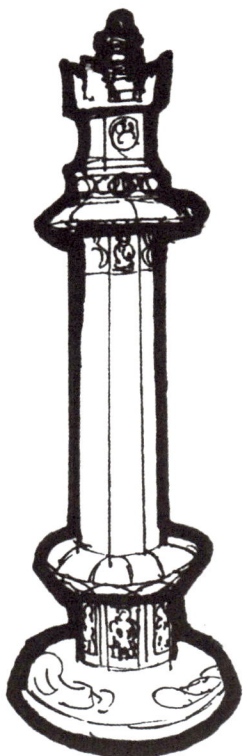

◀ 象塔

在东莞市莞城街道东莞市博物馆。又名镇象塔。南汉大宝五年（962）建。八角幢式阿育王塔式塔顶石塔。高4.15米。塔身镌佛顶尊胜陀罗尼经。

▶ 资福寺舍利塔

在东莞市莞城街道万寿路中心小学。又称金刚经云石塔。清光绪二年（1876）建。六角七层楼阁式石塔。高4.15米。

▲ 榴花塔

在东莞市东城街道铜岭山。因岭下为榴花村得名。明万历年间建，1935、1982年重修。八角七层穿塔绕平座楼阁式砖塔。高30米。

▲ 金鳌洲塔

在东莞市万江街道金泰社区。明万历二十五年（1597）建，天启四年（1624）竣工。清乾隆二年（1737）重建。1989年重修。八角九层穿壁绕平座楼阁式砖塔。高49米。

▶ 浮竹山文阁

在东莞市寮步镇浮竹山村。建于清道光二十三年（1843），光绪二十九年（1903）重修。六角五层楼阁式砖塔。高20.2米。门匾"申正楼"。

▼ 望牛墩文塔

在东莞市望牛墩镇。清代建，1989年按原貌重建。六角五层楼阁式混凝土框架砖室塔。高约16米。

▲ 福隆文阁

在东莞市石排镇福隆村。清代建。六角五层楼阁式砖塔。高20米。

▲ 井美文阁

在东莞市东坑镇井美村东坑中心小学。清代建。六角三层楼阁式砖塔。高约24米。

▼ 温塘文阁

在东莞市东城街道温塘村。清代建。六角五层楼阁式砖塔。高20米。门匾"光照楼"。

◀ 巍焕楼

在东莞市道滘镇虹桥，又名道滘文塔。清代建，1990年重修。六角三层楼阁式盔顶砖塔。高约20米。

▶ 横涌文阁

在东莞市中堂镇横涌村。又称大魁阁。清道光年间建，1994年重修。六角四层楼阁式砖塔，第四层为假层，高18米。

▼ 埔心塔

在东莞市石排镇埔心村。清乾隆四十四年（1779）建。六角三层楼阁式砖塔。高约10米。

中山市

▶ 烟墩花塔

在中山市石岐街道中山公园烟墩山，又名阜峰文塔。明万历三十六年（1608）建，多次维修，1952年重修将上三层改实心。八角七层穿壁绕平座楼阁式砖塔。高24米。

▼ 文笔塔

在中山市南区街道沙涌村。清代建。圆锥形砖塔。高13米。塔腔空心，上部以6条花岗岩石梁固定塔身。塔壁嵌"彩笔生花"碑。

◀ 美溪塔

在中山市三乡镇美溪村。清代建。六角四层楼阁式砖塔。13.13米高。

▼ 鸦岗花阁

在中山市三乡镇鸦岗村。清道光年间建。又称聚星阁。四角五层楼阁式砖塔。高17.8米。

▲ 龙瑞塔

在中山市沙溪镇溪角村。北宋垒石建圆形塔，明代改砖砌三层圆锥形实心塔，清代重建八角三层实心砖塔。1984年重修。高约11米。

▶ 天章阁

在中山市三乡镇圩仔社区。清乾隆四年（1739）建，多次修葺。1984年重修。六角五层楼阁式砖塔。高30米。

潮州市

湘桥区

▲ 开元寺石塔

在潮州市湘桥区全国重点文物保护单位开元寺大雄宝殿前，四座。宋代建。阿育王式石塔。高4.2米。各用整块花岗岩石凿成。

◀ 凤凰塔

在潮州市湘桥区桥东街道涸溪村。俗称涸溪塔。明万历十三年（1585）建，清康熙三十年（1691）重修。八角七层楼阁式塔。一二层石砌，以上砖砌。高47.72米。

◀ 开元寺木塔

在潮州市湘桥区开元寺。明末清初造。八角七层楼阁式金漆木雕塔。高3.5米。

▲ 西湖普同塔

在潮州市湘桥区西湖山。为清顺治十年（1653）清兵屠城死难人员所建，1959年重建，1982年重修。八角七层楼阁式三合土塔。高米余。

◀ 雁塔

在潮州市湘桥区西湖山。宋景祐年间始建。六角七层楼阁式砖石塔。高约2米。

潮安区

▶ 三元塔

在潮安县江东镇井美村鲤鱼山。俗称急水塔。明万历三十三年（1605）建。六层以上损毁，高50.5米。一二层石砌，以上砖砌。各层藻井石砌并刻图案。五层内壁刻林熙春《三元塔铭》。

饶平县

◀ 文明塔

在饶平县三饶镇塔山。清康熙四十七年（1708）建。1994年重修。八角七层楼阁式砖塔。

▶ 龟塔、蛇塔

在饶平县柘林镇海边二屿上。清代建，八角七层楼阁式石塔。蛇塔（上）高5.5米。龟塔（下）高12米。

◀ **镇水塔**

在饶平县柘林镇天后宫前。外墙涂朱色，俗称红塔。清康熙年间建。八角单层楼阁式砖塔。高12米。

▶ **镇风塔**

在饶平县柘林镇风吹岭。元至正十三年（1353）建。八角七层楼阁式石塔。高19.7米。

揭阳市

榕城区

▶ **黄岐山塔**

在揭阳市榕城区黄岐山。明代始建，1932年重建。八角五层楼阁式石塔。高14.5米。

揭东区

◀ **雨仙塔**

在揭阳市榕城区黄岐山，南宋年间初建。明代改建为石塔，下部方形神龛，上部尖锥形，通高约2米。2002年建八角七层楼阁式混凝土塔覆盖。

普宁市

▶ 培风塔

在普宁市洪阳镇后坑村。俗称乌犁塔。清乾隆七年（1742）建。八角七层楼阁式砖与三合土筑塔。高36米。第七层设平座回廊石柱。铁铸葫芦形刹。

▲ 汤坑石塔

在普宁市下架山镇汤坑水库东面山顶。清初建。四角石砌楼阁式塔，外观四层腔内二层。高约12米。第三层外墙灰塑彩绘过墙龙。

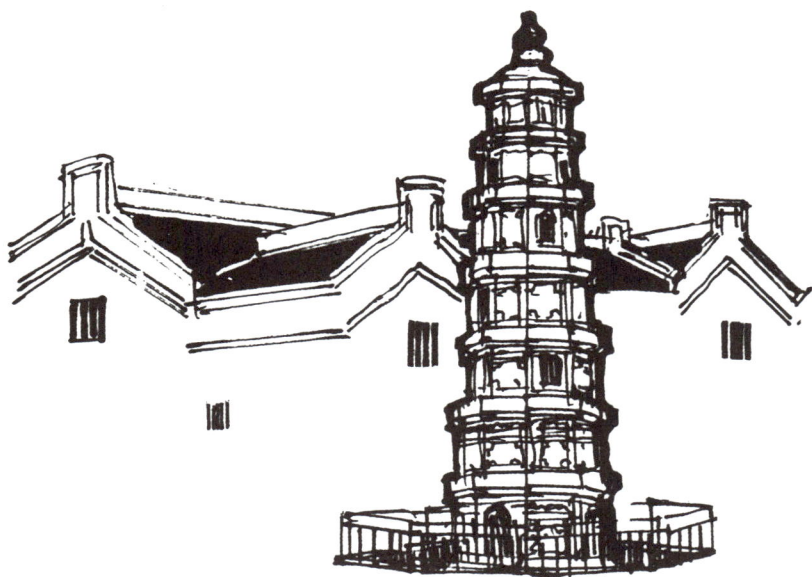

▲ 军老水塔

在普宁市军埠镇军老村水塔路。清初建。八角七层楼阁式实心砖塔。高约五六米。

▲ 玉泉塔

在普宁市南溪镇。民国时期建。圆形三层楼阁式塔。高约7米。

揭西县

◀ 河婆塔

在揭西县河婆镇宝塔路。清嘉庆十年（1805）建。1997年重修。八角六层楼阁式砖塔。高28米。五层设平座围栏。

▶ 北坑塔

在揭西县河婆镇北坑村。1913年建。六角五层楼阁式砖土塔。高18米。

◀ **清风塔**

在揭西县五云镇下砼坪门山村。又称清风古庙、齐天大圣宝塔、老仙宫。明末清初建。清咸丰、光绪年间，1990年重修。六角三层楼阁式三合土塔。高7.63米。祀孙大圣、猪八戒、沙和尚及土地公婆等。

惠来县

◀ **文昌祠塔**

在惠来县惠城镇，始建年代不详，清雍正十三年（1735）移建现址。八角七层楼阁式砖塔。高16.5米。门额"玉笋钟秀""文光烛汉"。七层匾"擎天一柱"。

▼ **鳌头塔**

在惠来县神泉镇鳌头村文昌山。明崇祯元年（1628）建。八角九层楼阁式实心砖塔。高21米。二层门匾"玉华钟秀"。塔顶残损。

▲ **文昌阁**

在惠来县惠城镇葵阳公园，又称奎光阁。明万历三十二年（1604）建，清康熙二十六年（1687）重建，乾隆二年（1737）、1989年重修。八角三层穿壁绕平座楼阁式砖塔。高25米。门匾"奎光塔""巢凤凌云"。塔脊塑龙。

▶ **玉华塔**

在惠来县神泉镇北门塔盘六巷。清乾隆十八年（1753）建。八角七层楼阁式贝灰夯筑实心塔。26.4米高。

云浮市

罗定市

▼ 文塔

在罗定市罗城街道区屋社区塔中路。又称三元宝塔。明万历四十二年（1614）建成。1988年重修。八角七层（内十三层）穿壁绕平座楼阁式砖塔。高47米。铁铸塔刹。

▼ 文峰塔

在罗定市素龙镇大揽村石牛山。清康熙五十五年（1716）建。六角三层楼阁式砖塔。原高10米，光绪二十一年（1895）增至18.4米。1991年重修。塔基船形石砌，各面22级台阶。

新兴县

▲ 三庙口花塔

在新兴县天堂镇内洞三庙口。又称三庙口塔。清乾隆十九年（1754）建。1993年重修。八角七层楼阁式砖塔。高24米。铁铸塔刹。

广西壮族自治区 图谱

中国古塔全谱

南宁市

武鸣区

▶ 文江塔

在南宁市武鸣区渡头村。建于清道光八年（1828）。1988年重修。八角七层楼阁式砖塔。高40米。

宾阳县

▶ 回风塔

在宾阳县芦圩镇新模村合岭山，又称合岭塔、大模塔。建于清光绪二年（1876），1925年、1987年重修。八角七层楼阁式砖塔。高23.3米。

隆安县

◀ 榜山文塔

在隆安县城厢镇宝塔村独秀山。清光绪二十年（1894）建。2012年重修。八角三层楼阁式砖塔。高23.8米。

◀ **秀峰塔**

在宾阳县大桥镇水美村，又称水美塔。清道光十四年（1834）建六角六层楼阁式砖塔，道光十九年（1839）重修为五层。高15米。

横县

▶ **承露塔**

在横县峦城镇高村。明万历年间建。清道光二十二年（1842）重修。八角七层楼阁式砖塔。高39米。

桂林市

象山区

▶ **普贤塔**

在桂林市象山区滨江路象鼻山顶。又称剑柄塔、宝瓶塔。明代建。覆钵式砖塔，高13.6米。

◀ 舍利塔

在桂林市象山区民主路万寿巷开元寺遗址。唐显庆二年（657）建，明洪武十八年（1385）重建。覆钵式砖塔。高13.22米。内置明、清舍利陶罐10余件。内壁墨书《金刚经》全文。

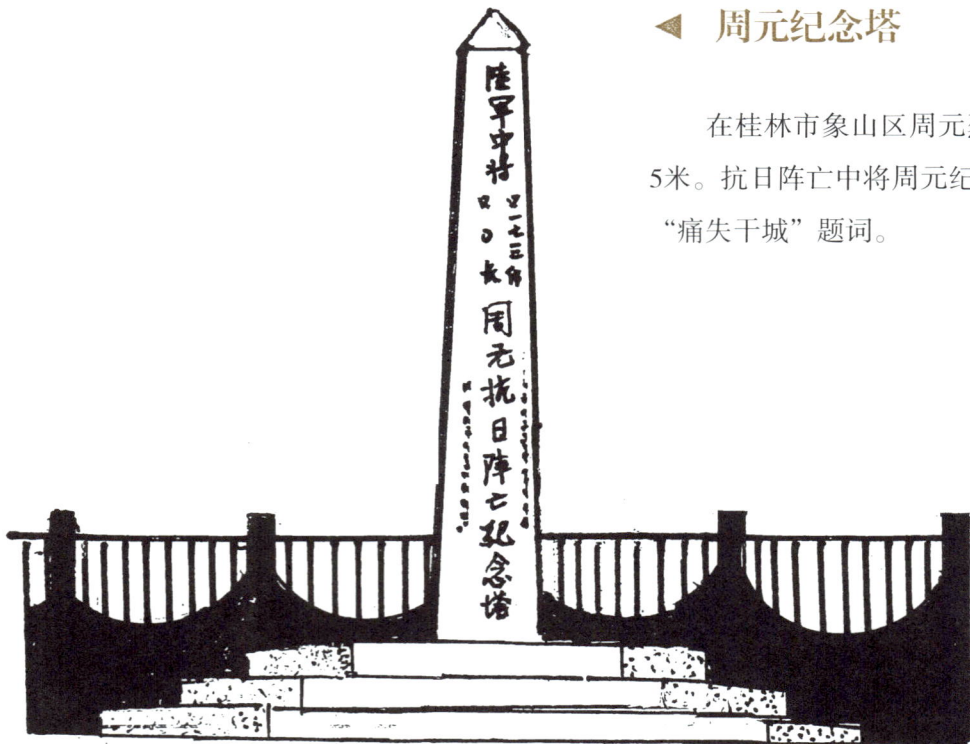

◀ 周元纪念塔

在桂林市象山区周元烈士塔园。1938年建。三角尖锥式石塔，高5米。抗日阵亡中将周元纪念塔，两侧刻李宗仁"成仁取义"、白崇禧"痛失干城"题词。

叠彩区

▶ 木龙洞石塔

在桂林市叠彩区木龙湖木龙洞外。明代建。覆钵式石塔。高4.3米。

秀峰区

▶ 河伯塔

在桂林市秀峰区甲山街道狮子山桃花江东岸。庭江洞、荃塘村各存一座。清道光元年（1821）建。幢式石塔，高度分别为3.35米、2.3米。

◀ 西山摩崖石塔

在桂林市秀峰区西山公园。唐代刻。浮雕四角六层楼阁式石塔，高约2米。

▶ 芦笛岩摩崖石塔

在桂林市秀峰区芦笛岩。唐代刻。浮雕四角四层亭阁式石塔。高约1米。

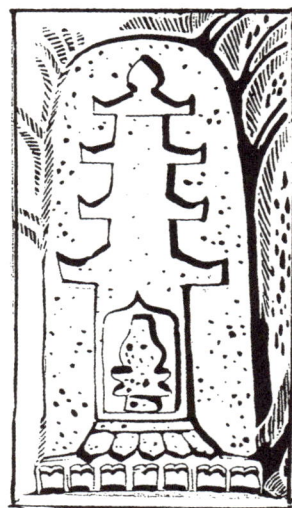

▶ 中山纪念塔

在桂林市秀峰区独秀峰月牙池旁。孙中山1921年在此设立北伐大本营。1925年为纪念孙中山建石塔，高约3米。三角幢式代表三民主义，铁链联结18根栏杆石柱代表18省联手拥护孙中山。

七星区

◀ 寿佛塔

在桂林市七星区穿山公园。明代建。六角七层楼阁式实心砖塔。高13.2米。

荔浦市

▶ 文塔

在荔浦市荔城镇滨江石矶。又称荔浦塔。清乾隆四十八年（1783）建八角五层楼阁式砖砌文昌楼。光绪五年（1879）增至七层改称文塔。高33.4米。

兴安县

▼ 粟家桥塔

在兴安县兴安镇灵渠公园粟家桥头。明代建。八角四层楼阁式实心石塔。高约6米。

▶ 三元塔

在兴安县高尚镇待漏村。清道光五年（1825）建。五层楼阁式实心石塔。高约10米。下四层八角，顶层圆形。

平乐县

▶ 卜岭惜字塔

在平乐县源头镇卜岭村。建于清道光十一年（1831）。六角三层楼阁式石塔。高约6米。

全州县

◀ 妙明塔

在全州县全州镇全国重点文物保护单位湘山寺塔群。唐咸通二年（861）建八角五层楼阁式砖塔。宋元祐七年（1092）改为七层。高26.6米。

▶ 觉傅和尚塔

在全州县全州镇全国重点文物保护单位湘山寺塔群。清道光六年（1826）建。六角三层楼阁式实心石塔。高约3米。

◀ 镇湘塔

在全州县城郊乡岳湾塘村龙山。清嘉庆三年（1798）建。八角七层楼阁式砖塔。高26.6米。

▶ 犁河塔

在全州县文桥乡犁河边。清道光二十二年（1842）建。八角五层楼阁式砖土塔。高5米。

▶ **唐时塔**

在全州县龙水镇安陂村。南宋建。八角五层楼阁式砖土塔。高9米。

◀ **梁家塔**

在全州县朝南乡枫木山梁家村。清嘉庆年间建。八角七层楼阁式砖土实心塔。高15米。

▶ **枧塘塔**

在全州县枧头乡枧头初中校内。又称宅右下关塔、枧塘斜塔。清道嘉庆九年（1804）重建。六角七层楼阁式砖土塔。高19米。

恭城瑶族自治县

▼ **西岭文笔塔**

在恭城县西岭乡西岭村。明万历年间建。八角七层楼阁式砖塔。高5米。

梧州市

万秀区

▶ 允升塔

在梧州市万秀区高旺路锦屏山（别名火山）上，俗称文笔塔。建于清道光三年（1823）。1982年重修。六角七层楼阁式砖塔。高36米。阮元题门匾"秀发梧江""观文成化""光射牛斗"。

苍梧县

◀ 炳蔚塔

在苍梧县林水乡铁顶角山。清道光四年（1824）建。1985、2019年重修。六角七层楼阁式砖塔。高34米。

北海市

合浦县

▶ 文昌塔

在合浦县文昌新城。明万历十二年（1584）建，清乾隆、嘉庆年间，1959、1985年重修。八角七层楼阁式砖塔。高37米。

钦州市

灵山县

▶ 文笔峰塔

在灵山县文笔山。建于清乾隆三十五年（1770）。八角楼阁式三合土夯筑塔。原二十五层，现存十九层，残高6米多。

贵港市

港南区

▶ 安澜塔

在贵港市港南区罗泊湾。又称漪澜塔。清嘉庆二十三年（1818）建。八角九层楼阁式砖塔，高约30多米。35个窗口形状不同。

港北区

▶ 大圩抗日烈士纪念塔

在贵港市港北区罗泊湾。又称七十二烈士纪念塔。1938年建。2005年重修。六角三层楼阁式砖石塔。高11米。

桂平市

▶ 东塔

在桂平市鹿峰山。宋治平年间建，明嘉靖十年（1531）
至万历元年（1573）重建。八角九层楼阁式砖塔。高约50米。

玉林市

兴业县

▶ 石嶷文塔

在兴业县石南镇石嶷山。南宋建，明成化间重修，清乾
隆十一年（1746）重建。八角七层楼阁式砖塔。高22米。

百色市

靖西市

▶ 灵虚塔

在靖西市宾山。清道光十七年（1837）建，道光二十九年
（1849）重修。六角三层楼阁式砖塔。高22米。

▶ **文昌塔**

　　在靖西市旧州镇鹅泉河中天然石上。清代建。四角三层楼阁式砖木塔，高11.81米。

河池市

　🏵 **东兰县**

▼ **魁星楼塔**

　　在东兰县武篆镇。清光绪三十二年（1906）建。六角三层（内四层）楼阁式砖塔。高17.5米。

贺州市

　🏵 **八步区**

▼ **文笔塔**

　　在贺州市八步区贺街镇南门城墙上。又称魁星楼。清乾隆五年（1740）建。六角五层楼阁式砖塔。高27米。

富川瑶族自治县

▶ 瑞光塔

在富川瑶族自治县富阳镇慈云寺。俗称观音塔、观音阁。明万历三十二年（1604）建，清同治十一年（1872）、1980年、1988年重修。六角七层楼阁式砖塔。高28米。

来宾市

兴宾区

▶ 文辉塔

在来宾市兴宾区迁江镇扶济村。全国重点文物保护单位。始建年代不详，传明万历年间重建。八角七层楼阁式砖塔。高35米。

崇左市

江州区

▶ 归龙塔

在崇左市江州区左江中鳌头山岛。明天启元年（1621）建八角三层楼阁式砖塔，清康熙三十五年（1696）增至五层。高23.38米。塔身倾斜度4°36'46"。

▲ 板麦石塔

在崇左县江洲乡板麦村。明万历四十年（1612）建。江洲土司土官子墓塔。六角七层覆钵楼阁组合石塔。高5.1米。二层刻塔碑，浮雕花木鱼池、民族乐器、佛教符图。

宁明县

龙州县

▼ 蓉峰塔

在宁明县城中镇。清道光初年建。六角五层楼阁式砖塔。高43.44米。

▼ 文笔塔

在龙州县水口镇独山顶。清光绪年间建。六角七层楼阁式砖塔。高11.28米。

▶ 凌云塔

在龙州县龙江镇龙江街。又称文昌阁、文昌塔。建于清乾隆二十二年（1758）。六角七层楼阁式砖塔。高11.28米。

▲ 培风塔

在龙州县霞秀乡岭南村小屯西北。清光绪年间建。六角七层楼阁式实心石塔。塌存半截。残高5.82米。

▲ 惜字塔

在龙州县彬桥乡全国重点文物保护单位小连城中。清光绪十二年（1886）建。六角二层楼阁式砖塔。高约3米。

海南省 图谱

中国古塔全谱

海口市

秀英区

▶ 常驻宝塔

在海口市秀英区长流镇新民村。宋代建。四角三层楼阁式石塔。高3.42米。

◀ 云梯塔

在海口市秀英区石山镇儒洪村。又称魁星塔。清代建。四角六层叠石塔。高近7米。下层刻"文光射斗"。第六层刻"魁星""云梯塔"。

▲ 儒符石塔

在海口市秀英区石山镇儒符村。又称涅槃塔、草鞋塔。全国重点文物保护单位。宋代建。建于10余米高台上。四角五层楼阁式石塔。高2.6米。

◀ 三卿村敬字塔

在海口市秀英区石山镇三卿村豪贤门左侧。晚清建。六角三层楼阁式石塔。高近2米。

琼山区

▶ 妙氏人贞塔

在海口市琼山区海府路五公祠。方形三层。1.62米高。

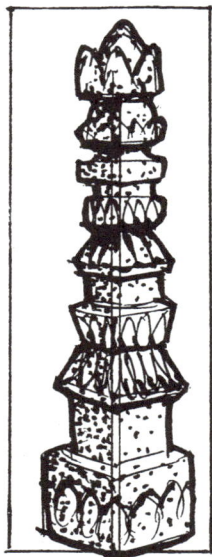

▲ 五公祠僧塔

在海口市琼山区海府路五公祠。方锥形单层。高约1米。

▶ 珠良塔

在海口市琼山区府城镇珠良村。清乾隆二十四年（1759）建。圆形五层砖塔。高16米。

◀ 起云塔

在海口市琼山区府城镇珠良村。民国建。圆形四层楼阁式石塔，高约16米。藤蔓包裹。

儋州市

▶ 文峰塔

在儋州市白马井镇藤根村。清光绪二十四年（1898）建。四角十一层楼阁式砖塔。高13.57米。

◀ **松鸣旧铺新村塔**

在儋州市白马井镇松鸣旧铺新村。清代建。八角五层楼阁式石塔。高7.5米。

▶ **学村敬字亭**

在儋州市白马井镇学村东南。清光绪十四年（1888）建，2008年修复。四角七层楼阁式石塔。高7.8米。

◀ **魁星塔**

在儋州市中和镇全国重点文物保护单位儋州故城。明末清初建。光绪二十四年（1898）重修。八角七层楼阁式砖塔。高7.02米。

▶ **新村敬字塔**

在儋州市中和镇黄江村新村。清代建。四角三层楼阁式石塔。高3.78米。

◀ **迪锡村字纸亭**

在儋州市三都镇迪锡村羊氏宗祠前。建于清光绪十九年（1893）。八角四层楼阁式石塔。高5.3米。

▶ **攀步村敬字亭**

在儋州市新州镇攀步村李林薛三姓祠堂前。清代建。八角三层楼阁式石塔。4.4米高。炉口刻"敬字亭"，对联："圣绩侔天地；文光射斗牛。"

◀ **黄玉村敬字亭**

在儋州市新州镇黄玉村赵家庙前。清代建。四角三层楼阁式石塔。高3.1米。

▶ **官田村敬字亭**

在儋州市王五镇官田村。清代建。八角三层楼阁式石塔。高3米。

▶ **官屋村敬字亭**

在儋州市木棠镇官屋村何氏宗祠前。清代建。四角二层楼阁式石塔。高3.6米。刻联："中掩六经余味；上化五色烟云。"

◀ **蔡穴村字纸亭**

在儋州市木棠镇蔡穴村。清代建。六角三层楼阁式石塔。2.9米高。

◀ **案江老村敬字亭**

在儋州市木棠镇案江老村宗庙前。清代建，复修而成。四角三层楼阁式石塔。高3米。

▶ **长老村敬字亭**

在儋州市木棠镇长老村。清光绪二十二年（1896）建。四角二层楼阁式石塔。3.4米高。刻联："百代圣贤高仰止；千秋文字发馨香。"

▼ 兰秀村敬字亭

在儋州市木棠镇兰秀村。清光绪十七年（1891）建。四角二层楼阁式石塔。高3.4米。

▲ 番村字纸亭

在儋州市木棠镇番村。清代建，四角二层楼阁式石塔。高2.9米。

◀ 粟地村敬字亭

在儋州市排浦镇粟地村。清代建。八角五层楼阁式塔，火山岩、珊瑚岩加石灰茸成。高5米。

▼ 道南村字亭

在儋州市木棠镇道南村。建于清光绪二十七年（1901）。四角三层楼阁式石塔。高3.9米。二层刻"字亭"，对联："双字皆开前圣力；余灰宜悚后人心。"

▶ 老市村古塔

在儋州市排浦镇老市村。清光绪八年（1882）建。四角五层楼阁式石塔。4.43米高。被一榕树包围。

◀ **细沙灯塔**

在儋州市峨蔓镇细沙村海岸，始建于明代，四角实心石塔。6.4米高。

▶ **细沙村字纸亭**

在儋州市峨蔓镇细沙村李氏宗祠前。清代建。八角五层楼阁式石塔。高6.2米。

◀ **盐田古塔**

在儋州市峨蔓镇灵返村东北盐田旁。年代不详，圆形两层石叠塔。高约6米。

▶ **盐丁村字纸亭**

在儋州市峨蔓镇盐丁村盐丁小学内。1917年建。八角五层楼阁式石塔。高5.8米。

◀ **多美村字纸亭**

在儋州市峨蔓镇多美村。清代建。四角三层楼阁式石塔。高2.8米。

◀ **糯村敬字亭**

在儋州市光村镇糯村岩峰堂前。清咸丰三年（1853）建。四角二层楼阁式石塔。高4.8米。刻联："万古钦仓颉；千秋敬仲尼。"。

▶ **油行村文字亭**

在儋州市光村镇油行村李氏宗祠前。清代建。四角三层楼阁式石塔。2.8米高。四层刻"文字亭"。

◀ **演清塔**

在儋州市洋浦开发区唐宅村。明嘉靖二十七年（1548）建。四角五层楼阁式石塔。高3.5米。

▶ **西井村字纸亭**

在儋州市洋浦开发区新干冲街道西井村东。建于清光绪五年（1879）。八角四层楼阁式石塔。高4.2米。刻联："幸有六经藏鲁壁；休将一炬认秦坑。"

◀ **盐田村敬字亭**

在儋州市洋浦开发区新干冲街道盐田村，清代建三座。谭氏宗祠前（中）八角五层楼阁式石塔，高3.2米。石氏宗祠前（左），光绪七年（1881）建四角三层楼阁式石塔，高3.2米。陈氏宗祠前（右），四角二层楼阁式石塔，高2.3米。

三亚市

崖州区

▶ 迎旺塔

在三亚市崖州区崖城镇西山。又称黄道婆塔。清咸丰元年（1851）建。2015年重修。八角七层楼阁式砖塔。高约16米。门圆"南海第一塔"。

文昌市

▶ 斗柄塔

在文昌市铺前镇七星岭。全国重点保护文物单位。建于明天启五年（1625）。清光绪十三年（1887）重修。八角七层楼阁式砖塔。高约20米。

琼海市

▶ 聚奎塔

在琼海市塔洋镇西南。明万历二十一年（1593）建。八角七层楼阁式砖塔。近30米高。

万宁市

▶ 青云塔

在万宁市万宁镇山尾岭。又称山尾塔、万州塔。清康熙五年（1666）建文魁塔，道光十二年（1832）重建。八角七层楼阁式砖塔。高27米。

定安县

▶ 见龙塔

在定安县塔岭开发区滚龙坡。又名仙沟塔。清乾隆十六年（1751）建，乾隆三十二年（1767）落成。1996年重修。八角七层楼阁式砖塔。高25米。

澄迈县

▼ 美榔双塔

在澄迈县美亭乡美榔村。俗称姐妹塔。全国重点文物保护单位。元代建。姐塔六角六层楼阁式石塔，高13.6米；妹塔四角七层楼阁式石塔，高12.55米。

◄ **浩然文峰塔**

在澄迈县白莲镇儒扬村。1945年建。四角七层楼阁式石塔。高约6米。

► **文笔峰塔**

在澄迈县马村镇文大村北。又称文峰塔。明崇祯六年（1633）建。四角九层楼阁式石塔。高10.5米。

临高县

► **临高灯塔**

在临高县临城镇昌拱村临高角。清光绪十九年（1893）建。圆柱形全钢板结构，高22米。灯光射程9海里。

重庆市 图谱

中国古塔全谱

万州区

▼ 回澜塔

在重庆市万州区江南新区南山公园。俗称旧宝塔。清乾隆五十五年（1790）建，2003年复建。六角九层楼阁式砖石塔。高29.82米。

▲ 文峰塔

在重庆市万州区陈家坝街道南山。俗称新宝塔。清同治八年（1869）建。2007年重修。六角十三层楼阁式砖石塔。高36米。

◀ 瀼渡字库塔

在重庆市万州区陈家坝街道南山。清道光六年（1826）建。六角四层楼阁式石塔。高约5米。

▶ 小周字库塔

在重庆市万州区陈家坝街道南山。清同治八年（1869）建。六角五层楼阁式石塔。高约7米。

▼ 黄草惜字塔

在重庆市万州区走马镇石告村。清道光二年（1822）建。八角单层亭阁式石塔。高1米余。

◀ 石桶山惜字塔

在重庆市万州区恒合乡石坪村。清道光六年（1826）建。八角五层亭阁式石塔。高约9米。

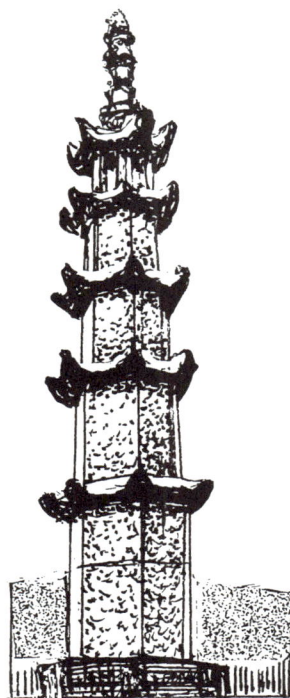

▶ 关口字库塔

在重庆市万州区钟鼓楼街道都历村。清同治元年（1862）建。四角四层楼阁式石塔。高约10米。

◀ 罗田字库塔

在重庆市万州区罗田镇永兴场。清光绪五年（1879）建。五层楼阁式石塔，下二层四角，以上六角。高7.5米。

▶ 马僧墓塔

在重庆市万州区高梁镇三清村。清代建。六角五层楼阁式石塔。高约6米。

▶ 都枥山字库塔

在重庆市万州区都枥山万安门前。清同治十年（1871）建。四角四层楼阁式石塔。高9米。四层楹联："石藏珍万宝；笔立起文章。"

涪陵区

◀ 松柏寺塔

在重庆市涪陵区同乐乡聚宝村。清乾隆年间建。四层楼阁式石塔。首层六角，以上四角。高约6米。

▶ 文峰塔

在重庆市涪陵区江东街道文峰村刘家山。清同治十三年（1874）建。八角九层楼阁式石塔。高45.5米。

渝中区

► 菩提金刚塔

在重庆市渝中区七星岗街道抗建堂社区。1930建。覆钵式石塔。高约27米。

江北区

▼ 塔子山文峰塔

在重庆市江北区寸滩街道塔山村。清光绪十四年（1888）建。六角七层楼阁式石塔。高26.6米。

南岸区

▼ 黄角桠文峰塔

在重庆市南岸区南山街道新力村黄角垭文峰山。建于清咸丰元年（1851）。2008年重修。六角七层楼阁式砖石塔。高22.74米。

◄ 觉林寺报恩塔

在重庆市南岸区涂山镇莲花村觉林寺街。清乾隆二十二年（1757）建。2008年重修。八角九层楼阁式砖石塔。高45米。

北碚区

► 塔坪寺石塔

在重庆市北碚区静观镇塔坪寺。南宋绍兴至乾道年间建。清嘉庆二十四年（1819）重修。四角七层楼阁式石塔。高14.4米。

► 东阳字库塔

在重庆市北碚区东阳街道朱家沱。又名文星阁。清康熙七年（1668）建。六角六层楼阁式石塔。高约10米。

◄ 塔坪寺铁塔

在重庆市北碚区静观镇塔坪寺。清嘉庆年间建。六角七层楼阁式铁塔。高6.3米。

◄ 复兴白塔

在重庆市北碚区复兴镇双龙村。清道光年间建。六角七层楼阁式石塔。高约10米。

綦江区

▶ 长春村字库塔

在重庆市綦江区隆盛镇长春村。清道光年间建。六角三层楼阁式石塔。高约3米。

大足区

◀ 多宝塔

在重庆市大足区龙岗街道龙岗村。南宋绍兴二十五年（1155）建。八角十二层（内七层）楼阁式砖石塔。高33米。

◀ 转法轮塔

在重庆市大足区宝顶镇宝顶山。始建于宋。俗称倒塔。八角四层楼阁式石塔。高8米。

▶ 释迦真如舍利宝塔

在重庆市大足区宝顶镇宝顶山圣寿寺前。始建于宋。四角三层楼阁式石塔。高8米。

▶ **经目塔**

在重庆市大足区宝顶镇宝顶山小佛湾。原名本尊塔，又名祖师塔。赵智凤创建于宋。八角三层楼阁式石塔。高7米。

◀ **大佛湾第6号舍利宝塔**

在重庆市大足区宝顶镇宝顶山大佛湾第5号摩崖。宋代建。四角五层楼阁式浮雕石塔。高8米。

▼ **大佛湾第5号双塔**

在重庆市大足区宝顶镇宝顶山大佛湾第5号摩崖华严三圣像中普贤、文殊菩萨所捧。宋代建。六角七层楼阁式和六角单层亭阁式石塔。高1米余。

▶ **大佛湾第7号妙智宝塔及单层塔**

在重庆市大足区宝顶镇宝顶山大佛湾第7号摩崖。宋代建。妙智宝塔四角五层楼阁式浮雕石塔。下塔为单层亭阁式浮雕石塔。

▼ **大佛湾第8号石塔**

在重庆市大足区宝顶镇宝顶山大佛湾第8号摩崖千手观音所捧。宋代建。四角十三层密檐式浮雕石塔。高约1米。

▶ **大佛湾第20号三重塔**

在重庆市大足区宝顶镇宝顶山大佛湾第20号摩崖。宋代建。四角三层楼阁式浮雕石塔。高2.8米。

▲ **245号龛浮雕塔**

在重庆市大足区宝顶镇宝顶山大佛湾第245号龛。宋代建。两座六角二层楼阁式浮雕石塔。高约1米。

▶ **佛会塔**

在重庆市大足区三驱镇佛会新村佛惠寺内。宋元丰、绍圣年间建。明成化、清同治年间重修。四角二层亭阁式石塔。高约5米。

◀ **宝顶山墓塔群**

在重庆市大足区宝顶山倒塔坡。清僧墓塔7座。其中乾隆十三年（1748）静明墓塔，覆钵式石塔，高约3米。

▶ **妙高寺关通禅师塔**

在重庆市大足区季家场镇妙高寺。明永乐年间建。四角七层亭阁式石塔。高3米。

◀ **大佛寺石塔**

在重庆市大足区铁山镇麒麟村。明代建。八角五层楼阁式石塔。高约6米。

▶ **文峰塔**

在重庆市大足区龙岗街道翠屏村南山。俗称南塔。清同治十二年（1873）建。圆形七层楼阁式石塔。高15米。

巴南区

▶ 燕云字库

在重庆市巴南区一品街道乐遥村。明成化二十年（1484）建。六角五层楼阁式石塔。高6.2米。

◀ 石河塔

在重庆市巴南区天星寺镇石河村。建于清咸丰六年（1856）。六角七层楼阁式石塔。高8.88米。

▶ 宝峰塔

在重庆市巴南区安澜镇顶山村。又名文星字塔。题记清"道光丙辰建"（道光无此年号）。四角七层楼阁式石塔。高12米。

▶ 四桥字库塔

在重庆市巴南区一品街道四桥村。清嘉庆七年（1802）建。六角五层楼阁式石塔。高6.6米。

黔江区

◀ 文峰塔

在重庆市黔江区城东街道观音岩。清道光二十九年（1849）。2008年地震塔顶受损。六角五层楼阁式石塔。高15.5米。

▲　斜岩寺塔墓群

　　在重庆市黔江区石会镇黎明社区斜岩寺外。原有二十多座清寺僧墓塔，现存11座。八角二至三层楼阁式石塔。高1至3米。

长寿区

▶　文峰塔

　　在重庆市长寿区凤城街道复元村詹家湾。俗称白塔。清同治五年（1866）建。六角七层楼阁式砖石塔。高36米。

江津区

▶　魁星楼

　　在重庆市江津区奎星广场。清乾隆四十二年（1777）建，道光二十三年（1843）培修。六角三层楼阁式砖木塔。高17.49米。

永川区

▶ 塔院寺塔

在重庆市永川区来苏镇塔园村。明代建。覆钵式与十一层密檐式混合塔。残高约7米。

▲ 塔湾石塔

在重庆市永川区板桥镇本尊村。共三座。清代建。仅剩圆形塔基。残高约1米。

合川区

▶ 文峰塔

在重庆市合川区南津街道白塔街社区。俗称白塔。清嘉庆十五年（1810）建九层，道光十六年（1836）增至十三层。2008年重修。八角楼阁式砖塔。高58米。

◀ 龙游寺墓塔

在重庆市合川区铜溪镇龙游村。年代不详。覆钵式石塔。高约4米。

◀ 三境寺白塔

在重庆市合川区涞滩镇二佛村。清乾隆五十二年（1787）建，嘉庆九年（1804）重修。六角九层楼阁式石塔。高16米。

▼ 再学舍利塔、永桂舍利塔

在重庆市合川区涞滩镇二佛村。再学舍利塔清道光十一年（1831）建，六角五层楼阁式石塔，高5.75米；永桂舍利塔道光十七年（1837）建，六角三层加圆形顶层楼阁式石塔，高6.5米。

◀ 合川小白塔

在重庆市合川区镇西门。明代建，清、民国重修。四角五层楼阁式石塔。高7米。

璧山区

▶ 竺云寺雷峰塔

在重庆市璧山区健龙镇新石村。清道光十七年（1837）建。六角六层楼阁式石塔。高9米。

南川区

▼ 墓前焚纸塔

在重庆市南川区石溪镇南茶村。清代建。六角单层亭阁式石塔。高约1米。

▼ 惜字塔

在重庆市南川区石溪镇盐井村。建于清光绪三年（1877）。六角五层亭阁式石塔。高约7米。

▲ 文峰塔

在重庆市南川区西城街道白果村。清光绪十七年（1891）建。六角七层楼阁式石塔。高25米。

◀ 寺庙墓塔

在重庆市南川区冷水镇、乾丰镇寺庙。清代建3座。六角二层鼓形石塔。高1米多。

潼南区

▼ 跳墩坝石塔

在重庆市潼南区龙形镇高楼村。清光绪年间建。六角七层楼阁式石塔。高8.5米。

▼ 别口白塔

在重庆市潼南区别口乡科郎村2社。清代建。六角七层楼阁式砖石塔。高约8米。

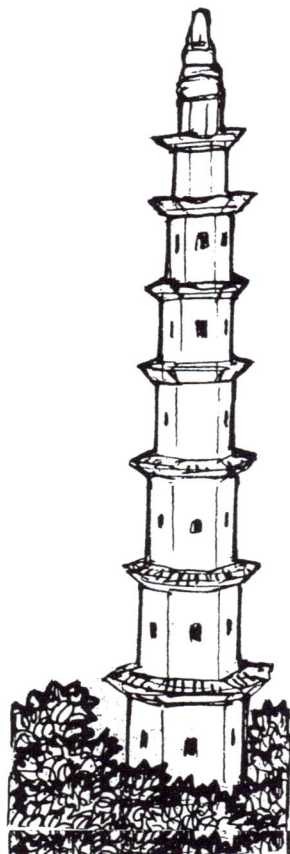

▼ 龙形白塔

在重庆市潼南区龙形镇龙形村。清代建。六角九层楼阁式砖石塔。高约10米。

荣昌区

▶ 报恩塔

在重庆市荣昌区河包镇白塔社区。南宋绍兴二年（1132）建，明万历六年（1578）、2006年重修。四角九层楼阁式砖石塔。高16米。

▲ 凉坪白塔

在重庆市荣昌区观胜镇凉坪村。南宋绍兴年间建。四角九层楼阁式石塔。残高约7米。

▲ 龙洞寺舍利塔

在重庆市荣昌区河安富街道垭口村。宋代建。覆钵式石塔，上部毁缺损。残高约2米。

▶ 经堂村斜塔

在重庆市荣昌区河包镇经堂村白塔山。清代建。覆钵楼阁混合式石塔。高9.5米。斜度约30°。

开州区

▶ 报国寺文峰塔

在重庆市开州区厚坝镇石龙村石柱关。明嘉靖年间建。六角六层楼阁式石塔。高约6米。

◀ 白银观宝塔

在重庆市开州区郭家镇普渡村。清道光十四年（1834）建。六角三层楼阁式石塔。高约8米。

▼ **白云寺字库**

在重庆市开州区三汇口乡永乐村。
清同治八年（1869）建。六角三层楼阁
式石塔。高7.3米。

▲ **天香塔**

在重庆市梁平区福禄镇河西街。清光绪八年
（1882）建。六角九层楼阁式石塔。高28.97米。

梁平区

▼ **文峰塔**

在重庆市梁平区西城乡城西村。清道光十
年（1830）建文风塔。光绪年间重修更名。八角
十一层楼阁式石塔。高35.68米。

▲ **破山海明禅师塔**

在重庆市梁平区金带乡双桂堂。建于清康熙
六年（1667）。六角三层楼阁式石塔。高7米。

万盛经济技术开发区

▶ 东林寺白塔

在重庆市万盛经济技术开发区万东镇团结村。清乾隆四年（1739）建。六角五层楼阁式砖塔。高13米。

▶ 飞龙塔

在重庆市万盛经济技术开发区青年镇宝轮村白鹭垭。清光绪五年（1879）建。六角七层楼阁式砖石塔。高20余米。

垫江县

▼ 大智墓塔

在垫江县高安镇凤凰村。清代建。八角五层楼阁式石塔。高5米。

丰都县

▼ 培元塔

在丰都县兴义镇长沙坝村。俗称上白塔。清道光二十五年（1845）建。六角七层楼阁式砖塔。高29.5米。

◀ 培文塔

在丰都县名山街道农花村。俗称下白塔。清光绪十三年（1887）建。八角七层楼阁式砖塔。高约20米。

▶ 李家山字库塔

在丰都县武平镇蜂子山村李家山。清同治年间建。六角三层楼阁式石塔。高6米。

◀ 关口惜字塔

在丰都县龙河镇文庙村。清光绪九年（1883）建。六角三层楼阁式石塔。高3.2米。

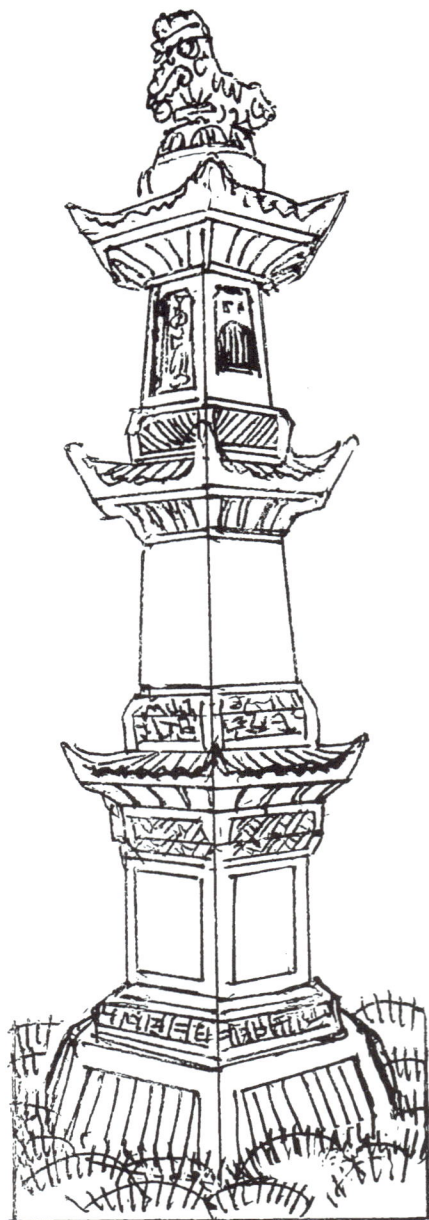

▶ 庙湾字库塔

在丰都县武平镇瓦泥坪村。清道光二十五年（1845）建。六角三层楼阁式砖石塔。高29.5米。

彭水苗族土家族自治县

► 高桥字库塔

在彭水苗族土家族自治县太原乡高桥村碾坊山。清光绪十九年
（1893）建。六角五层楼阁式砖塔。高20多米。

云阳县

▲ 宝塔沱浮雕宝塔

在云阳县云阳镇宝塔乡宝塔村。现淹没三峡水库
中。明嘉靖以前建。幢式摩崖浮雕石塔。高约10米。

► 新津文峰塔

在云阳县新津乡谭家山。清道光十七年（1837）
建。六角七层楼阁式砖石塔。高41.5米。

▲ 云安文峰塔

在云阳县云安镇杉树林社区宝塔坡。清咸丰年间建。六角七层楼阁式塔，一二层石砌，以上砖砌。高25米。

▲ 龙王锁口石塔

在云阳县高阳镇团结村。清代建。四角单层亭阁式石塔。高约4米。

▲ 镜公和尚墓塔

在云阳县云安镇翠田村。清光绪五年（1879）建。六角三层楼阁式砖石塔。高约4米。

▲ 饶明月石塔

在云阳县双龙乡双河社区金山寺。清代建。六角四层楼阁式砖石塔。高约5米。

▲ 岩门子石塔

在云阳县南溪镇青云村岩门子。清光绪五年（1879）建。四角四层楼阁式石塔。高约4米。

奉节县

▼ 文峰塔

在奉节县永安街道乌云顶。清同治九年（1870）建，光绪十九年（1893）、2011年重修。六角五层楼阁式石塔，高25米。

▶ 耀奎塔

在奉节县白帝城风景区宝塔坪，又名文峰塔，俗称望江白塔。清嘉庆二十三年（1818）建。六角七层楼阁式砖塔。高26米。门框刻"万丈文光环六邑；千条瑞气溢三巴"。

◀ 志胜和尚墓塔

在奉节县兴隆镇东坪村石龙寺。清道光五年（1825）建。六角楼阁式石塔3座，中塔七层，左右塔三层。高2至4米。

▶ 上庙和尚灵塔

在奉节县吐祥镇双河村3社。两座。晚清建。一为六角三层楼阁式石塔，高3.7米。一为覆钵楼阁混合式石塔，高4.17米。

◀ 风水塔

在奉节县石岗乡桃李村。清末建。六角六层楼阁式石塔。高约7米。

忠县

▶ 石宝寨塔

在忠县忠州镇石宝寨。始建于明代，清代建成十一层，1950年加建最上一层。六角十二层楼阁式木塔，高56米。

巫山县

▶ **庙坪字库塔**

在巫山县官渡镇庙坪村。清末建。六角二层楼阁式石塔，高2.5米。

◀ **塘坊字库塔**

在巫山县福田镇双凤村。清末建。六角单层亭阁式石塔。残高3.5米。

▶ **香坪字库塔**

在巫山县抱龙镇贺家村香坪。晚清建。六角三层楼阁式石塔，高约8米。

◀ **响塘惜字库塔**

在巫山县抱龙镇新合村。清道光十二年（1832）建。六角三层楼阁式石塔。3.5米高。

▶ **柏树岭字库塔**

在巫山县抱龙镇鸡冠村。1932年建。六角二层楼阁式石塔。高5.6米。

中国古塔全谱

四川省 图谱

成都市

青羊区

► 文殊院墙中塔

嵌于成都市青羊区文殊院围墙。清代建。六角二层楼阁式石塔。高约4米。

北成华区

▼ 昭觉寺小石塔

在成都市成华区青龙乡昭觉寺大殿檐下，各处收集清代建鼓形石塔。高约米余。

龙泉驿区

► 洛带字库塔

在成都市龙泉驿区洛带镇。建于清光绪六年（1880）。六角二层楼阁式砖塔。高15米。

锦江区

▶ 大慈寺字库塔

在成都市锦江区大慈寺。明代建。2004年修复。六角二层楼阁式砖塔。高7.6米。

▲ 太古里字库塔

在成都市锦江区中纱帽街。清代建。六角二层楼阁式砖塔。高约10米。

新都区

▶ 宝光寺舍利塔

在成都市新都区宝光大道宝光寺。全国重点文物保护单位。唐以前始建富感塔，晚唐重建。六角十三层密檐式砖塔。高30米。

◀ 宝光寺念佛堂舍利塔

在成都市新都区宝光寺念佛堂。清光绪三十二年（1906）建。六角二层楼阁式石塔。高5.5米。

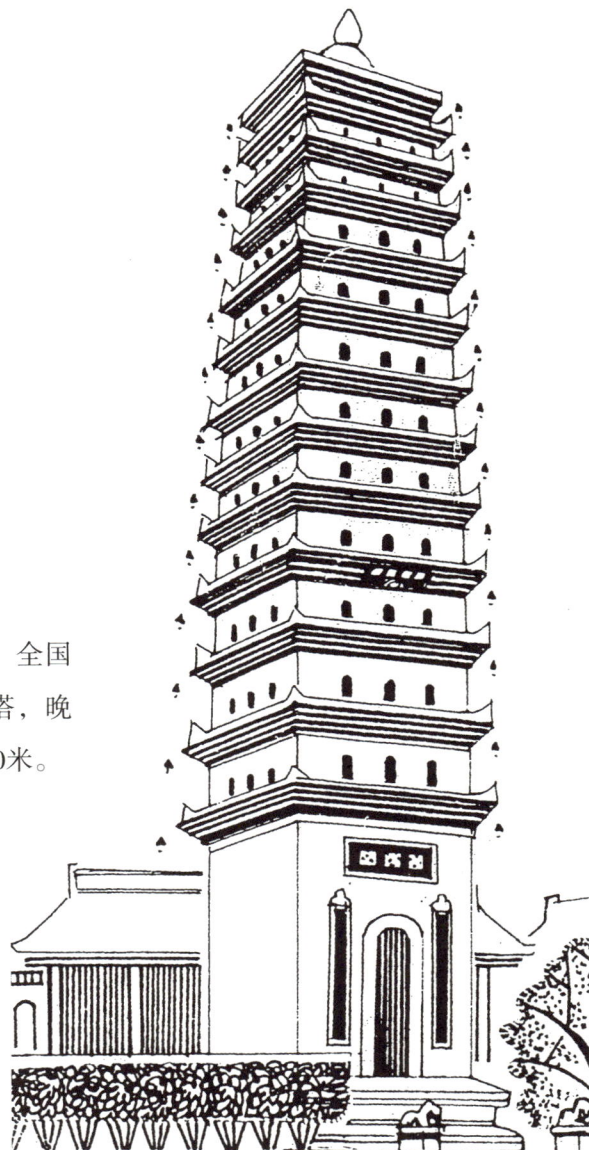

都江堰市

► 奎光塔

在都江堰市奎光塔街道奎光路。全国重点文物保护单位。清道光十一年（1831）建。六角十七层密檐式砖塔。高51.39米。

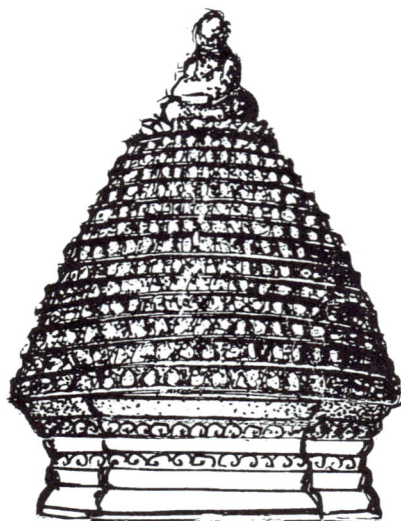

▲ 千佛塔

在都江堰市灵岩山灵岩寺左侧。全国重点文物保护单位。唐开元年间建。钟式石塔。高3米。刻1054尊佛像，现存八百余尊。

▲ 普照寺普同塔

在都江堰市青城山普照寺。又名海汇塔。清道光六年（1826）建。四角三层楼阁式石塔。高9.9米。匾额"东土极乐"。

▲ 二王庙双塔

在都江堰市灌口镇二王庙殿前。清道光年间建字库塔。2008年汶川地震后按原貌重建。六角三层楼阁式砖塔。高约7米。

▶ 青城山塔

在都江堰市青城山景区山门前塔（右）、山中塔（左）。清代建。四角二层楼阁式砖塔。高约3米。

◀ **灌口魁星阁**

在都江堰市灌口镇古城书院街金龟山。俗称红塔子。明建下二层，清乾隆二十五年（1760）建成。六角六层楼阁式砖石塔。高26.61米。

彭州市

▶ 三昧真迹塔亭

在彭州市丹景山镇佛山古寺。明崇祯七年（1634）建。六角单层亭阁式石塔。高约3米。

▶ 正觉寺塔

在彭州市红岩镇红塔村。全国重点文物保护单位。宋天圣元年至四年（1023—1026）建。四角十三层密檐式砖塔。高27.54米。

◄ **镇国寺塔**

在彭州市关口镇白塔坪。原名无垢净光舍利塔，又称福昌塔、关口白塔。全国重点文物保护单位。宋至和元年至嘉祐五年（1054—1060）建。四角十三层密檐式砖塔。高28.34米。

► **龙兴寺舍利宝塔**

在彭州市天彭镇龙兴寺。全国重点文物保护单位。1949年建成。金刚宝座砖塔。主塔高21.4米，小塔高10.44米。主塔刻赵朴初题"龙兴舍利宝塔"。

◄ **云居院塔**

在彭州市楠杨镇大曲村曲尺山。全国重点文物保护单位。建于宋大观元年（1107）。四角十三层密檐式砖塔。高20.86米。

► **大悲塔**

在彭州市丽春镇塔子村青龙寺。南朝梁始建。2000年代重修。四角八层密檐式砖塔。高35米。

◀ **悟达国师塔**

在彭州市丹景山镇双松村。始建唐代。覆钵式石塔。高约6米。

崇州市

▶ **晋原舍利塔**

　　在崇州市道明镇白塔寺。又名白塔。始建于隋代，清同治五年（1866）重建，1946年重修。七层楼阁式砖塔。下五层四角，六层六角，七层圆形。高20米。首层塔心室，以上实心。

◀ **涧澜塔**

　　在崇州市怀远镇前锋村。清同治五年（1866）建。六角九层楼阁式砖塔。高39.2米。

▶ **朝阳村字库**

　　在崇州市街子镇江城街南口。建于清咸丰二年（1852）。六角四层楼阁式砖塔。高15米。

▲ **舍利塔**

　　在崇州市三郎镇九龙沟。清代建。瓶式三檐石塔。高4米。

▲ **善无思祖师塔**

　　在崇州市街子镇光严禅院下古寺。唐贞元五年（789）建。覆钵式砖塔。高约2米。

金堂县

▶ 瑞光塔

在金堂县淮口镇外蛇山。又称淮口白塔。全国重点文物保护
单位。东晋建，南宋绍兴十八年（1148）重建。四角十三层楼阁
式砖塔。高33米。

▲ 释尊无量宝塔

在金堂县栖贤乡三学寺村。又称八万四千多宝塔。明洪武三十一
年（1398）建。2005年按原样修建。八角七层楼阁式石塔。高33米。
由168座分塔组成。

▶ 赵镇字库塔

在金堂县赵镇工农大桥头。清代建。六角三层楼阁式砖木塔。高
约8米。

邛崃市

▼ 磐陀寺摩崖浮雕石塔

在邛崃市临邛镇磐陀村磐陀寺摩崖石窟。建于清道光二十五年（1845）。主窟两侧（上）六角七层楼阁式浮雕石塔。高2.4米。窟中（下）圆形重檐式浮雕石塔，高约2米。

▶ 鹤林禅院西塔

在邛崃市白鹤乡白鹤山鹤林禅院。北宋建，清道光年间重建。八角七层楼阁式砖塔。高18米。

◀ **小镇江塔**

在邛崃市宝林镇塔子村。清代建。六角楼阁式砖塔，残存二层。高约7米。

▶ **崇嘏塔**

在邛崃市火井镇银台山村。清同治五年（1866）建。2010年重修。六角五层楼阁式砖塔。高18.7米。

◀ **石塔寺塔**

在邛崃市高何镇高兴村。原名释迦如来真身宝塔，又称高兴寺石塔。南宋乾道五年（1169）建。明清改建。全国重点文物保护单位。四角十三层密檐式红砂岩石塔。高17.8米。

▶ **回澜塔**

在邛崃市临邛镇宝塔社区。全名回澜文风塔，原名镇江塔。明万历四十四年（1616）建，清乾隆五十九年（1794）重建。同治六年（1867）、光绪八年（1882）修复。1992年重修。六角十三层楼阁式砖塔。75.48米高。

▲ **西塔**

在邛崃市临邛镇白鹤峰。建于宋宣和二年（1120）。六角七层楼阁式石塔。高17.89米。

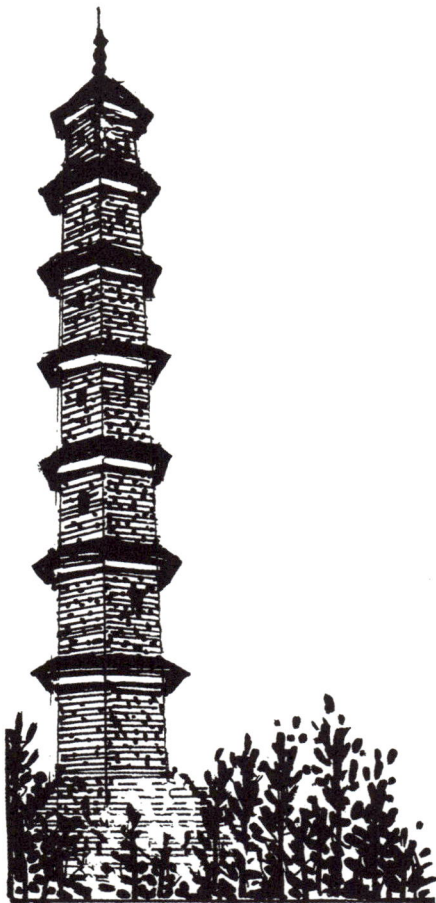

◄ 文笔山塔

在邛崃市临邛镇文笔山。清道光二十五年（1845）建。六角七层楼阁式实心石塔。高21米。

► 兴贤塔

在邛崃市牟礼镇兴贤场。建于清道光六年至八年（1826—1828）。六角三层亭阁式砖塔。高13.5米。一层匾"字库"；楹联："贮先贤废墨；存古圣遗文。"二三层匾"仓颉殿""文昌宫""兴贤塔""观音阁"。

▲ 海云塔

在邛崃市水口镇合江村。灵光寺僧塔。清同治五年（1866）建。四角三层楼阁式石塔。7.4米高。

▲ 温氏墓字库塔

在邛崃市火井镇银台山村。清乾隆年间建。六角三层楼阁式砖塔。残高6.6米。二层龛刻"惜字宫"。三层龛刻"奎阁"。

▲ 倪氏字库塔

在邛崃市卧龙镇战斗村。清代建。六角三层楼阁式砖塔。高11米。一至三层龛刻"习字延龄""同结善缘""字库"。

◀ **杜沟字库塔**

在邛崃市道佐乡万福村。1919年建惜字塔。六角三层楼阁式石塔。高6.2米。

▶ **灵空塔**

在邛崃市天台山镇。清同治五年（1866）建。四角二层楼阁式石塔。高约6.7米。

◀ **田坝头字库塔**

在邛崃市天台山镇冯坝村。清嘉庆八年（1803）建。六角单层亭阁式石塔。1.8米高。匾刻"显应都官"。联曰："职小神通大；身矮法力高。"

◀ **二龙山字库塔**

在邛崃市夹关镇二龙村。清代建。四角三层楼阁式砖塔。高11米。楹联："有字须放库；无文不藏中。""魁飞三界；笔通九州。"

▲ **冯坝小字库塔**

在邛崃市天台山镇马坪村。明代建。四角单层亭阁式砖塔。1.8米高。

▲ **联升字库塔**

在邛崃市太和镇土溪沟村塔子坝高桥。清同治八年（1869）建。六角四层楼阁式石塔。高11.73米。

简阳市

▶ 圣德寺白塔

在简阳市白塔路。全国重点文物保护单位。南宋嘉泰二年（1202）建，明嘉靖间修复。四角十三层楼阁式砖石塔。高56米。

▶ 红白塔

在简阳市金马镇红坝村东。明代建。四角十三层密檐式砖石塔。约13米高。

◀ 禾丰字库塔

在简阳市禾丰镇下场口青枫村。又名小白塔。清道光二十六年（1846）建。六角五层楼阁式砖石塔。高19米。三层以下空心。各层龛内一文官形象。

▶ 普安红字库塔

在简阳市禾丰镇太山村。建于清同治六年（1867）。四角四层楼阁式砖石塔。高约10米。

◀ 石盘题名塔

在简阳市石盘塔白塔村。建于清光绪二十八年（1902）。2018年重修。四角十一层楼阁式石塔。高26.4米。

蒲江县

◀ 鹤山文峰塔

在蒲江县鹤山街道单沟村。又名蒲江白塔。清道光二十一年（1841）重建。六角七层楼阁式砖塔。高18.3米。

► 羌塔

在蒲江县甘溪镇箭塔村。又名箭塔、宋塔。宋代建。四角七层楼阁式砖塔。残存四层，高15米。

◄ 西来场文风塔

在蒲江县西来镇。清道光十三年（1833）建。六角三层楼阁式砖塔。残高13.6米。首层浮雕三国演义故事。

绵阳市

涪城区

► 南塔

在绵阳市涪城区南山。明代建，清雍正十三年（1735）重建。2000年、2010年重修。六角九层楼阁式石塔。高32米。

游仙区

◄ 文风塔

在绵阳市游仙区魏城镇。又名南塔、白塔子。清光绪五年（1879）建。六角十三层密檐式砖塔。顶部有损。残高25米。

► **石马凌云塔**

在绵阳市游仙区石马镇天林村。建于1921年。2013年迁至白虎嘴山顶重建。六角八层楼阁式石塔。高约10米。

安州区

► **文星塔**

在绵阳市安州区银河大道。清道光十六年（1836）建一层，光绪四年（1878）、十五年（1889）建至十三层。四角楼阁式塔。首层石砌，以上土砖垒砌。塔内建木楼六层。高32.3米。

江油市

► **云龙塔**

在江油县龙凤镇。清咸丰十年（1860）建。八角九层楼阁式石塔。高约27米。2008年地震存二层半。

▲ **桂香塔**

在江油县。清代建。四角七层楼阁式石塔。高约28米。

▲ **蜚英塔**

在江油县武都镇。又名东塔。清光绪十八年（1892）建。六角九层楼阁式石塔。约28.5米高。

▲ **英明村字库塔**

在江油县大康镇英明村。清光绪十一年（1885）建。四角五层楼阁式石塔。高约7米。

盐亭县

▶ 笔塔

在盐亭县城云溪镇嫘祖文化广场。清光绪十四年（1888）建。2008年地震塌剩9米，2009年复原。六角七层楼阁式砖塔。高31米。

◀ 陈氏惜字宫

在盐亭县九龙镇九龙村。清代建。六角五层楼阁式陶塔。高十余米。

▶ 华严村惜字塔

在盐亭县九龙镇华严村寇家坝。清道光十八年（1838）建。六角五层楼阁式陶塔。高9米。

◀ 真武宫字库塔

在盐亭县九龙镇任广村真武宫。清代建。四角三层楼阁式砖塔。高约4米。

▼ 榉溪笔塔

在盐亭县九龙镇千佛村蒲家坝。清咸丰四年（1854）建。六角五层楼阁式陶塔。高9米。

◀ 毛罐寺塔

在盐亭县富驿镇极庵村原毛罐寺前。又称文峰宝塔、花字库。清代建。六角五层楼阁式砖塔。高十余米。

▶ 永寿村字库塔

在盐亭县黄甸镇永寿村向家湾。清光绪二年（1876）建。六角七层楼阁式砖塔。高约8米。

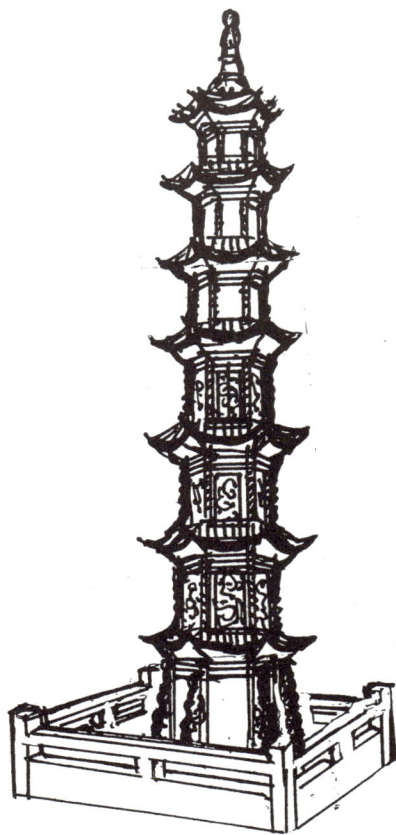

◀ 荥阳村字库塔

在盐亭县黄甸镇荥阳村刘家岩。清代建。六角五层楼阁式砖塔。高约5米。

◀ 建华村字库塔

在盐亭县西陵镇建华村栗树坡。清咸丰五年（1855）建。六角四层楼阁式砖塔。高约8米。

◀ 阳春字库塔

在盐亭县西陵镇阳春村。清代建。六角五层楼阁式砖塔。高约6米。

▶ 莲池寺字库塔

在盐亭县西陵镇阳春村莲池寺旁。清代建。四角五层楼阁式砖塔。高约10米。

◀ 云仙字库塔

在盐亭县金孔镇云仙村。清代建。八角三层楼阁式砖塔。高约5米。

▶ 玉龙字库塔

在盐亭县玉龙镇政府大院。清光绪三十年（1904）建。六角六层楼阁式砖塔。高约8米。

◀ 高院寺字库塔

在盐亭县永泰镇文同村。清光绪六年（1880）建。四角四层楼阁式砖塔。高约5米。

▶ 天台村字库塔

在盐亭县金孔镇天台村大坝口。清同治九年（1870）建。四角四层楼阁式石塔。高约6米。

◀ 太元观字库塔

在盐亭县永泰镇太元观村玉凤山梓潼庙。又称梓潼庙字库塔。清光绪元年（1875）建。四层楼阁式砖塔。高4.9米。下二层四角，以上六角。

▶ 盘龙庙字库塔

在盐亭县金孔镇凤凰村青山村。清代建。六角五层楼阁式砖塔。高6米。

▶ 龙潭惜字塔

在盐亭县玉龙镇。清光绪三十年（1904）建。六角六层楼阁式砖塔。高约8米。

▲ 陈氏惜字塔

在盐亭县九龙镇桃花村。又称九龙塔、陈家场字库塔。清咸丰四年（1854）建。六角五层楼阁式石塔。高6米。

▲ 檬子桠字库坊

在盐亭县巨龙镇檬子村檬子桠。又名惜墨如金坊。清代建。石石坊明间门立六角三层楼阁式石塔，两次间门上各立四角三层楼阁式砖塔一座。通高为6.2米。

◀ 孔圣庙惜字塔

在盐亭县柏梓镇高稔村。清咸丰元年（1851）建。六角楼阁式砖塔。高约5米。

▶ 广庭村文风塔

在盐亭县大兴回族乡广庭村。清代建。六角四层楼阁式砖塔。高约7米。

◀ 青山村字库塔

在盐亭县岐柏镇青山村。清代建。六角五层楼阁式砖塔。高约6米。

三台县

▶ 北塔

在三台县塔山镇北塔山朝阳观。清嘉庆十八年（1813）建。重修于2011年。六角九层楼阁式石塔。高约20米。

◀ 东塔

在三台县东塔镇东山公园。明万历三十一年（1603）建。六角九层楼阁式石塔。高24米。

▲ 观塔村字库塔

在三台县新鲁镇龙桥街道观塔村。又名观音堂惜字塔。清同治五年（1866）建。六角七层楼阁式石塔。高11米。

◀ **谭家祠字库塔**

在三台县新生镇百胜村谭家祠后山。建于明万历三十一年（1603）。六角五层楼阁式石塔。高约8米。

自贡市

大安区

▼ **三多寨字库塔**

在自贡市大安区三多寨。建于清同治六年（1867）。六角两层楼阁式砖塔。高约3米。

荣县

▶ **镇南塔**

在荣县城西郊丹顺路龙头山。又称白塔。宋代建。全国重点文物保护单位。四角十一层（塔内五层）密檐式砖塔。高21.6米。

平武县

▼ **南塔**

在平武县龙安镇镇南山。明崇祯三年（1630）兴建，清嘉庆二十年（1815）建成。六角七层楼阁式砖塔。高13米。

富顺县

▶ **回澜塔**

在富顺县邓井关镇锁江村大佛岩。清道光二十六年（1846）建。八角九层楼阁式砖塔。高59.16米。题匾："回澜塔"、"永镇江阳"、"西南一柱"、"岳峙澜亭"、"富育四新"、"云蒸霞蔚"。

▲ **怀德白塔**

在富顺县怀德镇司湾村。宋代建。四角十一层密檐式石塔，残存八层，高9.6米。

▶ **文光塔**

在富顺县东湖镇同心村同心山。清道光二十六年（1846）建。八角七层楼阁式砖塔。高38米。

泸州市

江阳区

▶ 报恩塔

在泸州市江阳区报恩塔文化广场。全国重点文物保护单位。南宋绍兴十八年（1148）建。明弘治年间、清光绪四年（1878）、1985年重修。八角七层密檐式砖石塔。高33.2米。

◀ 雁塔

在泸州市江阳区方山镇白塔村。清嘉庆二十三年（1818）建。六角七层密檐式砖石塔。高30米。

龙马潭区

▶ 锁江塔

在泸州市龙马潭区罗汉镇建设村。又名泸州新白塔。明弘治年间建。六角七层楼阁式砖石塔。高29米。

纳溪区

► 云峰寺塔林

在泸州市纳溪区石棚乡方山南麓云峰寺后。自唐至清僧墓塔，多为近年修复八角三层密檐式砖石塔。高约6米。

泸县

► 玉蟾山塔林

在泸县玉蟾山，建于唐宋至民国，现存20余座石塔，高低形状不一，多为钟形塔。

合江县

◄ 白塔

在合江县白米乡白塔坝。清嘉庆十年（1805）建。八角七层楼阁式砖石塔。高33.2米。

► 福宝惜字塔

在合江县福宝镇回龙街。清乾隆五十五年（1790）建。六层楼阁式石塔。高8米。上二层四角，以下八角。

◄ 法王寺惜字塔

在合江县二里乡凤凰山法王寺。清代建。六角四层楼阁式石塔。高约6米。

叙永县

► 大石乡惜字塔

在叙永县大石乡龙井村。清咸丰五年（1855）建。六角三层楼阁式石塔。高约4米。

安县

► 秦家坝字库塔

在安县黄土镇友谊村秦家坝。清光绪十七年（1891）建。四角八层楼阁式石塔。高9米。

古蔺县

► 凌云宝塔

在古蔺县丹桂镇。清道光二十三年（1843）建。六角七层楼阁式实心石塔。高24米。

▼ 生福寿惜字塔

在古蔺县鱼化乡老马村龙平小学东南后坝。清代建。四层楼阁式石塔。高6.92米。

▲ 老马寨惜字塔

在古蔺县鱼化乡老马寨。清代建。六角四层楼阁式石塔。高约6米。

▼ 护家场镇惜字塔

在古蔺县护家场镇。清同治十年（1871）建。四角四层楼阁式实心石塔。高约6米。

▼ 马蹄乡惜字塔

在古蔺县马蹄乡环路村。清代建。四角四层楼阁式实心石塔。高约6米。

▲ 椒园乡苏门村惜字塔

在古蔺县椒园乡苏门村。四角七层楼阁式石塔，清道光五年（1825）建。高11.2米。

▼ 狮龙村惜字塔

在古蔺县龙山镇狮龙村山王坳。清光绪二十五年（1899）建。四角三层楼阁式石塔。高约6米。

德阳市

旌阳区

▶ 龙护舍利塔

在德阳市旌阳区孝泉镇三孝园。全国重点
文物保护单位。传始建于汉末，隋重建木塔。
元至正二年至十三年（1342—1353）重建，明
正德十三年（1518）改置琉璃塔顶，称龙护舍
利琉璃塔。四角十四层密檐式砖塔。高27.5米。

中江县

▲ 北塔

在中江县凯江镇北塔山。又称白塔。全国重点文物保护单位。宋
熙宁六年（1073）建。四角十三层密檐式砖塔。高30米。

◀ 南塔

在中江县凯江镇朝阳南路铜鱼山。又名联云塔。明万历三十七年
（1609）建。八角九层楼阁式砖塔。高30.2米。

▶ **通济文峰塔**

在中江县通济镇石桩村。俗称石桩塔。清康熙年间建。六角九层楼阁式砖石塔。高23.6米。

▲ **黄鹿字库塔**

在中江县黄鹿镇黄鹿小学门口。又名麻黄塔。清代建。六层楼阁式石塔。一、四、六层四角，二、三、五层八角。高7.5米。

◀ **高石碑塔**

在中江县南华镇高石碑村。建于清道光十八年（1838）。六角五层楼阁式石塔。高5米。

▶ **宝善塔**

在中江县南华镇灌顶村。清代建。六角五层楼阁式石塔。高7米。

广元市

利州区

▶ 来雁塔

在广元市利州区周家窝附近印台上。清同治十一年
（1872）建。八角十三层楼阁式石塔。高36米。塔联：
"镇水纵横三百里；培风上下五千年。"

◀ 皇泽寺石窟塔

在广元市利州区乌龙山东麓。凿
于隋、唐、宋代。左为45号窟中心柱
窟，又名塔庙窟。中心柱为四角二层
经塔。高2.56米。右为写《心经》洞四
角四层楼阁式浮雕石塔。高约3米。

◀ 千佛岩唐塔

在广元市利州区大云寺全国重点文物
保护单位千佛岩。唐代凿制，四角四层浮
雕楼阁式塔。高1米余。

剑阁县

▶ 鹤鸣山塔

在剑阁县普安镇鹤鸣山。又称剑州白塔。建于清乾隆三十五年至四十二年（1770—1777）。2008年重修。八角六层楼阁式石塔。高21.7米。

遂宁市

船山区

▶ 善济塔

在遂宁市船山区卧龙山全国重点文物保护单位广德寺。唐贞元三年（787）建幽骨塔，宋重建善济塔，又称舍利塔、肉身塔。原四角十三层楼阁式石塔，宋改七层。高21.7米。

蓬溪县

◀ 鹫峰寺塔

在蓬溪县赤城镇鹫峰山。全称鹫峰寺禅院佛顶舍利塔。南宋嘉泰年间建。全国重点文物保护单位。四角十三层密檐式砖塔。高36米。

► **奎塔**

在蓬溪县赤城镇。清嘉庆六年（1801）建。全国重点文物保护单位。八角五层楼阁式砖木塔。高20.86米。

内江市

资中县

► **三元塔**

在资中县重龙镇泥巴湾村。又称高山观塔，建于清嘉庆二十年（1815）。四角七层楼阁式砖塔。高28米。

► **仓颉塔**

在资中县明心寺镇唐明渡村，又称白塔，清光绪二十九年（1903）建。圆形五层楼阁式砖石塔。高25米。

威远县

► **威远塔**

在威远县城威远河边文笔山。又名威远白塔、敷文塔。明嘉靖十二年（1533）建。清嘉庆十二年（1807）重建。六角五层楼阁式琉璃砖塔。高16米。

► **桃李村字库塔**

在威远县庆卫镇桃李村。清咸丰六年（1856）建。六角四层楼阁式石塔。高6米。楹联："斯文归化境；历劫不灰心。"

▶ **临江字库塔**

在威远县镇西镇临江寺村。清同治年间建。六角四层楼阁式石塔。高5米。

广汉市

▶ **雒城字库塔**

在广汉市雒城镇房湖公园。清康熙年间建。六角三层楼阁式砖塔。高14米。

乐山市

市中区

▶ **灵宝塔**

在乐山市市中区凌云山灵宝峰。唐代建，明嘉靖三十三年（1554）培修。清修葺。四角十三层密檐式砖塔。高29.29米。

峨眉山市

◀ **报国寺华严铜塔**

原在峨眉山圣积寺，称圣积寺塔，1982年迁伏虎寺。明万历十三年（1585）铸造。覆钵上置八角楼阁式铜塔。高7米。塔身铸《华严经》并佛像四千七百余尊。

◀ 万年寺无梁殿塔

在峨眉山万年寺砖殿屋顶。分立
五覆钵式塔成金刚宝座式。明万历年间
建。高2米余。

▶ 万年寺舍利塔

在峨眉山万年寺舍利塔殿。清代
建。阿育王式石塔。高约4米。

◀ 黄茅村字库塔

在峨眉山黄茅村。清代建。四角三层楼阁式砖塔。高约10米。

▶ 宝昙和尚祭祀窟三塔

在峨眉山普兴乡福利村普贤寺后山顶宝昙和尚祭祀窟。
分别称宝昙塔、历代主持塔、清净海会塔。清代造。覆钵式石
塔。高3.4米。

▲ 萝峰庵塔林

在峨眉山伏虎寺萝峰庵。清代僧人普同塔、海会塔。多为两层幢式石塔。高约4米。

犍为县

▼ 文峰塔

在犍为县龙孔镇文峰村文峰山。明万历三十四年（1606）建。2003年重修。八角九层楼阁式砖塔。高30余米。

井研县

▼ 三江塔

在井研县三江镇。又称三江雁塔、三江宋塔。全国重点文物保护单位。南宋建。明清重修。四角十三层密檐式砖塔。高28米。

夹江县

▶ 千佛崖摩崖石塔

在夹江县漹城镇聚贤街全国重点文物保护单位千佛崖。石窟建于隋唐时期。浮雕密檐式、楼阁式石塔。

◀ 迎江丁字村塔

在夹江县南安乡丁字村。清代建。四角三层楼阁式惜字塔。高约3米。

资阳市

雁江区　▶ 丹山塔

在资阳市雁江区丹山镇丹山。唐代建。四角七层楼阁式砖塔。高20米。

安岳县

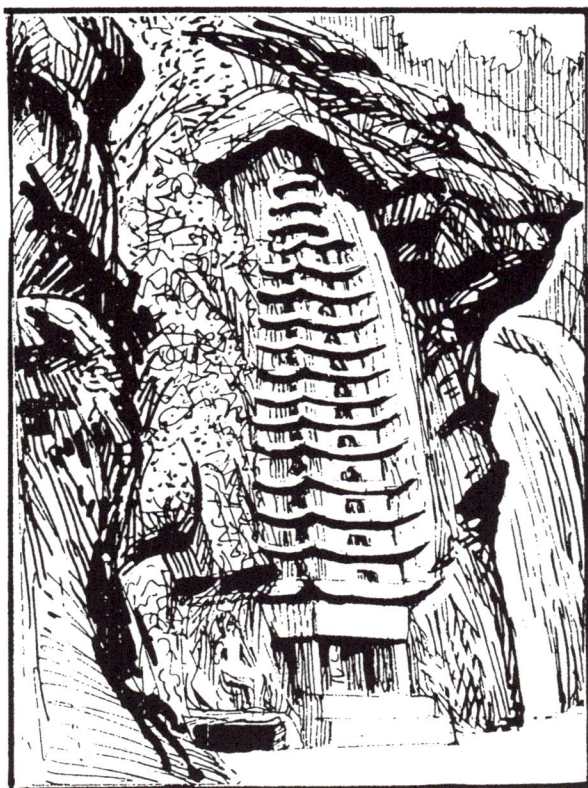

◀ 圆觉洞摩崖石塔

在安岳县岳阳镇云居山全国重点文物保护单位圆觉洞。唐代建。四角十三层楼阁式浮雕石塔。高8米。

▶ 华严洞摩崖石塔

在安岳县石羊镇箱盖山全国重点文物保护单位华严洞。南宋建。菩萨石像捧四角单层重檐亭阁式石塔，高约半米。

◀ 毗卢洞摩崖石塔

在安岳县石羊镇油坪村塔子山全国重点文物保护单位毗卢洞。浮雕四角四层楼阁式石塔，高约1米。

▶ 经目塔

在安岳县石羊镇孔雀场全国重点文物保护单位孔雀洞石窟后山顶原报国寺大雄宝殿后。唐代建。八角三层楼阁式石塔。高15米。浮雕佛像24尊，刻佛名经目144部。

◀ 卧佛院南崖石塔

在安岳县八庙乡卧佛沟全国重点文物保护单位卧佛院南崖。浮雕幢式塔（右）、四角五层楼阁式塔（左）。高约2米。

◀ 木门寺石塔

在安岳县石鼓乡木门村全国重点文物保护单位木门寺。明正统十一年（1446）建无际禅师墓塔（右）。亭内建塔，亭外建殿。八角五层石塔，高4.7米。殿前两侧立六角幢式石塔（左），高约4米。

乐至县

▶ 凌云塔

在乐至县天池街道蛇形坡。俗称北塔。清道光二十九年（1849）建。1997年重修。六角七层楼阁式实心砖石塔。高35米。

▲ 文运塔

在乐至县南塔街道天柱山（又称大娑婆山），又称南塔。建于清道光十一年（1831）。于1997年重修。六角七层楼阁式砖塔。高30米。

◀ 宝林白塔

在乐至县宝林镇。清代建。八角七层楼阁式砖塔。高20余米。

宜宾市

翠屏区

▶ 旧州塔

在宜宾市翠屏区航天路旧州大坝。北宋崇宁元年至大观三年（1102—1109）建。全国重点文物保护单位。四角十三层密檐式砖塔。高29.5米。

◀ 七星山塔

在宜宾市翠屏区南广镇塔坝村七星山。俗称黑塔。明嘉靖年间建。1987年重修。六角七层楼阁式石塔。高30.7米。

▶ 红石村字库塔

在宜宾市翠屏区宋家乡红石村。清道光三年（1823）建，咸丰元年（1851）重修。四角二层楼阁式石塔。高3.8米。

南溪区

▶ 宜宾白塔

在宜宾市南区登高山。又称东雁塔。明隆庆年间建。1984年重修。六角八层楼阁式砖塔。高35.8米。

◀ 映南塔

在宜宾市南溪区江南镇新塔村红林山顶。俗称新塔。明初建，清嘉庆重建。2016年重修。八角七层楼阁式砖塔。高35米。

▶ 镇南塔

在宜宾市南溪区江南镇新塔村红林山。俗称老塔。初建于元明间，清嘉庆重建。2016年重修。八角七层楼阁式砖石塔。高28.25米。

筹连县

▼ 登瀛塔

在筹连县城白塔山。清道光三年（1823）建。八角七层楼阁式砖塔。高38米。

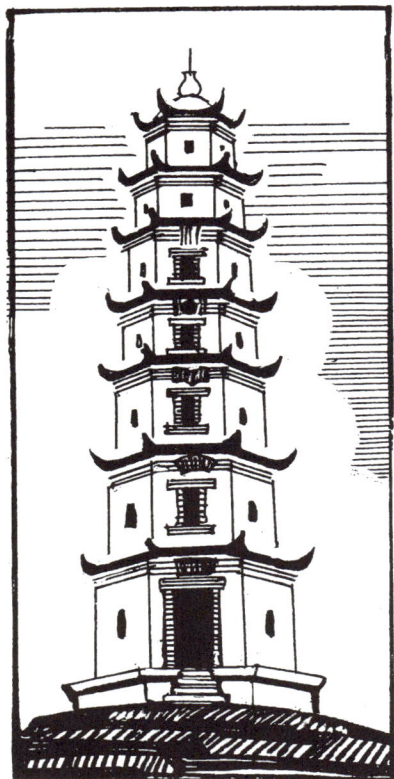

▲ 罗场白塔

在高县罗场镇永兴村。清道光十四年（1834）建。2003年重修。六角七层楼阁式砖石塔。高22米。

高县

▼ 怀远塔

在高县文江镇七宝大队凤凰山。又称七宝山白塔。清道光三年（1823）建。六角七层楼阁式砖石塔。高32米。

南充市

高坪区

▶ 无量宝塔

在南充市高坪区鹤鸣山。又称白塔。全国重点文物保护单位。宋建隆年间（960）建。四角十三层楼阁式砖塔。37.1米高。

顺庆区

▶ 奎阁

　　在南充市顺庆区果山公园。又称奎光阁、魁星楼。建于清嘉庆十一年（1806）。六角三层楼阁式砖木结构塔。27米高。

阆中市

◀ 白塔

　　在阆中市白塔山。明末建。2009年重修。八角十二层楼阁式石塔。高29米。

▼ 安家沟字库塔

　　在阆中市凉水镇凉水井社区安家沟。清光绪二十一年（1895）建。六角单层亭阁式石塔。高2米。

▲ 玉台山塔

　　在阆中市保宁镇玉台山。全国重点文物保护单位。唐代建。覆钵式石塔。高8.25米。

▲ 狮子桥字库塔

在阆中市清泉乡阳垭村狮子桥头溪沟边。建于清光绪二十一年（1895）。四角三层楼阁式石塔。残高2.56米。

▲ 王大崃墓地字库塔

在阆中市清泉乡阳垭村王大崃墓地。清光绪八年（1882）建。四角单层亭阁式石塔。残高1.7米。

▼ 金龟庵字库塔

在阆中市水观镇金龟庵村。清代建。六角五层楼阁式石塔。5.4米高。

西充县

▶ 罐垭乡惜字库塔

在西充县罐垭乡镇川井坝。清同治十年（1871）建。六角七层楼阁式砖石塔。2008年地震毁第七层。高7.8米。

▶ 仙林字库塔

在西充县仙林镇场东头。建于清道光十七年（1837）。六角九层，现存八层楼阁式石塔。高16米。

▶ 龙滩桥头塔

在西充县车龙镇文滩河村。清代建。六角七层楼阁式石塔。高7.6米。刻楹联："我了沾点诗书气；你勿称为土地神。"

▲ **胥氏祠惜字库塔**

在西充县紫岩乡。清代建。六角五层楼阁式石塔。高6.5米。

▲ **燕子井惜字塔**

在西充县岱林乡燕子井村。建于清嘉庆十年（1805）。四角七层楼阁式砖石塔。高约8米。

▲ **青龙嘴字库塔**

在西充县古楼镇毛关山村。清代建。六角五层楼阁式石塔。高约4米。

▲ **川主庙惜字库塔**

在西充县高坪区任家垭口。清光绪九年（1883）建。六角七层楼阁式石塔。7.1米高。

▲ **太极宫字库塔**

在西充县关文镇太极宫村。清同治六年（1867）建。六角七层楼阁式石塔。高8米。

▲ **井专村字库塔**

在西充县穿井镇井专村。清代建。六角五层楼阁式石塔。高约4米。

▶ 西充县字库塔

西充县两座字库塔。清代建。六角楼阁式石塔，分别为五层、七层。高约4米、7米。

南部县

▶ 梨子垭字库塔

在南部县永定镇永定村。清同治八年（1869）建。2015年重修。六角三层楼阁式石塔。高约4米。

◀ 马龙庙字库塔

在南部县升钟镇马龙庙，清乾隆八年（1743）建。六角五层楼阁式石塔。高5.65米。刻联："与山河而并寿；共奎壁以联辉。"

▶ 神坝砖塔

在南部县神坝镇方山村。清同治三年（1864）建。六角七层楼阁式砖塔。高14米。

蓬安县

◀ 骑龙字库塔

在蓬安县骑龙乡补疤桥村。明万历四十二年（1614）建。六角三层楼阁式石塔。高5米多。正面顶层有"接引塔"匾。二层刻"皇图永固""帝道遐昌"。

营山县

► 双流字库塔

在营山县双流镇大洞村。清代建。六角四层楼阁式石塔。高4.6米。

▼ 回龙塔

在营山县朗池镇梅家梁。清道光四年（1824）建。六角九层楼阁式石塔。高32.7米。各层门额"回龙塔""威镇江河""光耀紫极""文运出震"。

仪陇县

► 文塔

在仪陇县大金山。又称白塔。建于清道光十七年（1837）。1985重修。六角九层楼阁式砖石塔。高27米。

◄ 魁星阁

在仪陇县金城镇龙泉山。清同治六年（1867）建，光绪十一年（1885）、1979年重修。六角五层楼阁式砖木塔。高18.96米。

◀ 惜字宫字库塔

在仪陇县。清代建。六角五层楼阁式石塔。高约3米。

▶ 蟠果嘴字库塔

在仪陇县。清代建。六角五层楼阁式砖木塔。残高约4米。

达州市

达川区

▶ 真佛山双塔

在达州市达川区景市镇一佛村五佛寺。又名又塔。清宣统元年（1909）建。六角密檐式实心石塔。一号塔二十层，高42.65米。二号塔十八层，高31.3米。

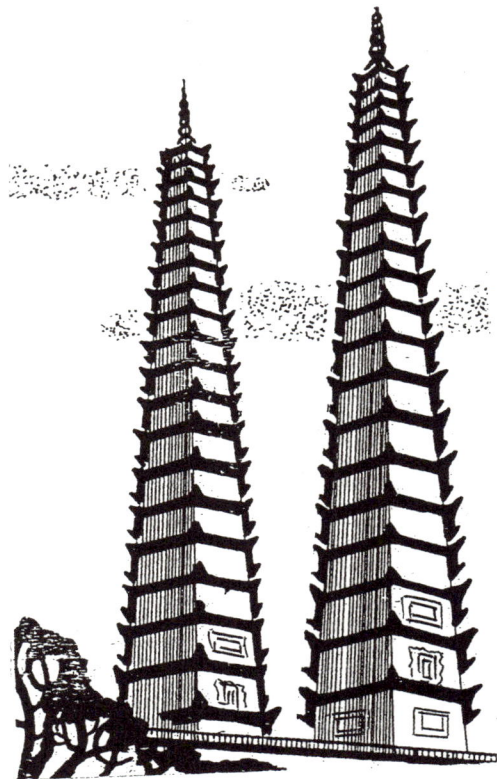

◀ 戛云亭

在达州市达川区翠屏山。唐元和十一年（816）始建，清嘉庆二年（1797）重建。八角三层楼阁式砖塔。高13.6米。

▶ 文笔塔

在达州市达川区翠屏街道仙鹤路文笔塔街。清代建。六角九层楼阁式石塔。高12.6高。

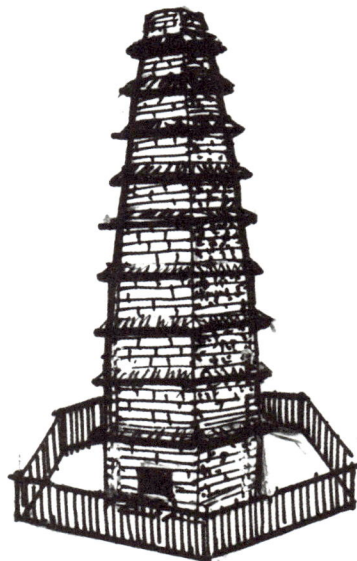

▶ 龙爪塔

在达州市达川区西外镇塔砣村。又名白塔。明万历元年（1573）建，清嘉庆、光绪间、1987年、2005年重修。八角九层楼阁式砖石塔。高31.5米。

◀ 太平寨字库塔

在达州市达川区罐子镇太白村。清
道光十八年（1838）建。六角四层楼阁
式石塔。4.3米高。

▶ 双河口字库塔

在达州市达川区赵家镇石佛庙村。
建于清道光十七年（1837）。六角五层
楼阁式石塔。高5.1米。

◀ 聚文所字库塔

在达州市达川区龙滩乡石庙子
村。清咸丰七年（1857）建。六角
四层楼阁式石塔。9.6米高。

▶ 廖家坪字库塔

在达州市达川区金石镇柳潭村。
清咸丰七年（1857）建。六角三层楼
阁式石塔。高4.6米。

▼ 八角庙字库塔

在达州市达川区檀木镇石和尚
村八角庙。清嘉庆二十二年（1817）
建。六角三层楼阁式石塔。高3.2米。

▼ 刘家湾字库塔

在达州市达川区金石镇柳潭村塔
子湾。建于清咸丰五年（1855）。六
角三层楼阁式石塔。高3.6米。

▲ 柳城滩镇水塔

在达州市达川区双庙镇塔子梁村柳城
滩。建于清乾隆四十五年（1780）。四角
三层楼阁式石塔。3.6米高。

◀ **龙王庙字库塔**

在达州市达川区石梯镇水塘村。清光绪十四年（1888）建。四角三层密檐式石塔。2.95米高。

▶ **大井湾字库塔**

在达州市达川区青宁镇岩门村。建于清道光四年（1824）。四角三层密檐式石塔。2.3米高。

万源市

◀ **文星字库塔**

在万源市秦河乡三官场村库楼湾。清代建。七层楼阁式石塔。首层四角，二层以上六角，高8米。

▶ **天马山文星塔**

在万源市太平镇仙龙潭村天马山。清代建。六角七层楼阁式石塔。高34米。

▶ **兰家湾藏字库塔**

在万源市石塘乡柳树村兰家湾。清道光六年（1826）建。六角五层楼阁式石塔。高约5米。

◀ **回龙观镇龙塔**

在万源市石塘乡柳树村阮家湾塔子山。建于清光绪三十二至三十四年（1906—1908）。六角五层楼阁式石塔。高5.2米。

◀ **喻家坝佛塔**

在万源市永宁乡喻家坝村。
清光绪六年（1880）建。覆钵式石
塔。高3.5米。

▶ **陈有益字库塔**

在万源市大沙乡大田坝村。建
于清光绪五年（1879）。四角七层
楼阁式石塔。5.2米高。

宣汉县

▽ **白庙字库塔**

在宣汉县观山乡观山村。清光绪
十四年（1888）建。六角四层楼阁式石
塔。高2.5米。

▲ **文峰塔**

在宣汉县塔河镇。清代建。六角七层楼阁式砖塔。
高约30米。

开江县

▶ 宝泉塔

在开江县普安镇宝塔坝村宝泉山。明万历元年（1573）建，清乾隆四十三年（1778）重建，嘉庆十八年（1813）、光绪十四年（1888）、1987年、2005年重修。八角七层楼阁式砖石塔。高33.6米。

◀ 黑宝塔

在开江县新宁林桐山镇村美女峰。又称文笔塔。明代建，清嘉庆二十二年（1817）重建。2002年重修。八角九层楼阁式砖石塔。高23.8米。

▶ 文峰塔

在开江县新街乡狮子庙村。清同治六年（1867）建。六角九层楼阁式石塔。高14米。

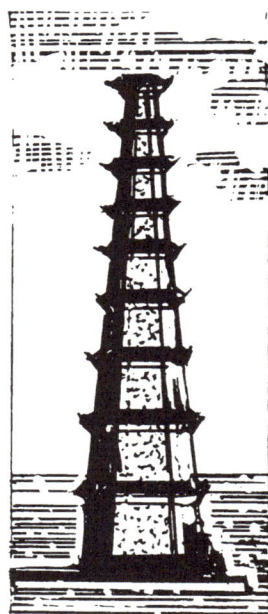

◀ 金山寺舍利塔

在开江县普安镇玉皇观村金山寺。清道光十五年（1835）建。六角五层楼阁式石塔。高7米。

◀ **川主庙字库塔**

在开江县新太乡龙形山村。清代建。六角五层楼阁式石塔。高7.3米。

▶ **龙王塘字库塔**

在开江县灵岩乡水岭村。清代建。六角三层楼阁式石塔。高7.1米。

▶ **高生桥石塔**

在开江县灵岩镇灵岩村。清代建。六角单层亭阁式石塔。高2米。

▲ **观音山塔**

在开江县长田乡盘石村观音山。清咸丰元年（1851）建。六角二层楼阁式实心石塔。高7.2米。

◀ **宗老和尚塔**

在开江县长田乡盘石村观音山。清道光二十八年（1848）建。覆钵式实心石塔。高5米。

渠县

▼ 三溪口字库塔

在渠县丰乐镇跃寨村三溪口。清道光八年（1828）建。六角六层楼阁式石塔。高7.8米。

▶ 双龙场字库塔

在渠县文崇镇文崇村双龙场。清道光六年（1826）建。八角五层楼阁式石塔。8.35米高。

▶ 白塔

在渠县三汇镇。清道光年间建。八角十三层楼阁式砖塔。高约40米。

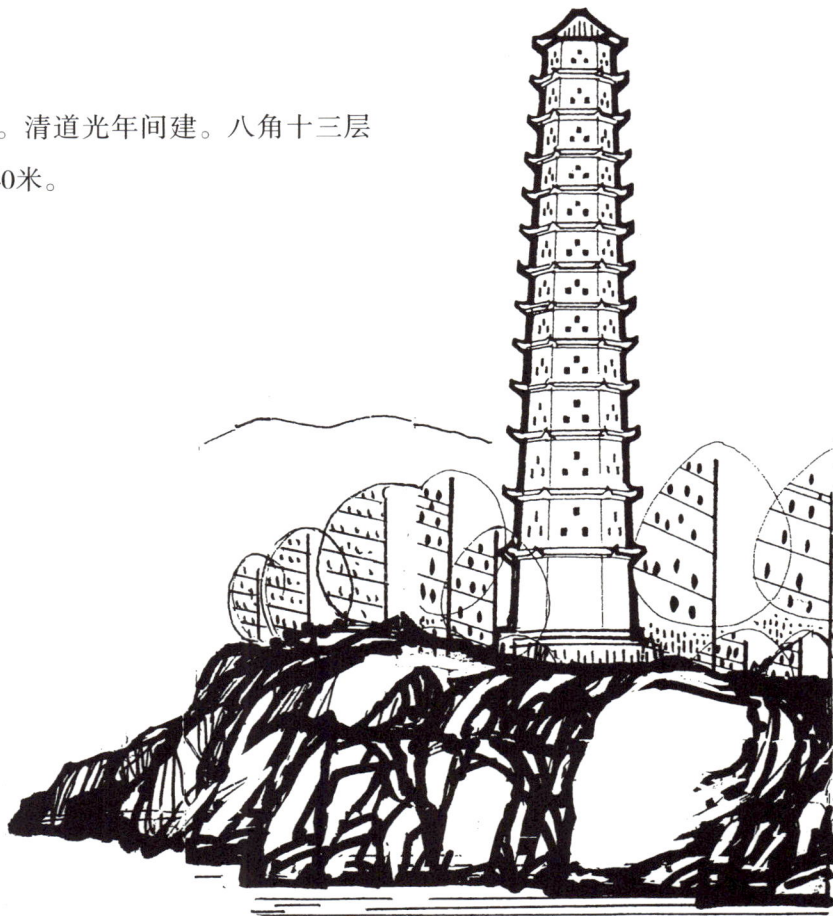

雅安市

雨城区

◀ 上里文峰塔

在雅安市雨城区上里镇。清同治六年（1867）建。六角五层楼阁式砖塔字库塔。高10米。

▼ **二仙桥塔**

在雅安市雨城区上里镇。清代建。六角二层楼阁式砖塔。高约4米。

▶ **白马寺塔林**

在雅安市雨城区上里镇白马村喷珠泉后山坡。明清时期建70余座舍利塔。瓶式、鼓式、覆钵式石塔。高2至3米。

◀ **楚禅大师舍利塔**

在雅安市雨城区姚桥镇金凤寺。民国建。六角四层楼阁式砖石塔。1937年打掉上三层。"文化大革命"中塔内悬棺被拖出焚毁。残存首层，高约4米。

► **金凤寺藏塔**

在雅安市雨城区姚桥镇姚桥镇金凤寺收藏。清代造。覆钵式铜塔4座。高约半米。

荥经县

► **云峰寺辟支佛塔**

在荥经县青龙乡云峰寺。明代建。鼓式石塔。高约6米。

阿坝藏族羌族自治州

马尔康市

► **察柯寺白塔**

在马尔康市卓克基乡纳足沟察柯寺前三座。寺为明代始建，寺僧灵塔。覆钵式石塔。高约6米。

阿坝县

▶ 各莫寺菩提大宝塔

在阿坝县各莫乡唐青麦村，清乾隆五十六年（1791）建的各莫寺。覆钵式镀金塔。高35米。塔座四周置转经轮140只。

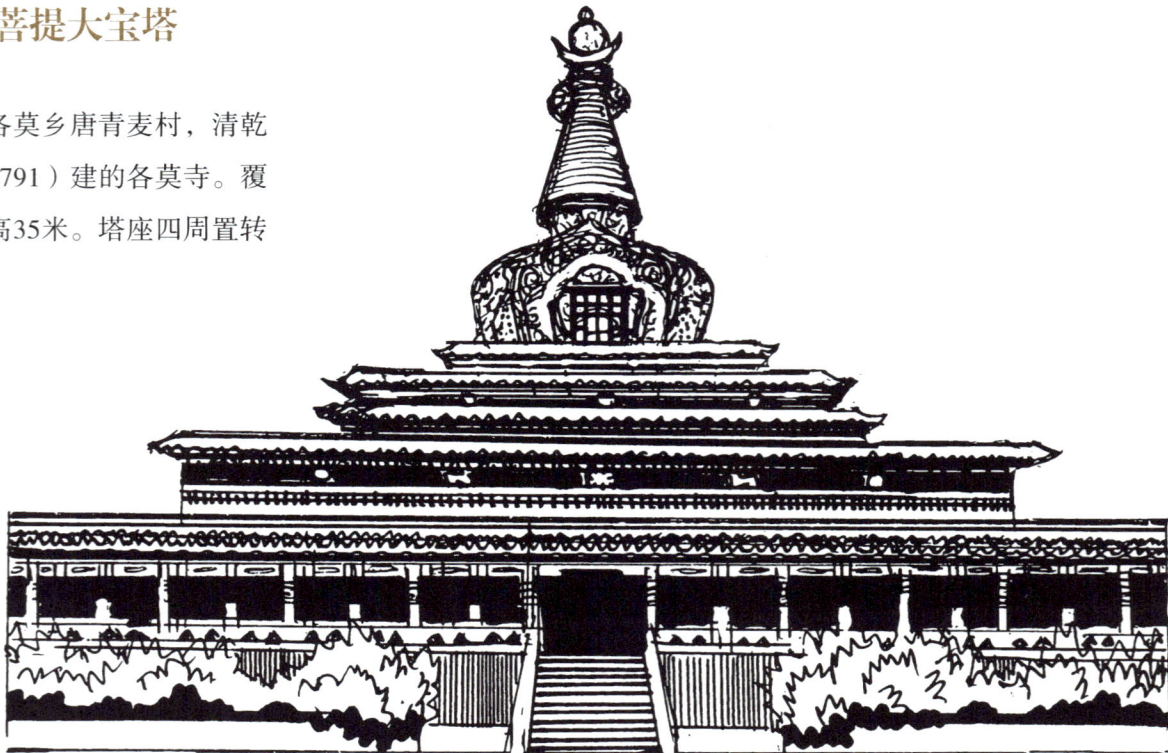

若尔盖县

▼ 达扎寺佛塔

在若尔盖县达扎寺镇全国重点文物保护单位达扎寺。寺创建于清康熙二年（1663）。寺内有时轮塔、菩提塔、尊胜塔、降魔塔。覆钵式石塔。高约6米。

壤塘县

▼ 藏洼寺塔

在壤塘县中壤塘乡清代建藏洼寺中。多门吉祥塔（左），尼泊尔风格石塔，高20余米。寺内供灵塔（右），藏有银塔40座，铜塔10座。

▶ 泽布基寺塔

在壤塘县中壤塘乡泽布基寺。寺创建于明景泰七年（1456）。寺内尼泊尔风格石塔，高约20多米。

▼ 确尔基寺佛塔群

在壤塘县中壤塘乡。寺内供高僧灵塔4座，寺周有历代高僧建十余座高20米以上尼泊尔风格石塔。降妖塔年代最早，建于明宣德二年（1427），高32米。

▲ 捧托寺佛塔群

在壤塘县茸木达乡全国重点文物保护单位捧托寺。有万佛塔、尊胜塔、菩提塔、胜乐塔、多闻塔、仙人塔、长寿塔、时轮塔、伏魔塔等32座尼泊尔风格石塔。高6米至42米。

理县

▶ 吉祥多门塔

在理县杂谷脑镇官田村宝殿寺。又称白塔。清乾隆四年（1739）建。1933年地震坍塌。现据老照片绘，尼泊尔风格，地上九层、地下九层，高近60米。集塔、庙、殿一体，外表108道门，内设108个佛殿。

小金县

▼ 双桥沟塔

在小金县四姑娘山镇双桥沟。山顶一塔及山脚八小塔组成，覆钵式石塔，主塔高10余米。

甘孜藏族自治州

色达县　▶ 古佛塔

在色达县旭日乡三塔并列。11、12世纪建。覆钵式石塔，塔刹已毁，残高7.05米。

▶ 年龙寺塔

在色达县年龙乡年龙寺。寺中有多座佛塔。图为寺前部两座镀金覆钵式塔。高20余米。

▶ 邓登曲登塔

在色达县色柯镇，又名降魔塔。1913年建。覆钵式石木塔。高52米。塔基包括外围转经房。

◀ 杨各乡塔

在色达县杨各乡。明代建。覆钵式石塔，高约7米。

道孚县

▶ 尊胜佛塔

在道孚县鲜水镇。藏语郎吉曲登佛塔，意为金刚宝座佛塔。由中央主塔和南、北、西方24座小塔组成，覆钵式石木结构。主塔53.24米高。塔内十三层。

康定县

◄ **塔公寺塔林**

在康定县塔公镇，全名一见如意解脱寺。寺始建于七世纪中叶。寺内存历代所建塔100余座，以成就塔殿及寺四周的东方红塔、南方黄塔、西方白塔和北方绿塔最为出名。

理塘县

► **白塔**

在理塘县白塔公园。相传白塔是松赞干布和文成公主为纪念胜利而建三塔之一，并传因塔内佛经用白布裹之得名。白塔公园建成于2000年，以代表全县119个村的119个小塔环绕主塔。覆钵式石塔，主塔白塔高33米。

新龙县

▼ 尊胜吉祥如意塔

在新龙县拉日马乡神山脚下扎宗寺右侧。共六层，代表六重天。由上而下设置1、4、12、24、32、40座白塔，顶端释迦牟尼塔，以下分别是尊胜塔、菩提塔、莲聚塔、天降塔、吉祥门塔、合好塔、神变塔及涅槃塔。造型不同，塔内均装有一个佛像和一部《丹珠尔》经书。正前方三个圆形小塔，称"曼扎"。周边许多小塔是早期居民自发修建。

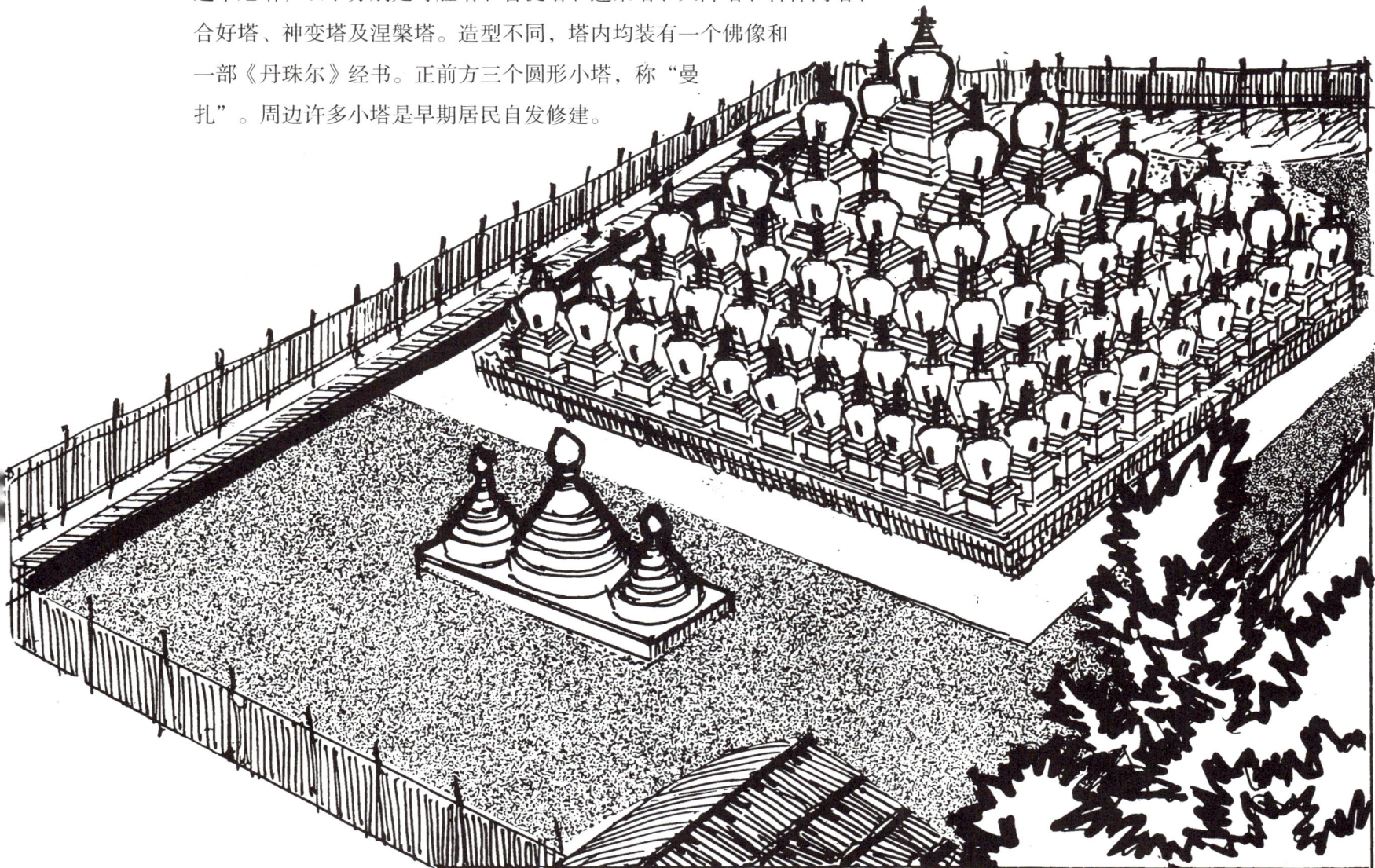

凉山彝族自治州

会理县

▶ 文塔

在会理县城关镇南阁乡文峰山，又称白塔。始建年代无考，清道光二十一年（1841）重修。四角九层楼阁式砖塔。31.8米高。三四层内有浮雕如来佛和4大天王石像。

德昌县

◀ 六所字库塔

在德昌县六所镇集市西。清道光九年（1829）建。六角四层楼阁式砖塔。高16.8米。

▶ 茨达字库塔

在德昌县茨达镇新胜村北。建于清同治九年（1870）。六角五层楼阁式砖塔。高25米。

◀ 仓圣宫惜字塔

在德昌县城东北凤凰嘴山顶。建于清道光十六年（1836）。六角三层楼阁式砖塔。高13.7米。

▶ 鱼洞寺惜字宫

在德昌县巴洞乡前进村。清光绪十年（1884）建。六角三层楼阁式砖塔。高12米。

◀ 小高字库塔

在德昌县小高镇旧街。清同治元年（1862）建。六角三层楼阁式砖塔。高16.2米。

► 麻栗字库塔

在德昌县麻栗镇旧街。清咸丰二年（1852）建。六角三层楼阁式砖塔。12.6米高。二层额"惜字宫"。三层刻5个烧陶人物。

广安市

广安区

► 白塔

在广安市广安区聋子滩。全国重点文物保护单位。南宋淳熙至嘉定年间建。2019年重修。四角十三层楼阁式砖塔。高36.7米。

◄ 文笔星塔

在广安市广安区奎阁村。南宋建。四角十四层楼阁式砖塔。高9.8米。第七层镌"佛牙""舍利"字样。

岳池县

► 银城白塔

在岳池县九龙街道。原名文明塔。清道光元年（1841）建。六角十一层楼阁式砖塔。高41.3米。

巴中市

巴州区

▶ 白塔

在巴中市巴州区金光镇白塔村大旺山上。清道光十年（1830）重建。八角十三层楼阁式砖塔。高43米。

南江县　　　　平昌县

▼ 文峰塔

在南江县正直镇宝塔村。明末清初建。六角七层楼阁式砖塔。高20米。

▼ 竹山寺塔

在平昌县响滩镇竹山村。清代建。八角七层楼阁式实心石塔。高6.3米。

▼ 文笔塔

在平昌县岩口乡方山村。清代建。六角锥形石塔。高17米。

◀ 冯家坝佛塔

在平昌县灵山乡民意村。明崇祯五年（1632）建。七层楼阁式石塔。一二四六层四角，三七层圆形。高10.2米。

通江县

▶ 千佛崖浮雕塔

在通江县千佛崖石窟第36窟。唐初开凿。四角七层楼阁式浮雕塔。

眉山市

东坡区

▶ 白塔

在眉山市东坡区金花乡白塔村大旺山上。又名大旺寺塔。始建于唐代，清康熙四十二年（1703）重建。四角十三层密檐式砖塔。高47米。

丹棱县

▶ 白塔

在丹棱县丹棱镇白塔村丹顺路。全国重点文物保护单位。唐大中年间建。明万历、清道光年间重修。四角十四层密檐式砖塔。高27.5米。

仁寿县

▶ 陈家碥和尚塔

在仁寿县虞丞乡反封村。明代建。六角四层密檐式石塔。高8.55米。

▼ 文星岩葬字塔

在仁寿县凤陵乡文星岩石壁。建于清乾隆五十八年至道光二十年（1793—1840）。六角三层阁式砖塔。高约8米。塔身左侧刻四龙凤，烧字时龙口吐焰。

青神县

▶ 德云寺塔

在青神县瑞峰镇德云寺。建于明天顺三年（1459）。六角二层楼阁式砖塔。高约4米。

► **中岩寺塔**

在青神县瑞峰镇中岩村中岩寺中寺。创建于唐。寺后唤鱼池左壁凿塔幢龛（左）。寺后翠微峰石龛有开山祖师诺巨罗尊者石塔（右下）。中岩寺中寺塔（右上）为六角五层楼阁式石塔，高约10米。

洪雅县

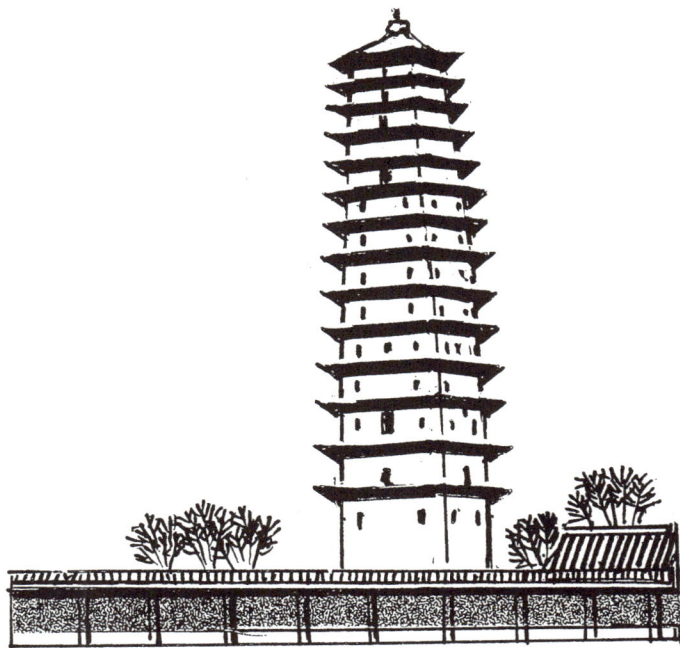

► **修文塔**

在洪雅县余坪镇福宝村。明代始建。清嘉庆十八年（1813）重建。1994、2003、2016年重修。四角十三层密檐式砖塔。高36米。

贵州省 图谱

中国古塔全谱

贵阳市

云岩区

▶ 文昌阁

在贵阳市云岩区东门月城上。明万历三十四年（1606）建。九角三层楼阁式砖木塔。高约20米。

▶ 弘福寺塔林

在贵阳市云岩区黔灵山弘福寺。自清康熙起历代长老墓塔，近年修复十余座。多为八角楼阁式石塔，三至七层。赤松和尚墓塔（右上）建于康熙四十五年（1706），八角七层楼阁式实心石塔。高约5米。

◀ 相宝山塔

在贵阳市云岩区相宝山。清代建。鼓形石塔，高约2米。

南明区

▶ 文化路墓塔

在贵阳市南明区文化路雪涯洞寺遗址。清光绪二十五年（1899）建。六角三层楼阁式石塔。高约3米。

清镇市

▶ 梯青塔

在清镇市云岭大街。清道光二十九年（1849）建。六角七层楼阁式实心石塔。高21米。

◀ 云峰山祖师塔

在清镇市青龙街道石关村云峰山西山坡。清乾隆年间建。鼓状石塔，高3.72米。

息烽县

▶ 语嵩墓塔

在息烽县西望山西山乡西山村凤池寺前。清初开山祖师语嵩墓塔。六角二层幢式石塔，高约2米。

遵义市

红花岗区

▼ 湘山寺塔群

在遵义市红花岗区中山路湘山寺内佛殿前。法云和尚墓塔（左），1922年建。六角单层亭阁式石塔，高约4米。前部为牌坊。其侧为建于清乾隆四年（1739）、嘉庆三年（1798）及二十三年（1818）三墓塔（右），八角七层楼阁式实心石塔，高约5米。其一残存四层。

◀ 茅衙寺墓塔

在遵义市红花岗区海龙镇茅衙寺前。明代建。六角楼阁式石塔，残存四层，高约5米。塔前部为牌坊。

仁怀市

▶ 鹿鸣塔

在仁怀市中枢镇新街角后山。清雍正十三年（1735）建。光绪五年（1879）迁今址。1984年重修。六角七层楼阁式石塔。高22.1米。门额"天路联升"，楹联："秀出重霄，壶水仁山增气象；功成一旦，状元宰相早安排。"

凤冈县

▶ 文峰塔

在凤冈县龙泉镇。又名白塔。清嘉庆年间建塔基，光绪二十年（1894）建成。八角七层楼阁式石塔。高22.8米。各层门匾嵌瓷"毓秀三台""玉柱擎靓""岫插晓云""桂籍宫"。

◀ 洞子溪字库塔

在凤冈县洞子溪。民国年间建。四角四层瓦顶石塔。高约5米。

▶ 天桥镇塔

在凤冈县天桥镇。年代不详。六角四层石塔。高约3米。

▶ 识德海伦灵塔

在凤冈县王寨乡高坝村中华山。清康熙四十八年
（1709）建。八角六层楼阁式石塔。高约4米。

▲ 宝峰寺和尚塔

在凤冈县蜂岩镇赵坪村宝峰寺附近共3座。清代建。六角
五层楼阁式石塔。高约4米。

余庆县

▶ 文峰塔

在余庆县龙津镇文峰路文峰公园。明崇祯三年（1630）
建。清雍正十三年（1735）重建。六角七层砖塔。高23米。

正安县

◀ 龙塘寺塔

在正安县市坪镇石家坡村龙塘寺前。清道光十七年
（1837）建，六角七层楼阁式石塔。高4.2米。

桐梓县

► 尧龙山塔

在桐梓县尧龙山镇尧龙山顶绝壁。明代凿，六角七层楼阁式浮雕石塔。高约1.6米。

务川仡佬族苗族自治县

◄ 文峰塔

在务川仡佬族苗族自治县东升大道，又称白塔。清光绪七年（1881）建。2011年南移重建。六角九层楼阁式砖石塔。高17.4米。

铜仁市

思南县

► 渐鸿塔

在思南县鹦鹉镇马河村。建于清光绪二年（1876）。六角五层楼阁式石塔。高13米。

德江县

► 文昌宫字库塔

在德江县潮砥镇小溪村。清乾隆年间建。六角四层楼阁式石塔。高8米。

▶ 双坝村双塔

在德江县枫香溪镇双坝村。分别建于清同治十三年（1874），光绪十七年（1891）。六角楼阁式石塔，分别高六层13米和四层12米。门额"土地庙""梓桐阁""观音寺""魁星阁""文昌宫""赤帝宫"等。塔身许多泥塑。

印江土家族苗族自治县

▼ 印江文昌阁

在印江县峨岭街道甲山村中寨口。明崇祯二年（1629）建澄清楼。清康熙十七年（1679）、道光十七年（1837）重建。1992年重修。八角七层楼阁式石塔。高37.8米。

▲ 木黄文昌阁

在印江县木黄溪镇新业村。1914年建。八角七层楼阁式石塔。高约40米。

安顺市

西秀区

▶ 西秀山白塔

在安顺市西秀区西秀山顶。又称望城塔。元泰定三年（1326）始建，明万历二十年（1592）重修，崇祯十年（1637）重建为砖塔。清嘉庆二年（1797）重修。咸丰元年（1852）加砌外层石料。六角七层楼阁式实心砖石塔。高约12米。

◀ 安顺僧塔

在安顺市西秀区一假山上。清代建。六角九层楼阁式石塔。高约5米。

平坝区

▶ 云鹫山镇山铁塔

在安顺市平坝区云鹫山。明代建。四角两层楼阁式铁塔。高约2米。

◀ 平阳寨塔

在安顺市平坝区马场镇平阳寨。明代建。八角九层楼阁式实心石塔。高十余米。塔身有"明代文启"字样。

▲ 高峰山塔林

　　在安顺市平坝区高峰山万华禅院。明清长老墓塔十数座，"文化大革命"毁损，近年维修。多为鼓式、幢式石塔。"西来面壁"石壁下有明隆庆年间三和尚墓（右中图）。高十米左右。

紫云苗族布依族自治县

◀ 文笔闹堂石塔

　　在紫云苗族布依族自治县松山镇亘旦坡顶。清雍正八年（1730）建。八角九层实心石塔。高约15米。

▶ 塔山石塔

　　在紫云苗族布依族自治县格凸河镇塔山。清乾隆四十九年（1784）建。六角七层实心石塔。高15余米。

镇宁布依族苗族自治县

▶ 白骨塔

在镇宁布依族苗族自治县丁旗镇官寨村，建于清同治十二年（1873）。八角锥形石塔。高约7米。

毕节市

大方县

▶ 奎峰塔

在大方县红旗街道路塘村玉文山。又名玉皇塔。明代建，清乾隆元年（1736）重建，重修于四十一年（1776）。四角七层楼阁式石塔。上三层实心。高14.1米。

◀ 联壁塔

在大方县红旗街道路塘村万松山。清乾隆四十五年（1780）建七层石塔，嘉庆二十三年（1818）重建八角五层楼阁式石塔。1978年、2011年重修。高十余米。

▶ 扶风塔

在大方县西大街牛头坡。清嘉庆二十三年（1818）建圆锥体石塔，1923年改建四角三层楼阁式石塔。高15米。

黔西县

◀ 观文塔

在黔西县水西公园。又称七层塔、文峰塔。清雍正八年（1730）建。1981年重修。八角七层楼阁式石塔。高15米。

织金县

▶ 奎阁

在织金县城关镇文化路，又名苍圣阁。清康熙五年（1666）建，道光十八年（1838）重建。光绪十三年（1887）重修。三层楼阁式砖木结构。顶层八角，二层六角，下层为四角殿堂。高十余米。

◀ 南门塔

属织金县城关镇全国重点文物保护单位织金古建筑群。清乾隆年间建，局部毁于1966年。1997年修复。八角七层楼阁式砖塔。高约14米。

▶ 东山寺南北塔

在织金县城关镇工业路东山寺。南塔为和惺老和尚墓塔（右），建于清乾隆三十八年（1773）。二层鼓形石塔。高约3米。北塔为慈老和尚墓塔（左），建于嘉庆二年（1797）。三层鼓形石塔。高约4米。

金沙县

▶ 钟灵高塔

在金沙县清池镇华表峰。清嘉庆三年（1798）建。2007年雷雨摧毁。六角五层楼阁式石塔。高十余米。

黔南布依族苗族自治州

都匀市

▶ 文峰塔

在都匀市剑江西岸。明万历年间建五层木塔，名文笔塔。清道光二十年（1840）在原址建六角七层实心楼阁式石塔，1983年重修。高23米。

▶ 塘脚塔群

在都匀市塘脚。共四座，清代建。六角五层楼阁式石塔。高约3米。其一残存四层。

贵定县　◀ 阳宝山塔林

在贵定县德新镇阳宝山。清康熙至光绪末建僧塔200余座。有圆形、四角、六角、八角密檐石塔。最高逾4米。

荔波县

▼ 捞村文峰塔

在荔波县捞村乡平林寨。清同治三年（1864）建。六角三层楼阁式砖塔。通高10米。

黔西南布依族苗族州

普安县

▶ 九峰寺墓塔

在普安县九龙山九峰寺遗址。清代建。四角墓冢上为六角五层石塔。高约8米。

龙里县

▼ 三元镇塔

在龙里县三元镇。清代建。六角三层楼阁式砖石塔。高约8米。

◀ 巴江惜字塔

在龙里县洗马镇巴江村。清道光二十二年（1842）建。2015年重修。四角五层楼阁式石塔。高4米。

贞丰县

▶ 文笔塔

在贞丰县城西北。建于清道光二十四年（1844）。1993年重修。八角
七层楼阁式石塔。高23米。

黔东苗族侗族自治州

凯里市

▶ 养小寨青龙塔

在凯里市青棠乡。清代建。六角锥体石塔。高13米。

岑巩市

▼ 思州文笔塔

在岑巩市思州镇。年代不详，明清多次重修。圆柱形石
塔，高16.8米。

镇远县

▶ 文笔塔

在镇远县城东笔岫山。明洪武年间建。圆柱形砖
石塔。高约18米。

三穗县

▶ 文笔塔

在三穗县县城东朝京山。明洪武二十八年（1395）建。圆柱形实心石塔。高16米。

▲ 武笔塔

在三穗县县城南武笔坡。明洪武二十八年（1395）建。圆柱形实心石塔，高14米。

黎平县

▶ 凌云塔

在黎平县熬市镇秦溪村，又称秦溪塔、白塔。清乾隆年间建，1919年重建。八角五层楼阁式砖塔。高约20米。

◀ 文笔塔

在黎平县熬市镇秦溪村凌云塔两侧清代各建塔。其一毁于"文化大革命"期间。现存一塔，六角五层楼阁式砖塔。高约十余米。

六盘水市

六枝特区

▶ 朗岱文峰塔

在六盘水市六枝特区朗岱镇青菜塘村。清光绪四年（1878）建。六角五层石塔。塔顶无刹。高10米。

云南省 图谱

中国古塔全谱

昆明市

西山区

▶ **东寺塔**

在昆明市西山区书林街。又称常乐寺塔。塔顶立铜鸡，俗称金鸡塔。全国重点文物保护单位。唐大中八年（854）建。清光绪八年（1882）重建。四角十三层密檐式砖塔。高40.57米。

▲ **西寺塔**

在昆明市西山区东寺街。又名慧光寺塔。全国重点文物保护单位。唐太和三年（829）建。明天启年间、1983年重修。四角十三层密檐式砖塔。高35.54米。

▶ **太华寺舍利塔林**

塔在昆明市西山区太华寺。现存清康熙至乾隆年间寺僧墓塔7座。覆钵式等石塔。高三四米。

▶ **华亭寺海会塔**

在昆明市西山森林公园华亭寺右侧。建于1923年。覆钵式石塔。高约3.5米。

◀ **华亭寺舍利塔**

在昆明市西山森林公园华亭寺。元至清代建9座。覆钵式石塔，最高约3.6米。

五华区

▶ 大德寺双塔

在昆明市五华区华山东路祖遍山大德寺大雄宝殿前。明成化五年（1469）建。光绪六年（1880）重修。四角十三层密檐式砖塔。高21米。

▼ 筇竹寺塔林

在昆明市五华区玉案山全国重点文物保护单位筇竹寺。元至清代僧墓塔8座。元至大三年（1310）建洪镜雄辩塔，覆钵式砖塔，3.5米高。延祐六年（1319）建玄坚塔，明景泰四年（1453）建大师塔，以及梦佛、尘空、半生、兴公和尚塔，海会塔。

盘龙区　　▶ 定风塔

在昆明市盘龙区黑龙潭公园五老山。明代始建。清咸丰二年（1852）重建。八角七层密檐式实心砖塔。高13米。

▶ 昙华寺映空和尚塔

在昆明市盘龙区穿金路昙华寺。1922年建。覆钵式石塔。高约5米。

◀ 妙湛寺双塔

在昆明市官渡区官渡镇妙湛寺前。全国重点文物保护单位。元泰定四年（1327）建。清道光十三年（1833）地震西塔毁，重建于2001年。四角十三层密檐式实心砖塔。高17.5米。

官渡区

▶ 妙湛寺金刚塔

在昆明市官渡区官渡镇妙湛寺前。全国重点文物保护单位。明天顺二年（1458）建。清康熙三十五年（1696）、1982年重修。金刚宝座式石塔。基台四向开门。高16.05米。

宜良县

▶ 法明寺塔

在宜良县匡山镇万寺山法明寺。晚唐建，明天启二年（1622）、1942年重修。四角十六层密檐式实心砖塔。26.95米高。

◀ 金马寺灵应塔

在昆明市官渡区金马街道办院内。建于明正统九年（1444）。2010年重修。四角十三层密檐式实心砖塔。高24米。

▲ 启文塔

在宜良县蓬莱乡七星村文笔山。清光绪十五年（1889）建。四角六层楼阁式实心砖石塔。高10.78米。

▲ 天乙庵石塔

在宜良县马街乡裴家宽叶村天乙庵（今裴家营小学）西侧。始建年代不详。六角二层亭阁式石塔。高4.5米。

石林彝族自治县

▶ 石林文笔塔

在石林彝族自治县新则村阿子龙山。清光绪二十二年（1896）建。锥式石塔。高20米。

寻甸回族彝族自治县

◀ 寻甸钟灵山塔林

在寻甸回族彝族自治县塘子镇钟灵寺外。元至清代高僧墓塔39座。五冢一路，三冢一排。覆钵式石塔。最高7米多。

曲靖市

宣威市　▶ 来宾石塔

在宣威市来宾镇。1912年建。1984年重修。六角六层楼阁式石塔。高12米。

陆良县

▶ 千佛塔

在陆良县大觉寺。塔顶两铜鸡，又称金鸡塔。全国重点文物保护单位。元代建，明万历年间、1982年重修。六角七层楼阁式石塔。高17.79米。全塔共1613个佛龛。

富源县

▼ 富源魁星阁

在富源县中原镇太和街原文庙内大成殿前两座，现存左侧一座。建于清嘉庆十八年（1813），光绪六年（1880）重建。1990年重修。八角三檐亭阁式砖木结构塔。高17米。

玉溪市

红塔区　　　▼ 红塔

在玉溪市红塔区红塔山。原名白塔，元代始建。清道光十九年（1839）重建。1958年将塔身涂为红色更名红塔。八角七层楼阁式石塔。高35米。

华宁县

▶ 锁水塔

在华宁县万松山。俗称白塔。元至正年间
建。清嘉庆十五年（1810）、2007年重修。四角
七层密檐式石塔。高16米。

通海县

◀ 秀山双文笔塔

在通海县秀山街道秀山公园。明初建，历
代修葺。双塔四角八层楼阁式石塔。高4.6米。

▲ 畔富塔

在通海县秀山街道秀山公园普
光寺。元代建，历代修葺。四角八
层密檐式砖塔。高6米。

▲ 铁牛塔

在通海县秀山街道秀山公园普光
寺。元代始建，历代修葺。四角九层
密檐式砖塔。高7.5米。

▲ 锁雾塔

在通海县秀山街道秀山公园旁
西山。明代建，1925年重建。四角
七层楼阁式石塔。高10米。

◀ 文秀塔

在通海县四街镇者湾村大西山。又名大西山塔。清光绪二十一年（1895）建。六角七层楼阁式砖塔。现存六层。高15米。

▶ 文运新开塔

在通海县河西镇水河村后山。又名大西山塔。清嘉庆年间建。锥形石塔。高7.4米。

元江哈尼族彝族傣族自治县

◀ 者戛白塔

在元江哈尼族彝族傣族自治县戛山梁。清康熙年间建，1982年重修。四角七层楼阁式砖塔。高19.1米。

峨山彝族自治县

▶ 寿星阁塔

在峨山彝族自治县塔甸镇瓦哨宗村。清乾隆年间建。四角单层亭阁式石塔。高5米。

昭通市

大关县

▶ 翠华寺佛塔

在大关县城东南翠华寺。比丘尼墓塔。又称舍利佛塔。1928年建。六角七层密檐式石塔。高5.15米。

◀ **石门关塔**

在大关县寿山乡丁家梁子。清咸丰六年（1856）建字库塔。六角五层楼阁式实心石塔。塔刹已毁。高5.7米。

盐津县

▶ **三官楼石塔**

在盐津县豆沙镇老君山。清代建。六角五层楼阁式石塔。高5米。

保山市

隆阳区

▶ **梨花坞佛塔**

在保山市隆阳区永昌镇九隆岗下卧佛寺。建于清顺治十八年（1661）。覆钵式石塔。高5.3米。

▼ **弄幕白塔**

在保山市隆阳区潞江坝新城村。年代不详，多次修葺。缅式砖塔，由主塔和24座小塔组成。主塔高16.5米。

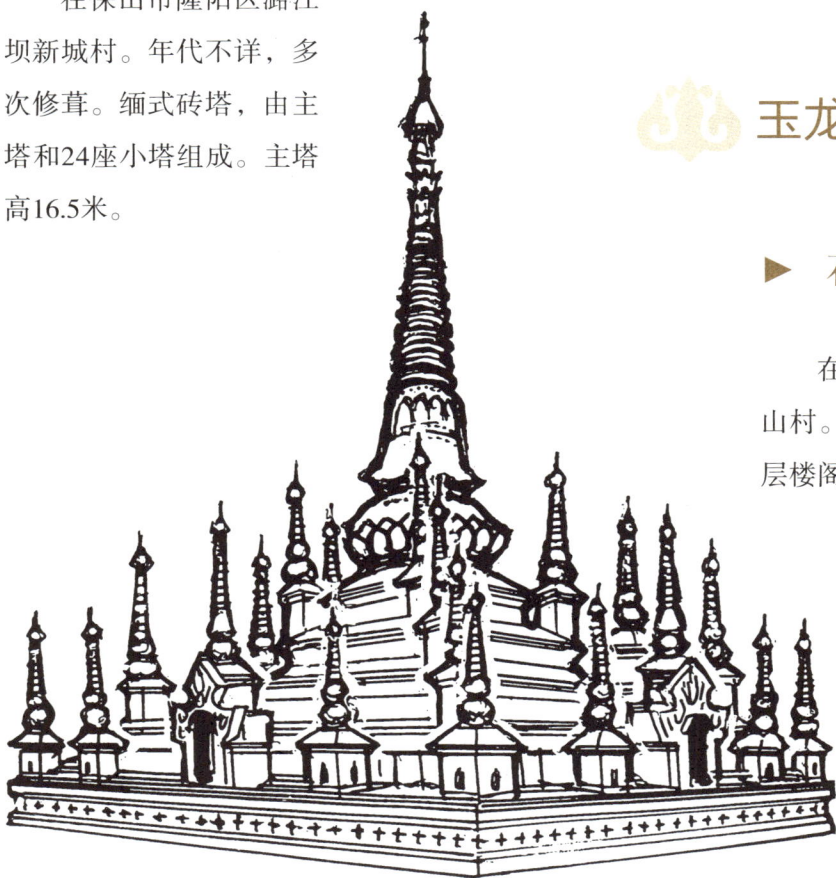

丽江市

玉龙纳西族自治县

▶ **石鼓白塔**

在玉龙纳西族自治县石鼓镇凤山村。1917年建。后重修。四角六层楼阁式实心石塔。高11米。

普洱市

思茅区

▶ 芒蚌佛塔

在思茅市思茅区思茅港镇芒蚌村
东。清代建。三层鼓形石塔。高4.5米。

宁洱哈尼族彝族自治县

▶ 文笔塔

在宁洱哈尼族彝族自治县宁洱镇玉屏山。清代建。四角十五层楼
阁式实心石塔。35.1米高。

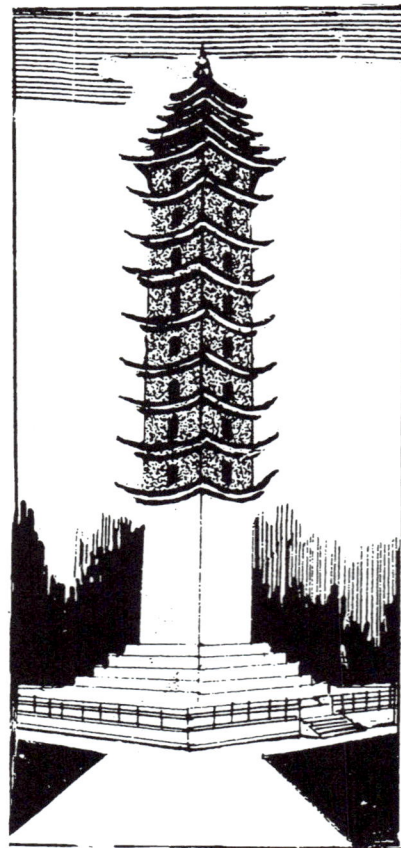

江城哈尼族彝族自治县

▶ 贺塔

在江城哈尼彝族自治县整董镇曼贺井村。清道光年间建，1928年重修。覆
钵式石塔。7.5米高。

◀ 景宰塔

在江城哈尼彝族自治县整董镇曼乱宰寨。始建年代
不详，多次重修。金刚宝座式泰式石塔。主塔6.7米高。

孟连傣族拉祜族佤族自治县

▶ 大金塔

在孟连傣族拉祜族自治县娜允镇曼南垒河畔。始建年代不详，多次重修。由主塔及16小塔组成，串字形泰式石塔。主塔高31米。

◀ 曼贺塔

在江城哈尼彝族自治县整董镇曼贺寨。年代不详，多次重修。串字形泰式石塔。高约11米。

◀ 上城佛寺塔

在孟连傣族拉祜族自治县娜允镇上城佛寺，共4座。清同治七年（1868）建。泰式塔两座，高约10米。四角二层亭阁式塔两座，高3.6米。

澜沧拉祜族自治县

▶ 下允塔

在澜沧拉祜族自治县上允镇下允寨下允佛寺旁。清咸丰十年（1860）建，多次重修。金刚宝座式串字形泰式石塔。高6.5米。

▶ 芒洪八角塔

在澜沧拉祜族自治县惠民乡芒洪寨。清代始建。八角重檐亭阁式砖塔。高5.8米。

景谷傣族彝族自治县

▶ 文笔塔

在景谷傣族彝族自治县永平镇营盘村。1945年建。六角六层楼阁式实心石塔。15.7米高。

◀ 塔包树、塔包树

在景谷傣族彝族自治县威远镇大寨官缅寺。清顺治元年（1644）建两座泰式石塔。树包塔（左），高10余米，榕树缠绕；塔包树（右），塔高7.2米，塔顶生出榕树。

景东彝族自治县　▼ 南鲸山文笔塔

在景东彝族自治县文井镇文华村南鲸山。清康熙年间建。四角九层楼阁式砖塔。高21米。

▲ 凌云塔

在景东彝族自治县锦屏镇斗阁村孔雀山。建于清乾隆四十五年（1780）。六角七层楼阁式砖塔。高23米。

临沧市

凤庆县

▶ 红龟山塔

在凤庆县凤山镇金平街道红龟山。清光绪十二年（1886）建。四角十五层楼阁式砖塔。高35米。

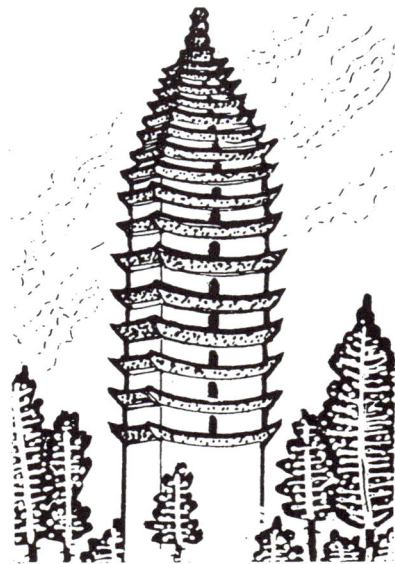

临翔区

▶ 临沧东塔

在临沧市临翔区凤翔街道东山（文峰山）。清光绪二十九年（1903）建。四角九层楼阁式砖塔。高约20米。

◀ 勐旺塔

在临沧市临翔区章驮乡勐旺村忙公山南。全国重点文物保护单位。明天启元年（1621）始建。南传上座部佛塔，八角砖石塔。高约16.6米。

◀ 临沧西塔

在临沧市临翔区忙畔街道团山顶。全国重点文物保护单位。明天启元年（1621）始建。南传上座部佛塔。八角砖石塔。高约15.7米。

▲ 腊东塔

在临沧市临翔区章驮乡腊东寨旁。原名泰安塔。始建年代不详，多次重建、修葺。南传上座部佛塔，八角砖石塔。高约15米。

耿马县

▶ 景戈佛塔

在耿马县城东南山。又称大白塔。清乾隆四十三年（1778）始建。1988年地震后按原状重建。南传上座砖石塔，由主塔及12个小塔组成。八角砖石塔。主塔高30米。

沧源县

▶ 白塔

在沧源县城郊。清代始建。多次修葺。南传上座石塔，鼓形塔身，外围立8根塔柱。约12米高。

云县

◀ 文笔塔

在云县爱华镇火石山。建于清乾隆四十七年（1782）。四角八层楼阁式实心砖塔。高约20米。

德宏傣族景颇族自治州

泸西市

▶ 铁城佛塔

在泸西市芒市镇团结大街。傣名广母姐列，俗称树包塔。清康熙年间建，多次修葺。泰式金刚宝座式砖石塔。主塔高11.6米，小塔高3.97米。为栖身主塔的榕树覆盖。

◀ 佛光寺塔

在泸西市芒市镇佛光寺。清道光十六年（1836）建，多次修葺。南传上座部砖石塔，由主塔和16座小塔组成。主塔高10.5米，小塔高3.5米。

陇川县

▶ 景罕佛塔

在陇川县景罕镇东山坡。傣名广母邦代，为释迦牟尼转世玉兔骨塔。明崇祯五年（1632）始建。1969年被毁，1980年复原。南传上座砖石塔，由主塔和4座小塔组成，1923年增加4小塔。主塔高约11米。

▶ 风平佛塔

　　在泸西市平乡风平寨。清乾隆
六年（1741）始建，曾两毁两建。南
传上座砖石塔，由主塔和28座小塔组
成。主塔高23米。小塔高7.5米。

🪷 瑞丽市

▼ 姐勒金塔

　　在瑞丽市勐卯镇姐勒寨旁。傣语广母贺卯。清代始建，1966年被毁，1981年重建。南传上座砖土塔，由高
36米的主塔和16座高低不一的小塔组成。

▶ 弄安佛塔

在瑞丽市城南。又称金鸭塔。清代始建，多次修葺。南传上座砖石塔。由主塔和4座小塔组成。主塔高15米。

盈江县

◀ 允燕塔

在盈江县平原镇允燕村，又称孟町塔。全国重点文物保护单位。1947年建。南传上座砖石塔。由主塔和40座小塔组成。主塔高24.9米，小塔高4米。

梁河县

▶ 白塔

在梁河县遮岛镇。清代建。泰式金刚宝座式砖石塔，由高14米的主塔和4座高4米的小塔组成。

大理白族自治州

大理市

▶ 弘圣寺塔

在大理市中和镇弘圣寺。又称一塔。全国重点文物保护单位。宋大理时期建。1981年重修。四角十六层密檐式砖塔，高43.87米。

▶ 崇圣寺千寻塔内小金塔

在大理市崇圣寺千寻塔塔基出土。南诏或大理时期造。覆钵式鎏金塔。塔内套几重覆钵式塔，最里面为亭阁式小金塔，高两三厘米。

▶ 崇圣寺三塔

在大理市中和镇崇圣寺。全国重点文物保护单位。唐南诏时期建。大塔名千寻塔，四角十六层密檐式砖塔，高69.13米。两侧小塔，八角十层密檐式砖塔，高约42米。

◀ 佛图寺塔

在大理市羊皮村佛图寺前。俗称蛇骨塔。全国重点文物保护单位。南诏时期建。1980年重修。四角十三层密檐式砖塔，高30.07米。

◀ 聚龙宝塔

在大理市七里桥乡中阳和村红东。又名阳和塔。清嘉庆十九年（1814）建，1920年重修。四角十一层密檐式石塔，高18米。

▶ 北川塔

在大理市凤仪镇红山村。明代建，清雍正五年（1727）重修。四角七层楼阁式石塔。高15米。

▶ 日本四僧塔

在大理市下关街道天龙八部影视城。元末明初建，2005年重修。覆钵式石塔，残高18米。

◀ 感通寺和尚塔

在大理市大理镇上末村。清康熙年间建，当代复建。覆钵式石塔，高3.5米。

弥渡县

▶ 文笔塔

在弥渡县城东回龙山。明永历以前建，清康熙末年、1985年重修。六角十一层密檐式塔。高约15米。

剑川县

▲ 灵宝塔

在剑川县金华镇金华山公园。明始建，清乾隆四十七年（1782）重建。四角九层楼阁式石塔。高15米。

► **文风塔**

在剑川县金华镇金华山北峰。明代建，后重修。四角九层楼
阁式石塔。高17.82米。

◄ **延青塔**

在剑川县金华镇金华山松岗山脚。明代建，清光绪年
间重修。四角四层楼阁式石塔。高6米。

► **宝相寺塔**

在剑川县石钟山宝相寺后巨石上。明正
统年间建。四角三层亭阁式塔。高4米。

◄ **石宝山海惠塔**

在剑川县石宝山山门左侧。清乾隆年间建。
覆钵式式石塔两座。高3米、4米。

◀ 镇江宝塔

在剑川县羊岑乡中羊村羊芩河旁。1918年建。四角八层楼阁式塔。高12米。

▶ 彩云岗石塔

在剑川县沙溪镇彩云岗。明永历年间建，清康熙末年、1985年重修。四角九层密檐式石塔。高6米。

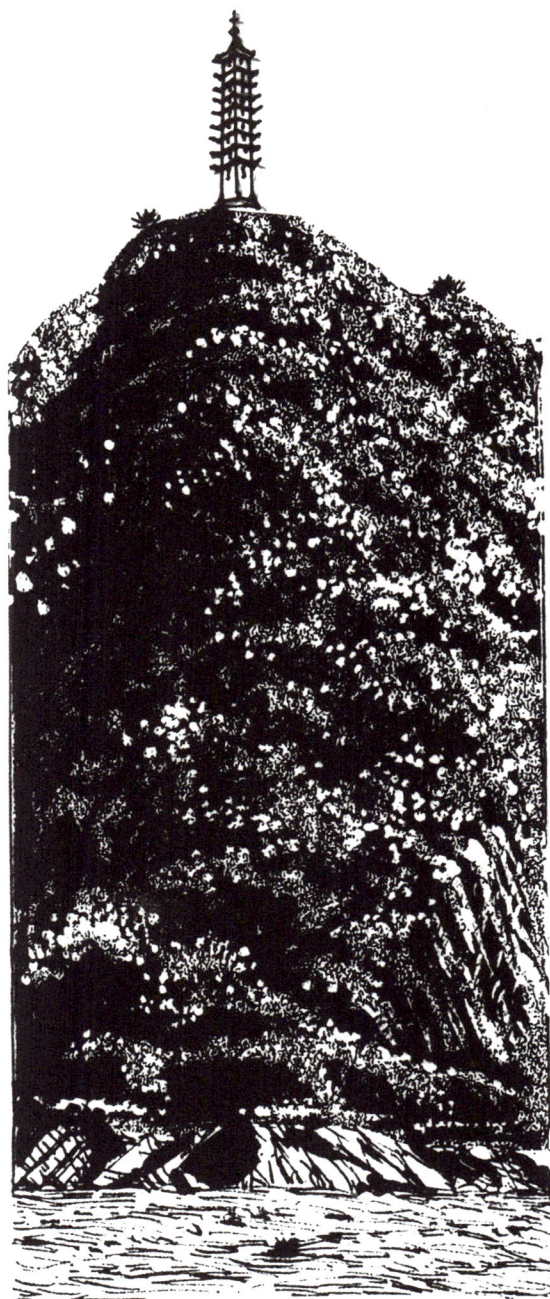

龙云县

▶ 文笔塔

在云龙县诺邓镇黄龙山。清道光年间建，1998年重修。四角七层楼阁式砖塔。高15.1米。

◀ 秀峰塔

在云龙县宝丰镇象鼻岭上。清道光二十二年（1842）重建。圆形六层实心石塔。高15.1米。

洱源县

▶ 巡检塔

在洱源县茈碧湖镇巡检村塔盘山。又名镇水塔。年代不详。四角九层密檐式砖塔。高约10米。

▶ **旧州一塔**

在洱源县右所乡右井村。传大理国时期建。四角十一层密檐式砖塔。高15.4米。

▲ **制风塔**

在洱源县右所乡右井村西山。清光绪十一年（1885）建。四角十二层密檐式砖塔。高约17米。

▶ **象鼻塔**

在洱源县右所乡右井村。建于清光绪十三年（1887）。四角八层密檐式砖塔。高约12米。

▲ **留佛双塔**

在洱源县凤羽镇凤羽街官路东。清代建。覆钵式石塔两座。高3.9、4米。

▶ **镇蝗塔**

在洱源县凤羽镇江登村天马山。传后晋天福元年（936）建。元、清康熙年间重修。方锥形石塔。高约10米。

▶ 映月宝塔

在洱源县炼铁乡新庄村罗坪山。又称石明月塔。清康熙年间建。1929年重修。三层楼阁式砖塔，首层八角，二三层六角。高5米余。

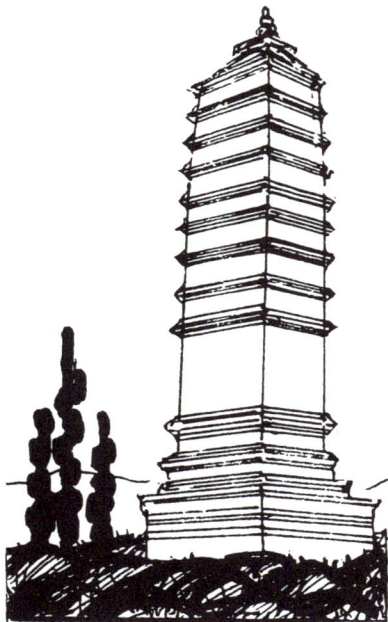

鹤庆县

◀ 文笔塔

在鹤庆县金墩乡邑头村豸角山。俗称母猪塔。明隆庆年间建。四角九层密檐式砖塔。高20.24米。

祥云县

▶ 水目寺塔

在祥云县马街乡水目山水目寺前。全国重点文物保护单位。宋代建。明万历初重修。四角十五层密檐式砖塔，高18.2米。

◀ 水目山塔林

在祥云县马街乡水目山北岗，有僧塔64座。全国重点文物保护单位。最早建于南宋嘉定四年（1211）。造型多样，多为覆钵式塔。一般高3至6米。

▼ 九鼎山双塔

在祥云县象鼻乡九鼎山玉峰庵旁。明洪武年间建。六角七层密檐式砖塔，南塔高9米，北塔高7米。

▲ 九鼎山僧塔

在祥云县象鼻乡九鼎山。明代建。覆钵式石塔，残高5.2米。

宾川县

▶ 楞严塔

在宾川县鸡足山金顶寺。明嘉靖年间建，1934年重建。四角十三层密檐式砖塔。高42米。

巍山彝族回族自治县

◀ **文笔塔**

　　在巍山彝族回族自治县南诏镇文笔村。又称白塔。始建年代不详，清乾隆五十二年（1787）重建。四角九层密檐式砖塔。高25米。

▶ **等觉寺双塔**

　　在巍山彝族回族自治县南诏镇等觉寺前。全国重点文物保护单位。明代建。四角九层密檐式砖塔。高20余米。

◀ **圆觉寺双塔**

　　在巍山彝族回族自治县南诏镇灵应山圆觉寺前。明成化年间建。四角九层密檐式砖塔。高20米。

▶ **圆觉寺墓塔**

　　在巍山彝族回族自治县南诏镇灵应山圆觉寺内，有墓塔多座。年代不详。覆钵式砖塔。高约4米。

▶ **封川塔**

　　在巍山彝族回族自治县宝山乡洗澡塘村南封山巅。清咸丰四年（1854）建。六角七层密檐式砖塔。高30米。

楚雄彝族自治州

楚雄市

▶ 雁塔

在楚雄市鹿城镇南雁山宝山。明初建，清康熙四十年（1701）重建。1983年重修。四角七层密檐式砖塔。高17.7米。

牟定县

◀ 白塔

在牟定县共和镇白塔小学。建于明天顺元年（1457）。四角九层密檐式砖石塔。高30米。

▶ 南塔

在牟定县共和镇磨盘山。原名文明塔、文昌塔。清康熙四十二年（1703）建。道光四年（1824）重建。四角八层密檐式砖塔。高28米。

武定县

▶ 白塔

在武定县狮山镇东凤山。明代建。四角七层楼阁式实心砖石塔。高15米。

大姚县

▶ 白塔

在大姚县金碧镇白塔公园。又名磬锤塔。全国重点文物保护单位。唐代建。鼓形砖塔。高15.55米。

▶ 文笔塔

在大姚县金碧镇挂榜山顶。明万历年间建，清光绪年间重建。六角七层楼阁式砖塔。高20米。

◀ 锁水塔

在大姚县金碧镇李湾村鲤鱼山。清康熙五十一年（1712）建。六角九层密檐式砖塔。高18米。

▶ 石羊南塔

在大姚县石羊镇猪头山。建于清康熙五十一年（1712）。四角角七层密檐式砖塔。高14.6米。

▶ 石羊北塔

在大姚县石羊镇彩香桥象山。明万历年间建，重建于清乾隆年元年（1736）。六角七层密檐式砖塔。高5米余。

禄丰县

▽ 起凤塔

在禄丰县广通镇七屯村文碧山。又称文笔塔。建于明万历四十二年（1614），清乾隆四十八年（1783）迁址重建。四角九层密檐式砖塔。高19米。

▽ 元永井文笔塔

在禄丰县一平浪镇元永井南灵鹫山。清光绪年间建。2019年重修。四角九层密檐式砖塔。高约11米。

▽ 挂榜山文笔塔

在禄丰县金山镇官场村挂榜山。四角十四层密檐式砖塔。高28米。

◀ 灵鹫山塔林

在禄丰县一平浪镇元永井南灵鹫山，清代建15座覆钵式石塔。"文化大革命"中毁损。高3米左右。

◀ 黑井文笔塔

在禄丰县黑井镇玉碧山。清末
建。四角九层楼阁式实心砖塔。15.5
米高。

▶ 摆衣汉塔

在禄丰县黑井镇摆衣汉村。清道
光年间建。四角九层楼阁式石塔。高
14.5米。

◀ 沙窝地塔

在禄丰县黑井镇沙窝地村。民国初年建。四角三层楼阁式石塔。高9米。

姚安县

▶ 文峰塔

在姚安县独树山。明隆庆三年（1569）建，万历四十四年
（1616）、1983年重修。六角九层楼阁式石塔。高约30米。

红河哈尼族彝族自治州

弥勒市

▶ 虹溪文笔塔

在弥勒市虹溪镇文笔村扎营山。清乾隆十二年（1747）建。下部正方形，上部圆锥体，砖石塔，青铜塔刹。高17米。塔基嵌"天开文运"匾。

◀ 麟马文笔塔

在弥勒市西三镇麟马村。建于清光绪二十六年（1900）。圆锥状石塔。高8米。

▶ 竹园文笔塔

在弥勒市竹园镇文笔山。清康熙年间建。四角七层密檐式石塔。高6.5米。

开远市

▶ 文笔塔

在开远市小龙潭镇文笔坡。年代不详。四角七层楼阁式石塔。高约15米。

建水县

▶ 崇文塔

在建水县西三镇麟马村。原名白塔。元代建，清道光十一年（1831）重建。四角十七层密檐式石塔。高20余米。

◀ **文笔塔**

在建水县拜佛山顶。清道光八年（1828）建。八角锥状石塔。高31.4米。

▼ **天柱塔**

在建水县西三镇麟马村。清道光八年（1828）建。四角九层楼阁砖塔。高45米。

文山壮族苗族自治州

文山市

▶ **白塔**

在文山市德源乡乐西村松山顶。清乾隆十七年（1752）建。四角五层楼阁式实心石塔。高7米。

🏵 广南县

▼ 雁塔

在广南县莲城镇坝洒村。元代建，清嘉庆十八年（1813）重建。六角九层楼阁式实心石塔。高36.8米。

▼ 多宝和尚塔

在丘北县曰镇者。清道光三十年（1850）建。四角二层幢式石塔。高3.53米。

🏵 丘北县

▼ 文笔塔

在丘北县普者黑景区青龙山。清咸丰三年（1853）建。四角七层楼阁式石塔。高22米。

西双版纳傣族自治州

🏵 景洪市

▼ 曼飞龙塔

在景洪市勐龙镇曼飞龙寨后。全国重点文物保护单位。始建于南宋嘉泰三年（1203）。多次修葺、重建。泰式塔。由主塔及9小塔组成。主塔16.29余米。小塔高8.3米。

◀ **曼龙叫塔**

在景洪市勐龙镇曼龙叫寨佛寺。始建于清中期，多次修葺重建。泰式塔。14.5米高。

▼ **曼景列塔**

在景洪市勐龙镇曼景列寨佛寺内。始建清中期，多次修葺。泰式塔。高12.4米。

▼ **帕雅天叫甲山墓塔**

在景洪市勐龙镇曼景列村旁。始建民国初年，多次修葺。泰式塔。6.2米高。

▶ **芒达海寺塔**

在景洪市勐龙镇曼景列村芒海佛寺内。始建清中期，多次修葺重建。泰式塔。高约9米。

◀ **古吧罢阿念墓塔**

在景洪市勐龙镇曼景列村芒达海佛寺内。始建清中期，多次修葺重建。泰式塔。高约11米。

▼ **曼纳囡塔**

在景洪市勐龙镇曼坡寨旁山。始建年代不详，多次修葺重建。金刚宝座式泰式塔。主塔19.6米。

▼ **曼纳塔**

在景洪市勐龙镇芒栋村旁山顶。傣语"塔庄朗"，意为山顶之塔。始建清中期，多次修葺重建。泰式塔。高14.7米。

◀ 曼派舍利塔

在景洪市勐龙镇曼派寨旁山上。始建年代不详，多修葺重建。泰式塔。高14.5米。

▶ 曼宾塔

在景洪市勐龙镇曼广罕寨旁。始建年代不详，多次修葺重建。金刚宝座式泰式塔。主塔高约16米。

◀ 曼端塔

在景洪市勐龙镇曼端寨旁。始建清咸丰年间，多次修葺。泰式塔。高约10米。

▶ 曼肯塔

在景洪市勐龙镇曼肯寨塔园。始建民国初年，多次修葺。串字形泰式塔。由主塔和6座小塔组成。主塔高10余米。

▼ **曼秀塔**

在景洪市勐龙镇曼秀寨佛寺。始建清代，多次修葺。串字形泰式塔。高约11米。

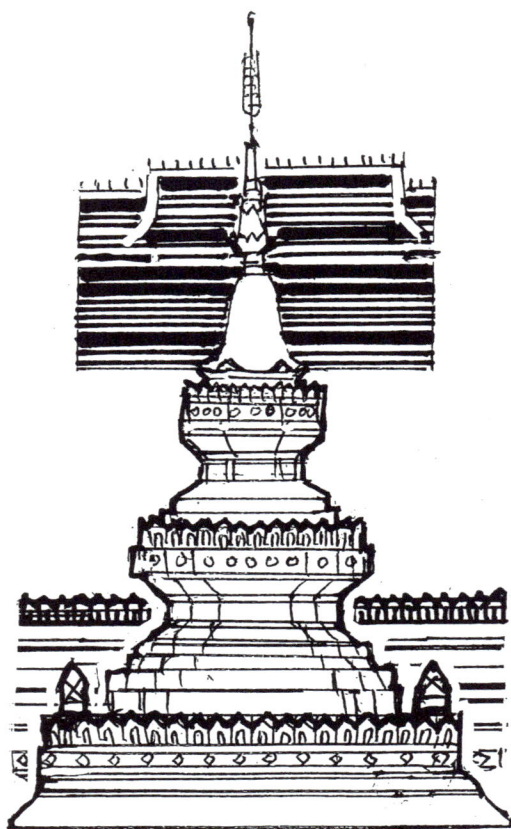

▲ **曼远塔**

在景洪市勐龙镇曼远寨佛寺内。始建清代，多次修葺。泰式塔。高10.4米。

▼ **曼归塔**

在景洪市勐龙镇曼归寨旁。始建年代不详，多次修葺。泰式塔。约16米高。

◀ **曼景罕塔**

在景洪市勐龙镇曼景罕寨佛寺内。始建清末年，多次修葺。泰式塔。高约10米。

▶ **景尖塔**

在景洪市勐龙镇曼景尖寨佛寺内。始建清中期，多次修葺。金刚宝座式泰式塔。主塔高约16米。

◀ **曼养广塔**

在景洪市勐龙镇曼养广寨旁。始建年代不详，多次修葺重建。金刚宝座式泰式塔。主塔高约16米。

▶ **播勐龙塔**

在景洪市勐龙镇东风农场总部旁。始建清初，多次修葺。泰式塔。主塔及16座小塔组成。主塔23米高。

▼ **大勐龙塔龙**

在景洪市勐龙镇景龙村。傣语塔布兰，又称黑塔。始建唐兴元元年（784），南宋嘉泰二年（1202）重建，1992年重修。金刚宝座式串字形泰式塔。主塔高约15米。

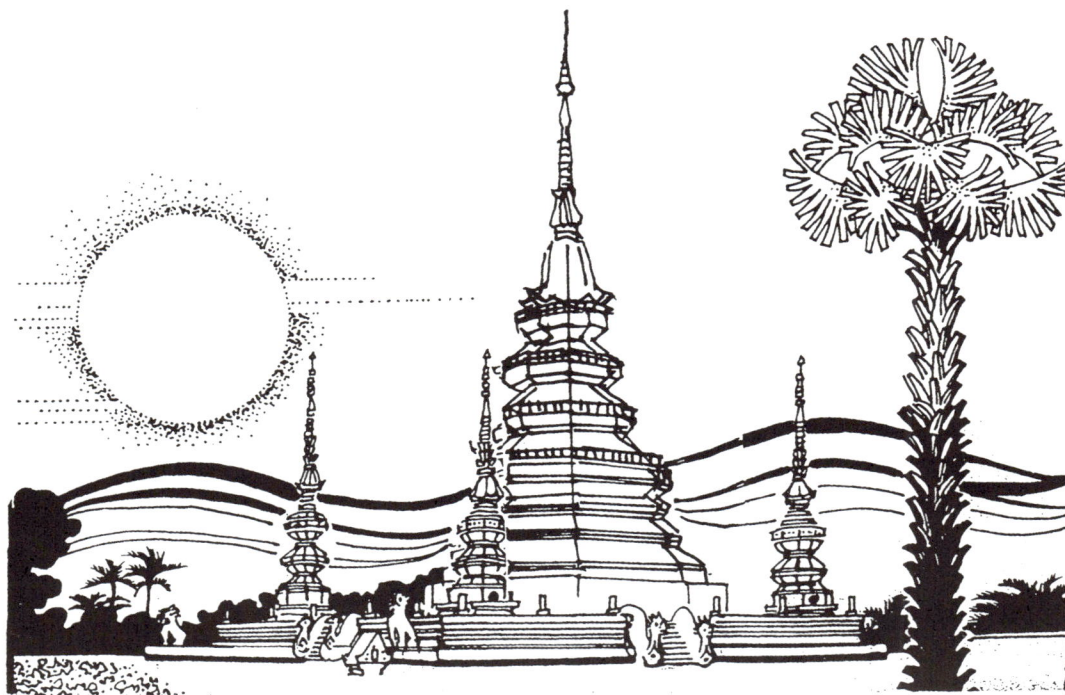

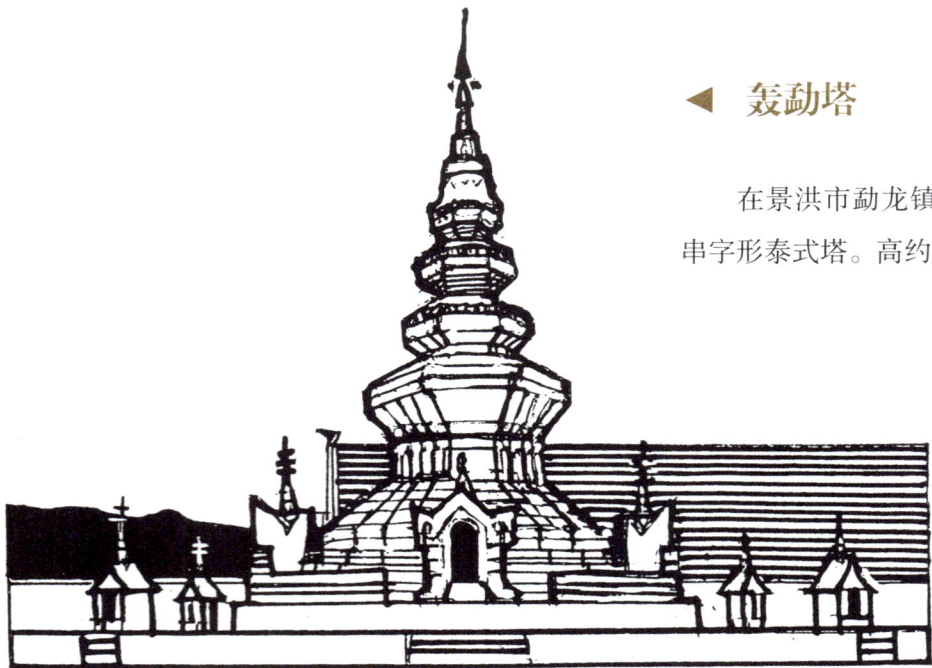

◀ **轰勐塔**

在景洪市勐龙镇帕扎寨旁山顶。始建清中期，多次修葺重建。串字形泰式塔。高约19米。

▼ **庄将塔**

在景洪市勐龙镇曼南块寨旁。始建年代不详，多次修葺。串字形泰式塔。主塔高约14米。

▲ **勐龙总佛寺塔**

在景洪市勐龙镇弄寨总佛寺。明中期建。多次修葺。串字形泰式塔。高约19米。

◀ **勐龙脚印塔**

在景洪市勐龙镇勐龙寺。明中期建。多次修葺。金刚宝座式泰式塔。主塔高9.7米。

▶ **万香勐塔**

在景洪市勐龙镇景乃寨佛寺。清中期建。多次修葺。串字形泰式塔。由高约16米的主塔及6座小塔组成。

▼ 嘎龙塔

在景洪市勐龙镇嘎龙寨旁。始建年代不详。多次修葺。金刚宝座式泰式塔。主塔高约12米。

▲ 景旺塔

在景洪市勐龙镇曼龙扣村。始建年代不详，多次修葺。金刚宝座式泰式塔。主塔高约12米。

▼ 曼景勐塔

在景洪市勐龙镇曼景勐寨佛寺。始建于清代，多次修葺。泰式塔。高11.4米。

▼ 庄兴塔

在景洪市嘎洒镇曼养广寨佛寺。始建年代不详，多次修葺。覆钵式塔。高约15米。

▲ 勐景保塔

在景洪市嘎洒镇曼景保寨佛寺。始建清末。多次修葺。串字形泰式塔。高9.6米。

◀ **庄勐塔**

在景洪市嘎洒镇曼占宰寨。始建年代不详，多次修葺。串字形泰式塔。高约14米。

▲ **班热塔**

在景洪市嘎洒镇景洪农场六分场卫生所对面山上。傣语"西双版纳"，意为十二块领地。唐兴元元年（784）建，多次修葺重建。串字形泰式塔。由高约17米的主塔及12座小塔组成。

▼ **庄莫塔**

在景洪市嘎洒镇猴山。建于明隆庆二年（1568），多次修葺。覆钵式塔。高10米。

▲ **庄董塔**

在景洪市嘎洒镇猴山。明中期建，多次修葺重建。泰式塔。高约14米。

▼ 召庄发塔

在景洪市勐罕镇景宽寨旁。清代建，多次修葺。金刚宝座式泰式塔。串字形主塔高16米。

▲ 召庄密塔

在景洪市勐罕镇佛寺。清初建，多次修葺、重建。金刚宝座式串字形泰式塔。主塔高12米。

▶ 曼春满佛寺塔

在景洪市勐罕镇曼春满佛寺内。清乾隆六年（1741）建，多次修葺重建。金刚宝座式串字形泰式塔。主塔高12米。

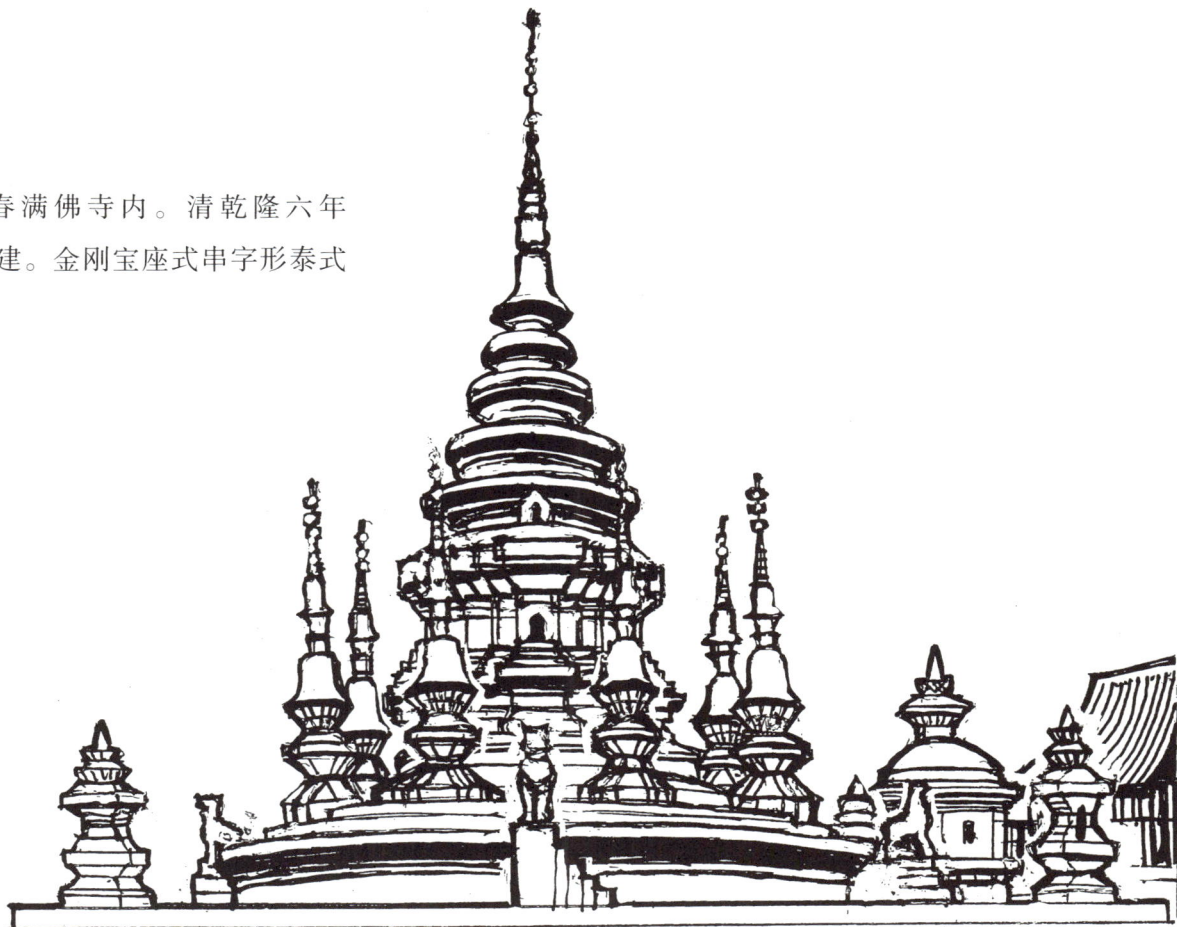

▲ 景先塔

在景洪市勐罕镇曼法村。清初建，多次修葺重建。泰式塔。由高约18米串字形主塔及8小塔组成。

▲ 曼听树包塔

在景洪市勐罕镇曼听寨。又称树包塔。始建年代不详。金刚宝座式泰式塔。主塔须弥座以上长出高20余米菩提树代替塔身。

▲ 曼听白塔

在景洪市勐罕镇曼听佛寺。始建年代不详，多次修葺重建。金刚宝座式串字形泰式塔。主塔高约13米。

▶ 曼哈金塔

在景洪市景哈乡景哈村。约建于清代，多次修葺重建。金刚宝座式串字形泰式塔。主塔高约14米。

勐海县

► 景真中心塔

在勐海县勐海镇景真山。南宋嘉泰四年（1204）建，多次修葺重建。金刚宝座式覆钵式塔。主塔高约13米。

◄ 曼端塔

在勐海县勐海镇曼端村佛寺内。清中期建，多次修葺。泰式塔。高14.4米。

▼ 勐海中心塔

在勐海县勐海镇曼海寨旁山顶。清初建，多次修葺重建。泰式串字形塔。高约18米。

▼ 曼兴金塔

在勐海县勐海镇曼兴村。清中期建，多次修葺。金刚宝座式泰式塔。串字形主塔高约14米。

▲ 曼兴塔

在勐海县勐海镇曼兴村旁佛寺。清末建，多次修葺。金刚宝座式泰式塔。主塔高约9米。

▼ 允香塔

在勐海县勐海镇曼兴村旁山上。始建年代不详，多次修葺。金刚宝座式泰式塔。串字形主塔高约17米。

▲ 曼派塔

在勐海县勐海镇曼派寨。始建年代不详，多次修葺重建。金刚宝座式泰式塔。高12米。

▼ 曼法金塔

在勐海县勐海镇曼法寨旁山上。始建年代不详，多次修葺。泰式塔。高约13米。

▼ 曼来塔

在勐海县勐海镇曼来佛寺。清末建，多次修葺。金刚宝座式泰式塔。主塔高约15米，小塔高12米。

▲ 曼路塔

在勐海县勐海镇曼路村。清中期建，多次修葺。金刚宝座式泰式塔。高约13米。

◀ 景恩塔

　　在勐海县勐混镇城子村旁广景恩山。传始建唐末，多次修葺重建。泰式塔，由高约20米的主塔和8座高12米的小塔组成。

▶ 曼章竜塔

　　在勐海县勐遮镇曼章竜寨佛寺。清代建，多次修葺。金刚宝座式泰式亭阁式塔。主塔高约12米。

▼ 勐混城子塔

　　在勐海县勐混镇城子村。始建年代不详，多次修葺。串字形泰式塔。高约12米。

▲ 冬卖塔

　　在勐海县勐遮镇么勒寨与曼方寨之间。清初建，多次修葺。串字形主塔与8座小塔组成。主塔高约17米。

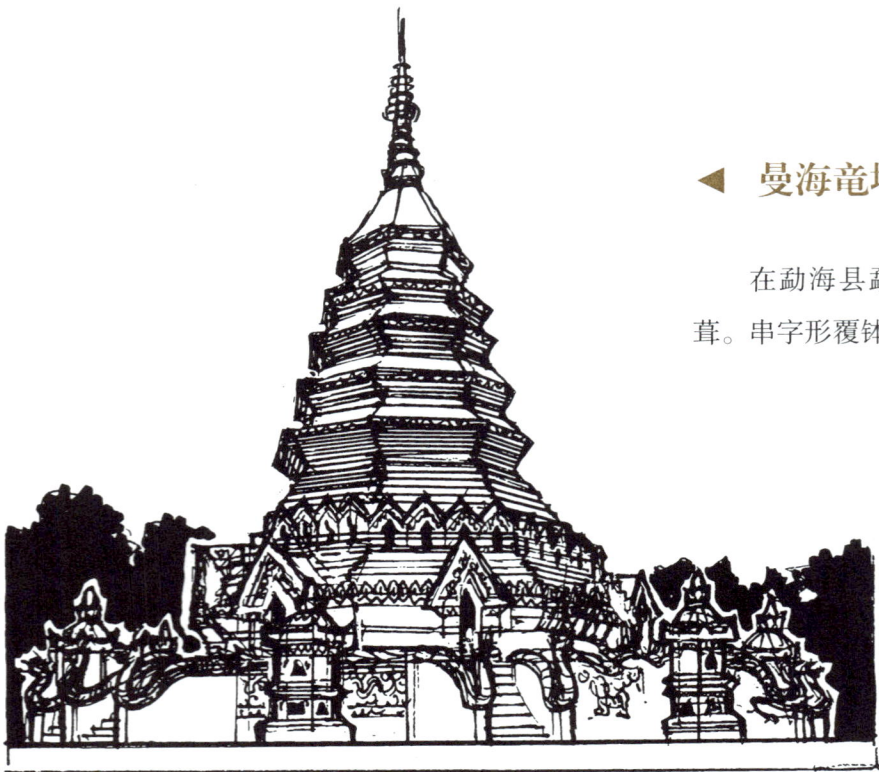

◀ **曼海竜塔**

在勐海县勐遮镇曼海竜佛寺。明末始建，多次修葺。串字形覆钵式塔。高约17米。

▶ **贺允景叫塔**

在勐海县勐遮镇曼吕村。俗称龟山大白塔。传宋末建，多次修葺重建。串字形覆钵式塔。高约27米。

▼ **曼吕塔**

在勐海县勐遮镇曼吕寨。清代建，多次修葺。金刚宝座式泰式亭阁式塔。主塔高约12米。

▶ **勐遮总佛寺塔**

在勐海县勐遮镇召庄村勐遮总佛寺。清初建，多次修葺。金刚宝座式泰式塔。主塔高约12米。

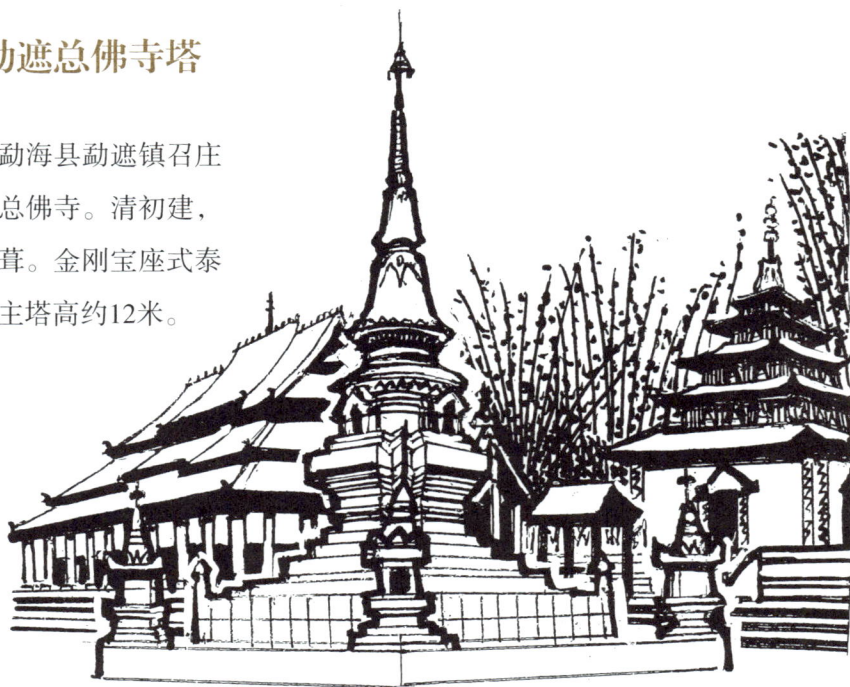

◀ **汪酷塔**

在勐海县勐遮镇老卖寨。清末建，多次修葺。金刚宝座式泰式塔。串字形主塔高约14米。

▶ **曼勐养塔**

在勐海县勐遮镇曼勐养寨。清中期建，多次修葺。金刚宝座式泰式塔。串字形主塔高约15米。

◀ **瓦广塔**

在勐海县勐遮镇曼章岭寨佛寺。明代建，多次修葺重建。金刚宝座式泰式塔。串字形主塔高约13米。

▶ **宋杯塔**

在勐海县勐遮镇曼喷竜寨。始建年代不详，多次修葺重建。金刚宝座式泰式塔。串字形主塔高约18米。

▲ 庄希里塔

在勐海县勐遮镇曼拉闷寨。清初建，多次修葺重建。金刚宝座式泰式塔。串字形主塔高约16米。

▶ 嘎赛金塔

在勐海县勐阿镇嘎赛村旁山上。始建年代不详，多次修葺重建。泰式塔。由高约18米的主塔和8座小塔组成。

▼ 庄希里窝罕塔

在勐海县勐阿镇曼派寨。清初建，多次修葺。金刚宝座式泰式塔。主塔高约16米。

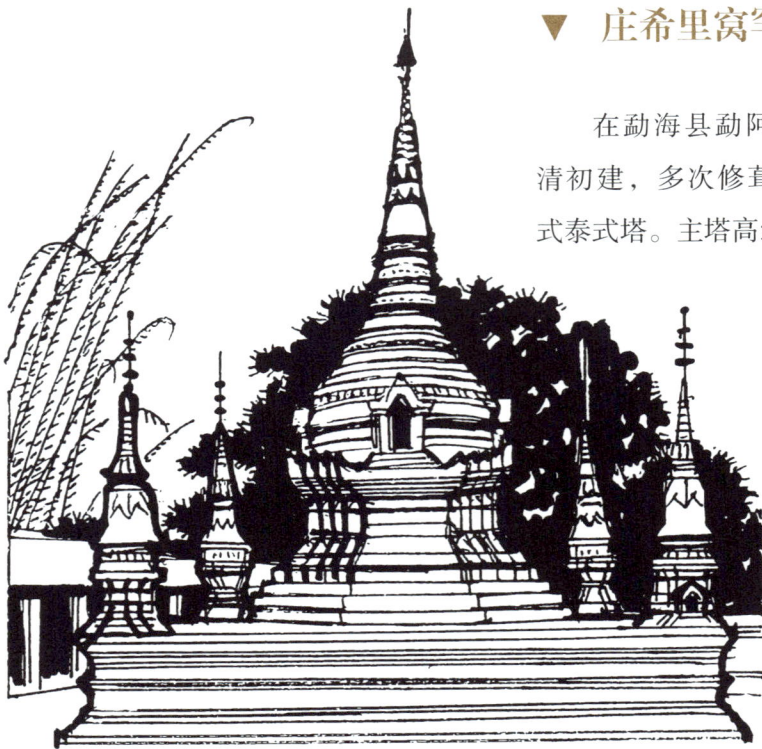

▶ 款厚塔

在勐海县勐阿镇曼本寨。清初建，多次修葺重建。金刚宝座式泰式塔。主塔高18米。

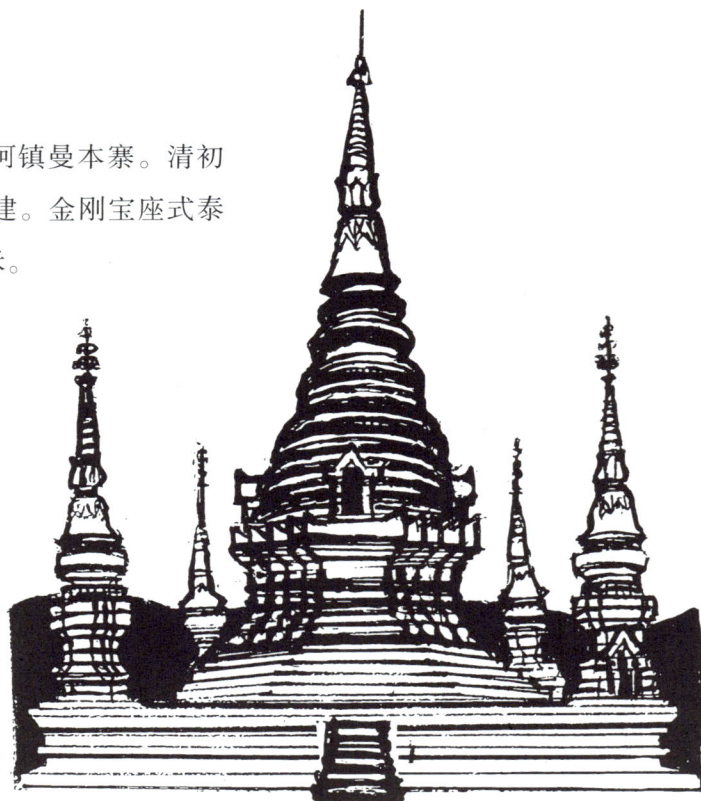

▲ 曼迈塔

在勐海县勐阿镇曼迈村旁山上。清中期建，多次修葺重建。串字形泰式塔。高16.5米。

▶ 机召香塔

在勐海县勐阿镇曼波寨。傣语"机召香"，意为一天建成的塔。清初建。多次修葺重建。泰式塔。由高16.7米的主塔和5座小塔组成。

◀ 曼松塔

在勐海县勐阿镇曼松寨旁山上。清代建，多次修葺。金刚宝座式泰式塔。串字形主塔高14.8米。

▶ 勐昂菩提塔

在勐海县布朗族乡勐昂村佛寺旁。清末建，多次修葺重建。泰式塔。高约11米。

◀ 南山梭塔

在勐海县布朗族乡曼囡村。始建年代不详，多次修葺重建。泰式塔。串字形主塔高约11米。

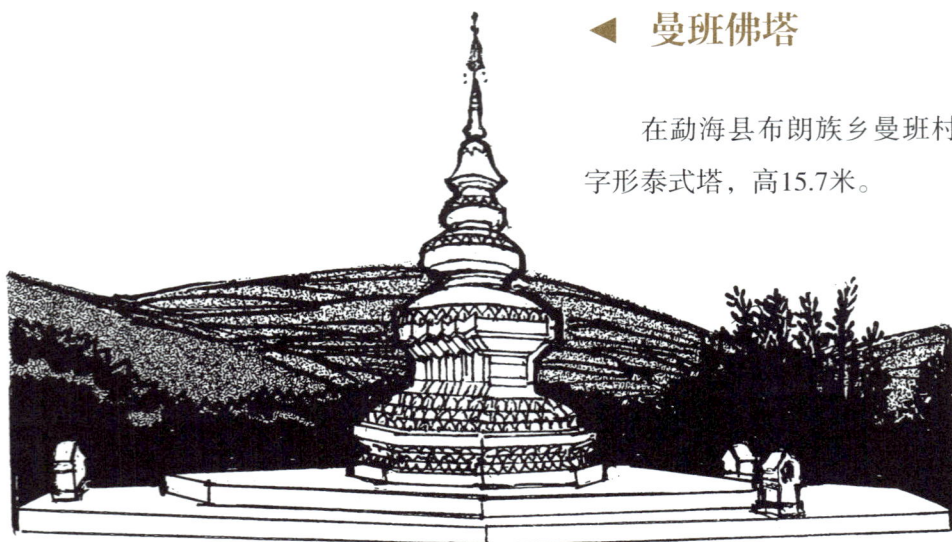

◀ 曼班佛塔

在勐海县布朗族乡曼班村。清中期建，多次修葺重建。串字形泰式塔，高15.7米。

勐腊县

▶ 曼崩铜塔

在勐腊县勐腊镇曼崩寨旁。傣语"塔瑞董"，意为山坡上铜塔。清代建，乾隆二十四年（1759）重修用铜皮裹塔身。泰式铜塔。高10余米。

▲ 曼暖叫塔

在勐腊县勐腊镇曼暖叫寨。清代建。金刚宝座式泰式塔。主塔高15米。

▶ 曼竜勒金塔

在勐腊县勐伴镇曼竜勒寨旁山上。腊镇曼崩寨旁。清代建，后多次修葺。泰式铜塔。高约13米。

◀ **曼降塔**

在勐腊县勐腊镇曼降寨。始建年代不详。泰式塔。由主塔及8小塔组成。串字形主塔高10余米。

▶ **波龙塔**

在勐腊县勐腊镇曼降寨。始建年代不详。泰式塔。由主塔及8小塔组成。串字形主塔高10余米。

▶ **曼梭醒塔**

在勐腊县勐仑镇曼梭醒寨。又名塔庄董。清代建，多次修葺。串字形泰式塔。高12.8米。

▼ **城子塔**

在勐腊县勐仑镇城子寨北。清代建，多次修葺。泰式塔。由高13.4的串字形主塔及4小塔组成。

▲ **曼岗纳塔**

在勐腊县勐腊镇曼岗纳寨。清代建，多次修葺。泰式塔。由主塔及10小塔组成。串字形主塔高10余米。

▼ 西双版纳州、德宏州傣家井塔

在西双版纳州和德宏州有不少建于水井之上的井塔。既是井罩防尘，又是祭井行礼之处。建筑年代多不详。多采用泰式，高度在5米左右。

▲ 曼包宋井塔

▲ 曼贺科井塔

▲ 曼法井塔

▲ 漫洪井塔

▲ 景宽寨井塔

▲ 曼肯井塔

▲ 曼勐井塔

▲ 曼费井塔

▲ 曼康井塔

▲ 曼董井塔

▲ 景乃大井塔

▲ 曼秀井塔

▲ 曼养军井塔

▲ 曼海竜井塔

▲ 中心井塔

▲ 曼劳井塔

▲ 曼缅井塔

▲ 曼景保井塔

▲ 龙曼井掌井塔

▲ 帕扎井塔

▲ 爹长龙水井塔

▲ 曼端井塔

▲ 曼路井塔

▲ 曼洪么井塔

▲ 曼栋井塔

▲ 景乃井塔

西藏自治区 图谱

中国古塔全谱

拉萨市

城关区

▲ 五世达赖灵塔

在拉萨市城关区全国重点文物保护单位布达拉宫灵塔殿。清康熙二十九年（1690）建。鎏金覆钵式塔。高14.85米。用黄金11万余两，镶嵌珠宝一万八千六百八十多颗。

▼ 七世达赖灵塔

在布达拉宫灵塔殿。乾隆二十三年（1758）建。鎏金覆钵式塔。高9.36米。用去黄金498公斤。

▲ 八世达赖灵塔

在布达拉宫灵塔殿。清嘉庆十年（1805）建。鎏金覆钵式塔。高9.4米。用黄金175公斤。塔内藏佛舍利一颗。

▲ 九世达赖灵塔

在布达拉宫灵塔殿。清嘉庆二十年（1815）建。鎏金覆钵式塔。高7米。用去黄金112公斤。

▼ 十世达赖灵塔

在布达拉宫灵塔殿。清道光十七年（1837）建。鎏金覆钵式塔。高7米。用去黄金112公斤。

▲ 十一世达赖灵塔

在布达拉宫灵塔殿内。清咸丰六年（1856）建。鎏金覆钵式塔。高6.9米。用去黄金千余两。

◄ 十二世达赖灵塔

在布达拉宫灵塔殿内。光绪元年（1875）建。鎏金覆钵式塔。高7米。

► 十三世达赖灵塔

在布达拉宫灵塔殿内。1936年建。鎏金覆钵式塔。高14米。用去黄金590公斤。

▼ 八大善逝塔

在布达拉宫灵塔殿有八座银塔与灵塔陪衬。清康熙二十九年至三十二年（1690—1693）建。包括聚莲塔、菩提塔、吉祥塔、神变塔、降佛塔、和解塔、尊胜塔、涅槃塔。覆钵式银塔，皆高5.3米。各耗银2千余两。

◀ 布达拉宫珍珠塔

在布达拉宫十三世达赖灵塔殿。1933年建。鎏金覆钵式塔。高14.85米。用22万颗珍珠和珊瑚珠串成。

▶ 拉萨八塔

在拉萨市城关区街头并列八座覆钵式土石白塔，年代不详。高约10米。

▼ 布达拉宫广场巴嘎噶林三塔

在拉萨市城关区布达拉宫广场西侧，唐代在药王山和红山之间建称"巴嘎噶林"的三座白塔，中间一座为下设过道门塔。20世纪60年代拆毁，1995年在原址复建。覆钵式塔，高约10米。

◀ 拉萨街头三塔

在拉萨市城关区土丘上，三塔并立。两座覆钵式，一座方锥形。五六米高。

◀ **哲蚌寺药师银塔**

在拉萨市城关区更培乌孜山哲蚌寺措钦大殿文殊殿。明代西藏格鲁时期早期建。鎏银覆钵式银塔。

▲ **达赖灵塔**

在拉萨市城关区更培乌孜山山腰全国重点文物单位哲蚌寺措钦大殿。有二世（左）、三世、四世（右）达赖灵塔，先后建于明嘉靖二十一年（1542）、万历十六年（1588）及四十四年（1616）。覆钵式银塔。

▶ **帕邦喀寺塔群**

在拉萨市城关区娘热乡娘热沟帕邦喀寺日松拉康佛殿旁。唐代建，多次重建。108座小佛塔。桶式石塔。

▶ 帕邦喀寺小白塔

在拉萨市城关区娘热乡娘热沟帕邦喀寺旁巨石上。年代不详，四角底座覆钵式，高约5米。

堆龙德庆区

▶ 楚布寺白塔

在拉萨市堆龙德庆区楚布寺西侧。始建宋代。覆钵式石塔两座。高约8米。

林周县

▼ 夏寺塔

在林周县强嘎乡郭吉村旦马山夏寺。寺建于北宋至和三年（1056）。现有佛塔108座，多为桶式石塔。其中有传说纪念三个女孩的三座塔。

▼ **热振寺塔**

在林周县唐古乡热振寺。北宋至和三年（1056）建寺。现存古塔多为桶式石塔。

曲水县

◄ **度母堂铜塔**

在曲水县聂塘村度母堂佛堂右室，原供奉6座塔。中间大塔仅存塔身，左右分别有一座和四座铜塔。覆钵式铜塔，高约3米。

日喀则市

桑珠孜区

► **白塔**

在日喀则市桑珠孜区西尼玛山南坡全国重点文物保护单位扎什伦布寺。寺创建、扩建于明代。寺中三座大白塔，代表释迦牟尼一生三个最主要的阶段。覆钵式石塔，高十余米。

▶ 四世班禅灵塔

在日喀则市桑珠孜区扎什伦布寺四世班禅灵塔殿。清康熙元年（1662）建。共用黄金2700两，白银33000多两，铜78000多斤，绸缎9000尺。

萨迦县

▼ 萨迦寺铜塔

在萨迦县本波山全国重点文物保护单位萨迦寺供奉。元代铸造19座覆钵式铜塔。

江孜县

◀ **白居寺菩提塔**

　　在江孜县城区白居寺中心。藏名贝根曲登，意为吉祥轮大乐寺，俗称八角塔。塔内有十万余尊佛像，又称十万佛塔。明永乐十二年（1414）始建。尼泊尔式石塔。塔座二十角五层。塔身圆柱形。塔顶为铜皮包裹的十三天。通高约42.4米。底层面积2千余平方米。塔内共108门，76间佛殿、龛室和经堂，有塔中寺之称。

康马县

▲ **雪囊寺塔**

在康马县雪囊寺遗址寺北，现存残塔，覆钵式石塔。图左为1959年宿白速写图。

南木林县

▶ **夏鲁寺布顿塔**

在南木林县甲措乡夏鲁寺门楼第三层布顿堂。元代建。覆钵式塔。夏鲁寺铜塔南木林县夏鲁寺藏覆钵式铜塔。

▶ **夏鲁寺壁画塔**

南木林县甲措乡夏鲁寺内元代壁画中的覆钵式塔。

山南市

乃东区　　▼ 山南塔林

在山南市乃东区。明清时期建。数量甚多，多为桶式乱石砌筑塔，大小不一。

扎囊县

▶ 桑耶寺松卡石塔

在扎囊县哈布山下桑耶寺，约建于唐代吐蕃王朝时期。为五座大小不等石塔组成。高十余米。

▶ 札塘寺壁画莲瓣三塔

扎囊县札塘寺后壁壁画。元明时期绘。覆钵式塔。

隆子县

▶ 果拉康塔

在隆子县日当镇果拉康遗址。桶状土塔，残高9.6米，重修加塔刹后通高11.1米。

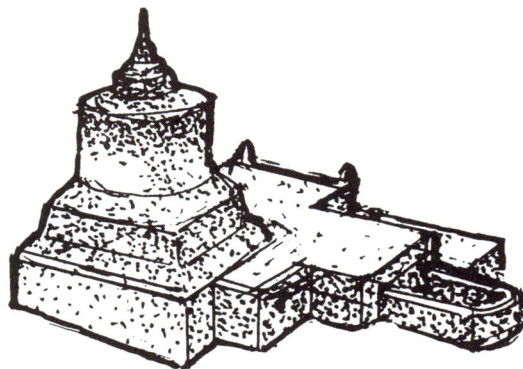

阿里地区

札达县　　▼ 古格故城遗址塔群

在札达县城古格故城遗址托林寺殿堂塔及寺外塔林。寺始建元代，原有数百座塔，残存28座佛塔。迦萨殿四角立覆钵式塔，代表四大天王。

▶ **托林寺天降塔**

在札达县城托林寺。古格王国时期
建，近年重修。覆钵式土塔。皮央遗址塔
在札达东嘎皮央寺遗址。古格王国末期
建。覆钵式土塔。

◀ **皮央遗址塔**

在札达东嘎皮央寺遗址。古格王国末期建。覆
钵式土塔。

▶ **离合塔**

在札达县多香城堡遗址，古格王国时期建。覆
钵式土塔。

陕西省图谱

中国古塔全谱

西安市

新城区　▶ 万寿寺塔

在西安市新城区万寿中路西安市第二十八中学万寿寺遗址。三层壁券额嵌"藏经塔"铭,又称藏经塔。六角六层楼阁式砖塔,22.26米高。

碑林区　▼ 小雁塔

在西安市碑林区友谊西路。又名荐福寺塔,全国重点文物保护单位。唐景龙年间建,四角十五层楼阁式空心砖塔(图左),1965年维修加固。残存十三层,高43.4米(图右)。其结构坚固,塔基夯土筑成半球体,历经多次大地震安然屹立,裂缝自然弥合。

▶ 宝庆寺塔

在西安市碑林区书院门街宝庆寺遗址。寺始建于隋仁寿年间,塔于明景泰二年(1451)重建,清重修。六角七层楼阁式实心砖塔,高23米。塔上龛内嵌有北魏、隋唐13块石刻造像。东侧有明碑。

◀ **文峰塔**

在西安市碑林区三学街与柏树林街之间。四角两层楼阁式实心砖塔。高约15米。

未央区

▶ **敦煌寺塔**

在西安市未央区汉城乡青西村。六角七层楼阁式实心砖塔。寺始建于西晋，有敦煌菩萨曾在此翻译法华经，后人建塔龛供其灵骨舍利。隋重建，清顺治年间重修。三层门额"白毫藏"（意为供养舍利）。底层壁砖多模印"敦煌塔砖"字样。

雁塔区

▼ **大雁塔**

在西安市雁塔区雁塔南路大慈恩寺。全国重点文物保护单位。四角七层楼阁式砖塔，又名慈恩寺塔。唐永徽三年（652）建四角五层楼阁式砖塔，武则天长安年间改建为七层。明万历年间塔身加砌砖面。64.839米高。塔内置褚遂良书《大唐三藏圣教序》《大唐三藏圣教序记》碑。

▲ **慈恩寺舍利塔林**

在西安市雁塔区雁塔南路大慈恩寺有6座舍利塔。清康熙四十四年（1705）建憨月圆禅师塔（右下），六角三层幢式石塔，高约4米；雍正九年（1731）建粲然和尚塔，六角单层亭阁式砖塔，高约5米。其余4座为六角两层楼阁式实心砖塔：清治宽和尚寿塔，须弥座部分埋入地下，地上高约4.5米；道光二十五年（1845）建清悟和尚灵骨塔，高约5米；咸丰九年（1859）建觉科和尚寿塔，高约5米，基座下半部分埋入地下；光绪二十五年（1899）建纯骨和尚灵骨塔。

◀ 大兴善寺普同塔

原在西安市雁塔区小寨路，1990年迁入大兴善寺。清代建。六角五层楼阁式砖塔，通高约18米。四角塔座门额砖雕"舍利塔"。

长安区

▼ 南五台圣寿寺塔

在西安市长安区五台乡台沟口村西南圣寿寺，又名应身大士圆寂塔。全国重点文物保护单位。史载隋代始建，唐中后期风格。四角七层楼阁式砖塔。高29.5米。塔顶铁质相轮。

◀ 印光大师影堂石塔

在西安市长安区五台乡台沟口村西南圣寿寺。1940年建。四角三层楼阁式石塔。高8.41米。一层门额于右任题"印光大师影堂"，三层额题"佛光宝塔"。

▼ 香积寺善导塔

在西安市长安区郭杜镇香积村香积寺。全国重点文物保护单位。建于唐永隆二年（681），一说神龙二年（706）。唐高宗赐舍利千余粒及百宝蟠花，武则天曾来此瞻仰。四角十三层密檐式空心砖塔，残存十一层，残高33米。底层有清乾隆间门额"涅槃盛事"。

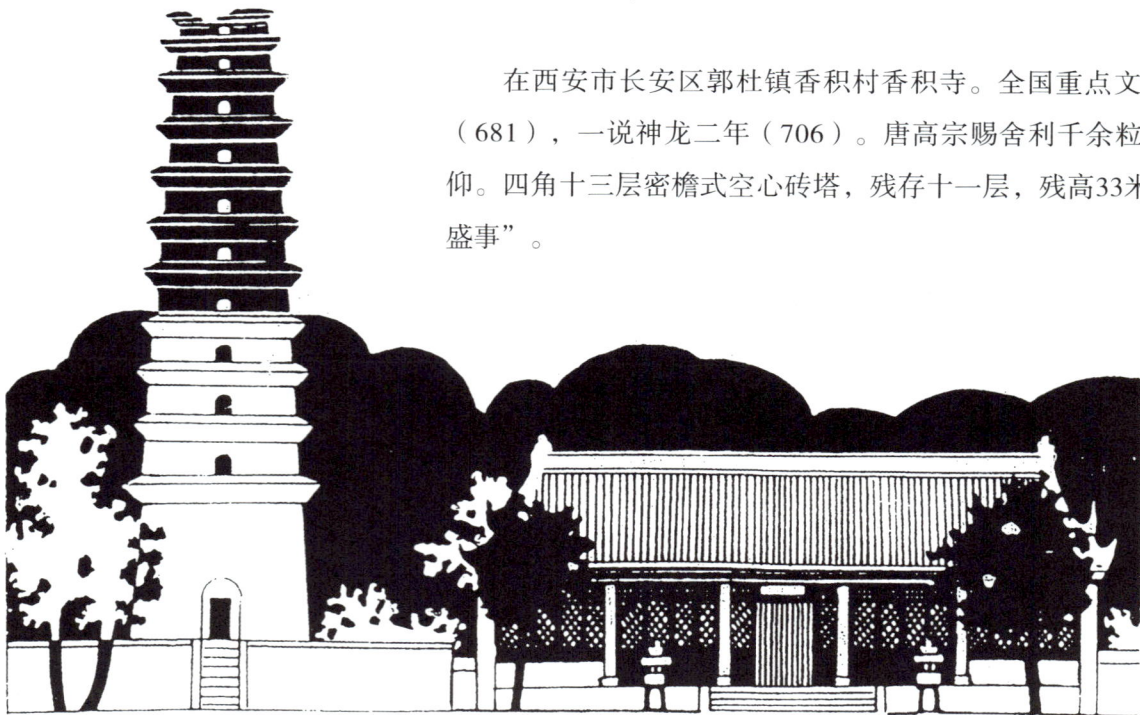

◄ 香积寺敬业塔

在西安市长安区郭杜镇香积寺。敬业为善导弟子。建于唐延和元年（712），一说开元十二年（724）。四角五层楼阁式实心砖塔。高15.12米。

▼ 香积寺舍利塔

在西安市长安区杜镇香积寺。清代建舍利塔，1990年代修复3座，多宝塔式石塔。

◄ 华严寺双塔

在西安市长安区韦曲镇局连村。东塔杜顺塔，亦称真如塔，全国重点文物保护单位。四角七层楼阁式砖塔。唐贞观十五年（641）建，高21.27米。唐代塔基在地面1.8米下。三层嵌"无垢净光宝塔"偈，七层匾额"严主"。西塔清凉国师塔，六角五层楼阁式实心砖塔。元至元九年（1272）、清乾隆及现代重建。高16.7米。二层嵌"大唐清凉国师妙觉之塔"铭。1980年代拆迁重建时发现绿色玉石瓶，内装舍利35枚。

► 兴教寺玄奘塔

在西安市长安区杜曲镇兴教寺西侧塔院。全国重点文物保护单位。唐总章二年（669）建，中和二年（882）重建。四角五层楼阁式实心砖塔，高约21米。底层南面龛室内置清代泥塑玄奘像，北壁嵌《大唐三藏大遍觉法师塔铭》偈。

► 基师塔

在玄奘塔左侧，宋称慈恩塔。全国重点文物保护单位。窥基是玄奘嫡传大弟子，获赞"百部疏主"。唐永淳元年（682）建，大和三年（829）重建。四角三层楼阁式实心砖塔，高6.76米。底层龛室有窥基泥塑像。北壁嵌《大慈恩寺大法师基公塔铭并序》。

► 测师塔

在玄奘塔右侧。圆测是玄奘的新罗弟子，传为新罗王孙。武周万岁通天元年（696）圆寂。遗骨分葬部分于此。四角三层楼阁式实心砖塔，高7.1米。

◀ 嘉午台舍利塔

在西安市长安区引镇五里庙村西侧嘉午台山。清代建，六角五层楼阁式砖塔。7.16米高。

▶ 玉皇坪僧人舍利塔

在西安市长安区滦镇玉皇坪村半山腰村。清代建。覆钵式两层舍利石塔。高4.7米。塔刹无存，今以混凝土补塑。

▲ 净业寺舍利塔林

在西安市长安区滦镇沣峪口村南净业寺。图左清雍正年间建舍利砖塔3座：普通禅师塔、圆明禅师塔，四角单层楼阁式砖塔，分别约3.5米和3米高；印月禅师塔，四角两层楼阁式砖塔，高约3.2米。图右明代覆钵式石塔1座，残高1.8米。

▶ 道宣律师灵塔

在净业寺舍利塔林。道宣曾助玄奘译经。唐代建，清康熙五十二年（1713）重建，毁于"文化大革命"。20世纪末重建。六角五层楼阁式砖塔，高约6米。

◀ 净业寺喇嘛塔

在净业寺后山。时代不详。高浮雕覆钵式石塔。3.28米高。正面设佛龛。

◀ 沣德寺舍利塔林

在西安市长安区滦镇沣峪口村。明代喇嘛式石塔5座，残高1.65-2米。仅空通禅师塔存塔铭（左），明永乐六年（1408）建，覆钵式塔，上部仅存出檐部分。（左图）

▲ 清华山舍利塔

在西安市长安区滦镇清华山卧佛寺。覆钵式舍利石塔。高约3米。塔刹已失。

▲ 二龙塔

在西安市长安区太乙宫镇温家山村东南。唐代建。四角七层楼阁式砖塔，残存六层。残高18.65米。

▶ 天池寺塔

在西安市长安区太乙宫镇蛟峪村东南侧山头。宋昙远禅师舍利塔，明正德八年（1513）建。六角七层楼阁式实心砖塔。高20.3米。塔顶有一米高铸铁塔刹。

▲　觉郎禅师舍利塔

在西安市长安区太乙宫镇西岔村南五台后山。六角三层楼阁式实心砖塔。高约7米。石雕宝瓶式塔刹。

高陵区

◀　三阳寺塔

在西安市高陵区鹿苑镇高陵中学唐昭慧院（又称三阳寺）遗址。又称昭慧寺塔、高陵塔。全国重点文物保护单位。八角十三层砖塔，一至八层为楼阁式，九层以上密檐式。明代建。高53米。

▼　青龙寺塔

在西安市高陵区铁炉庙村北青龙寺遗址。空海为日本入唐学法高僧，后回日本开创密宗佛教。塔为日本佛教界建于1981年。四角三层，造型取法大雁塔。

鄠邑区　　◀　户县草堂寺鸠摩罗什舍利塔

在西安市鄠邑区草堂镇草堂营村草堂寺。全国重点文物保护单位。鸠摩罗什为中国佛教四大译家之一，创佛教三论宗和成实宗。建塔年代不详，唐后期风格。八角单层亭阁式舍利石塔。2.44米高。

◀ **宝林寺塔**

在西安市鄠邑区太平乡绕湾村南面山中。亦称紫阁山宝林寺塔（或称紫阁寺塔）。史载宝林寺为尉迟恭监修，又称敬德塔。寺内原有3座舍利砖塔，"文化大革命"中毁掉。1984年维修时在五层发现塔铭，记载其建于宋元祐七年（1092）。四角七层楼阁式实心砖塔，塔顶残毁，残高16.98米。

▶ **湛文和尚舍利塔**

在西安市鄠邑区秦渡镇北庞村南罗汉寺。铭文刻明嘉靖十八年（1539）建。覆钵式舍利石塔，残高约3米，无塔刹，塔体各部分的组合有明显的后代拼凑痕迹。

🏵 **周至县**

▶ **周至刘崙衣钵塔**

在周至县楼观镇南街子村南侧。清道光四年（1824）建。六角三层楼阁式实心砖塔。高约8米。

◀ **周至大秦寺塔**

在周至县楼观镇塔峪村南侧。亦称塔村古塔、楼观塔、镇仙宝塔。全国重点文物保护单位。八角七层楼阁式砖塔。宋代建，清同治年间重修。高40.9米。

◀ 仙游寺塔

在周至县马召镇黑河水库西北。全国重点文物保护单位。隋仁寿元年（601）建法王塔，唐开元十三年（725）重建。1998年因修建水库，寺、塔拆迁到108国道旁。四角七层楼阁式砖塔。通高34.56米。塔台南面辟券门。地宫藏唐《仙游寺舍利塔铭》。塔刹已毁。仙游寺搬迁前，还有和尚墓塔和其他残塔6座，现均不存（下图为原有明老和尚泥洹塔，六角三层实心砖塔，建于清乾隆三十五年（1770）；守贞和尚法范塔，六角二层实心砖塔，清道光年间建；覆钵式石塔，年代不详）。

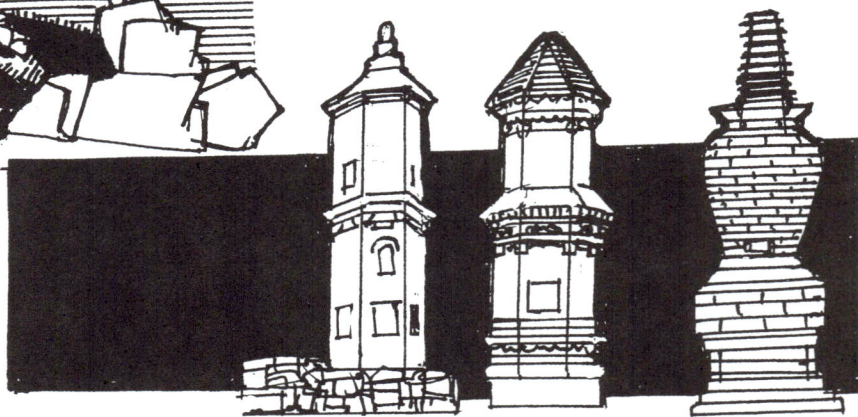

◀ 瑞光寺塔

在周至县二曲镇。全国重点文物保护单位。四角十一层密檐式空心砖塔。塔身底层各面长期有两朵云状阴湿痕迹，俗称"八云塔"。唐景龙二年（708）建。残高35.74米。

蓝田县　▼ 上悟真寺塔林

在蓝田县普化镇悟真寺左前方塔岭。自左至右依次为：明代覆钵式塔2座，高4米以上。明清时期四角单层亭阁式石塔2座，分别高4.5、3.3米。安智川禅师塔，清同治三年（1864）建，单层宝瓶式舍利石塔，高约2米。清代单层鼓形舍利石塔。清代橄榄形单层石舍利塔。

榆林市

榆阳区

▼ 古塔寺塔

在榆林市榆阳区古塔乡山坡。建于元天顺元年（1328），清光绪二十一年（1895）补修。八角七层楼阁式砖塔。高10.7米。塔刹无存。

▲ 接引寺塔

在陕西榆林榆阳区镇远门南。又称凌霄塔、榆阳寺塔。明万历年间建。2004年大修。八角十三层楼阁式砖塔。高43米。首层各面分别以易经八卦题额。黄琉璃瓦塔顶，原刹已毁，现为覆钵式塔刹。

◀ 三圣寺喇嘛塔、僧人舍利塔

在榆林市榆阳区青云乡太平沟村三圣寺。双重覆钵式砖塔，4.8米高。六角单层楼阁式砖舍利塔，高2.45米。无塔刹。

横山区

▶ 响玲塔

在榆林市横山区塔湾村。又称红门寺塔。全国重点文物保护单位。元泰定年间建。八角十一层楼阁式砖石塔。残高27米。二层以上外砖内石结构。首层塔室内壁绘壁画。

▶ 万灵寺多宝塔

在榆林市横山区殿市镇张家湾村。三层多宝塔式石塔。砖座上石雕仰覆莲座，一层覆钵式塔体，上有嘉靖三十六年（1557）启建字样。二三层分别为八棱石和鼓形塔身。高4.5米。塔刹残损。

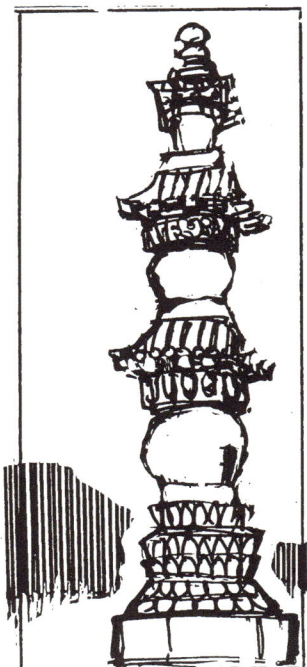

◀ **王皮庄响玲塔**

在榆林市横山区石畔镇王皮庄。清代建。三层石雕多宝塔。高5.2米。各层塔身覆钵式，八角塔檐。底层出檐南面刻"福"字，浮雕仙人像。三层题铭"南极□神之位"，檐刻"紫益天柱，鹫岭祗园"。

▶ **接引塔**

在榆林市横山区波罗镇波罗村。明成化九年（1473）建，清光绪五年（1879）重修。八角八层楼阁式实心砖塔，高12米。

▼ **法云寺舍利塔群**

在榆林市横山区五龙山乡龙湾村山上古庙。清代建。覆钵式塔4座。其一砖石砌筑，其余砖塔。三座高6米，一座高4.5米。第一座塔碑碣"□善"、第三、四座铭文"开山比丘慈善庆翁大和尚"。

▶ **清凉寺喇嘛塔**

在榆林市横山区党岔镇胡新窑村。明万历年间建。覆钵式砖塔。高11米。

府谷县

▶ 黄甫石塔

在府谷县黄甫镇黄甫村。明代建。五层楼阁式石塔。残高5米。塔身每层由整块砂岩石料雕琢。底层扁鼓形，浮雕缠枝花卉，仰覆莲出檐。二层以上六角形，第五层每面雕饰坐佛。

佳县

◀ 凌云塔

在佳县佳州街道县体育场。亦称雁塔。明万历三十九年（1611）建。八角七层楼阁式砖塔，高26.4米。

米脂县

▶ 天王塔

在米脂县郭兴庄乡天王塔村。宋代建，明嘉靖四十五年（1566）重修。六角七层楼阁式砖塔。现存四层半，残高9米。

绥德县

▶ 宝台寺塔

在绥德县中角乡大庄里村。宋代建，明正统七年（1442）重建。五层经幢式石塔。高7米。

▶ 合龙山塔

在绥德县张家砭乡五里湾村旁合龙山。明万历十八年（1590）建，1984年维修。六角七层楼阁式砖塔。高约17米。

▶ 兴善寺普通塔

在绥德县满堂川乡赵家铺村。建于明景泰二年（1451）。六层幢式石塔，高约10米。一至四层六角形，一二层浮雕佛像、人物，三四层刻佛经、塔铭。五层圆柱形，六层塔身由两段六角中间一段椭圆形构成。

延安市

宝塔区

▶ 琉璃塔

原在延安市宝塔区甘谷驿镇唐家坪村南，明崇祯二年（1629）建，1985年迁清凉山。八角七层楼阁式实心琉璃塔。塔身以琉璃砖为表，土坯填实。高6.25米。五层铭文"山西汾州府匠人侯大阳"。

◀ 岭山寺塔

在延安市宝塔区宝塔山，现称延安宝塔。明万历三十六年（1608）建。八角九层楼阁式砖塔，高44米。底层门额："高超碧落""俯视红尘"。塔刹已毁。

▼ 佛骨灵牙宝塔

在延安市宝塔区南泥湾镇阳湾村西北。明代建。1990年代残存两层，高3.86米。现仅存底层。底层龛内有"佛骨灵牙宝塔"塔铭。

► **清静正法明王如来佛塔**

在延安市宝塔区甘谷驿镇后薛家沟村北。明万历三十五年（1607）建，历12年。十层楼阁式实心石塔。残存八层，高4.82米。一至七层六角形，八九层圆鼓形。

延长县

► **南禅寺塔**

在延长县交口镇董家河村李坪自然村东北。明代建。六角两层楼阁式实心砖塔，层间双重檐。高2.25米。塔刹已毁。

► **狗头山石塔**

在延长县南河沟乡呼家村东北狗头山。清代建。圆锥形三层实心石塔，塔刹已毁。残高6.45米。

子长县

▼ **普同塔**

在子长县安定镇姬家庄村西，又名惠善浮图塔。宋代建，明洪武二十五年（1392）重修。六角七层楼阁式石塔，高9.5米。各面龛中造佛或菩萨像。塔刹一坐莲花佛像，已残。

▼ **石宫寺塔**

在子长县安定镇钟山石窟后山，又称万佛岩砖塔。明嘉靖二年（1523）建，清康熙年间重修。五层六角楼阁式砖塔。高14.3米。

▼ **松岩禅师塔**

在子长县钟山石窟东侧。建于清道光二十八年（1848）。多宝塔式石舍利塔，残存三层，高3.18米。底层塔身鼓形，二三层六角形。

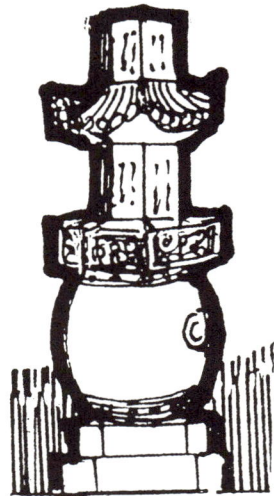

志丹县

▶ 盘龙禅院石塔

原在陕甘交界深山中，2001年迁到志丹县县城炮楼山。明成化十年（1474）建。六角七层楼阁式石造像塔。5.75米高。

◀ 草垛湾双塔

在志丹县金鼎乡草垛村东。明代建。南北向并列八角五层楼阁式砖塔。北塔高5.6米，南塔残高5.4米。

◀ 马家河塔

在志丹县永宁镇马家河村西南，又名白沙川塔。千佛洞僧舍利塔。八角楼阁式砖塔，残存五层，高5.6米。

▶ 赵石畔石塔

在志丹县吴堡乡赵石畔村西北。明代建。六角九层楼阁式石塔。7.5米高，塔身刻满跌跏坐佛，塔刹无存。

▼ 九塔湾塔群

在志丹县正义乡花石庵村九塔湾。明代塔林。现存8座。分别为：八角九层楼阁式砖塔，地面残存5层，高6.7米；四角四层楼阁式砖塔，高5.31米；四角九层楼阁式砖塔，高8.2米；两座八角四层楼阁式砖塔，高5.05米、4.7米，后者四层塔面有朱色绘制动物图案；3座八角楼阁式砖塔，地面可见四层，分别高4米、4.28米、4.2米。塔刹无存。

◀ 石湾古塔

在志丹县正义乡花石庵村东北。明代建，八角楼阁式砖塔，地面可见六层，高约6米。塔刹无存。

▶ 龙泉寺舍利塔群

在志丹县正义乡龙泉寺村西。现存11座石舍利塔。明代建，可辨认出成化七年（1471）至万历十三年（1585），8座系1991年前复修。其中5座楼阁式、6座多宝塔式。高1.6米至6米。本空聪禅师塔最高，约6米，六角七层楼阁式。

富县

▲ 福严院塔

在富县北道德乡东村南。全国重点文物保护单位。宋代建。八角十三层楼阁式砖塔，高30.2米。假门窗制作精细，用砖规格达40余种。塔刹无存。

▲ 柏山寺塔

在富县直罗镇北侧山坡。又名直罗塔。唐武德二年（619）建，宋景德元年（1004）重修。八角十一层楼阁式实心砖塔。高43.3米。

▲ 开元寺塔

在富县茶坊街道龟山，又名富县塔。全国重点文物保护单位。唐开元二十八年（740）建寺，稍后建塔。四角十一层楼阁式砖塔，残高40米。

◀ 八卦寺塔群

在富县张家湾镇八卦寺村北顶。今存明塔3座：八角楼阁式实心砖塔，残存八层，高约10米；四角八层密檐式砖塔，高9.5米；八角八层密檐式砖塔，残存八层，残高9.7米。均无塔刹。

▶ 白骨塔

在富县张家湾镇油坊头村东。清同治十三年（1874）由左宗棠属下湘军建。方锥形实心塔。高3.9米。下部块石、上部砖砌筑。

◀ **昉公塔**

在富县北道德乡梁子塬村西北。明弘治年间建。八角四层楼阁式砖塔，残高8米。塔刹无存。

▶ **杨兴墓塔**

在富县羊泉镇。明景泰五年（1454）建。四角单层亭阁式石塔。高3.6米。塔刹无存。浮雕人物画像。门额"考妣杨兴之塔"。

延川县

▶ **张家河魁星楼**

在延川县贾家坪乡张家河村。清代建。四角三层楼阁式砖石塔，高7.64米。二层券洞贯通南北，三层十字券洞。原供文昌帝君塑像。

◀ **文安驿魁星楼**

在延川县文安镇文安驿村。清雍正年间建，于乾隆年间、1915年重修。四角单层亭阁式砖塔。高3米。

洛川县

▶ **无量祖师塔**

在洛川县百益乡董村。清乾隆十二年（1747）建，嘉庆七年（1802）重修。方锥形夯土塔。高4.4米。

▶ **万凤塔**

在洛川县土基镇鄜城村。始建于唐，现塔宋代风格。多次重修。八角十三层楼阁式砖塔。高42米。塔刹无存。

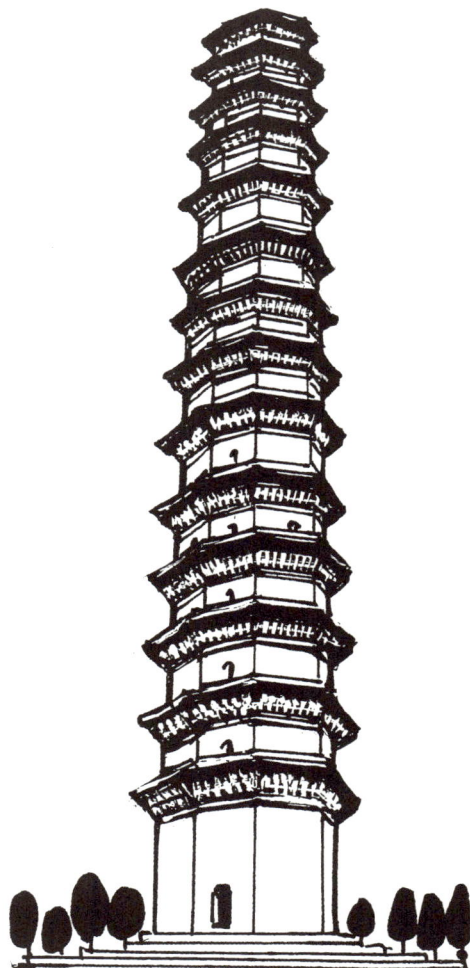

▶ 辽空塔

在洛川县永乡镇当川村西北古庙。明代建，清代重修。八角三层楼阁式实心砖塔，高5.35米。

◀ 桥章塔

在洛川县土基镇桥章村。清代建，八角两层楼阁式实心砖塔。高3米。塔刹无存。

▶ 统将村魁星楼

在洛川县文安驿镇文安驿村。清代建，民国初年重修。四角三层楼阁式砖塔。高16米。塔刹无存。

▶ 洛川清代土塔群

在洛川县石泉乡上兰村、下兰村及东石泉西村，槐北镇东头村、老央镇桃坡村。年代不详。方锥形实心夯土塔。高5至10米。右为东头村土塔，高约6米。

宜川县

◀ 东阁楼村塔

在宜川县阁楼镇西阁楼村小学。清代建。六角五层楼阁式实心砖塔。高11.9米。塔刹已残。

▶ 西阁楼村塔

在宜川县阁楼村。建于清乾隆二十年（1755）。六角五层楼阁式实心砖塔。高11米。

◄ 柴寸村文昌阁塔

在宜川县阁楼镇柴寸村。清乾隆二十年建。方锥形实心砖石塔，高6.35米。龛额"文昌阁"。黑瓷塔刹。

► 下汾川村风水塔

在宜川县阁楼镇下汾川村。清代建。方锥形实心砖塔。高约10米。下层块石砌筑，上层砖砌。塔刹已残。

黄龙县

▼ 王庄村文峰塔

在黄龙县柏峪乡王庄村。圆锥形石塔，俗称风水塔。残高约6米。塔顶残毁。

吴起县

▼ 宁赛城祖师庙塔

在吴起县长城乡宁赛城祖师庙遗址。明铸造，六角单层盘龙柱亭阁式铁塔。基座已毁，残高0.7米。无塔刹。铭文"钦差镇守延绥蓟辽等处总兵官都督同知杜"。

▲ 下北赤村文峰塔

在宜川县新市河乡下北赤村。清乾隆十五年（1750）建。六角五层楼阁式实心砖塔。高9.6米。五层佛龛题额为"永佑斯文"。塔刹为瓷瓶。

宝鸡市

陇县　　　**► 龙门洞铁塔**

在陇县新集川房村景福山，又称望峰塔。清康熙三十三年（1694）造。六角两层亭阁式铁塔醮炉。高2.6米。

凤翔县

► 南宗禅师舍利塔

在凤翔县姚家沟镇寺沟庙后。明成化十九年（1483）立。覆钵式石舍利塔。高3.6米。

岐山县

► 太平寺塔

在岐山县凤鸣镇。全国重点文物保护单位。建于北宋元祐三年（1088）。八角九层楼阁式塔。28.2米高。

扶风县

► 沣峰塔

在扶风县段家乡赵家沟村。清乾隆二十三年（1758）建。八角九层楼阁式砖塔。高24.8米。

► 法门寺塔

在扶风县法门镇法门寺。本名真身宝塔。唐贞观五年（631）重建木塔。明万历三十七年（1609）建成八角十三层楼阁式砖塔。1981年塔身西边倒塌，1988年按原貌重建，钢筋混凝土结构，外墙下二层用原塔明砖砌筑，三层以上仿明砖建造。重建时发现唐咸通十五年（874）封的地宫，内有佛指舍利及稀世珍宝。

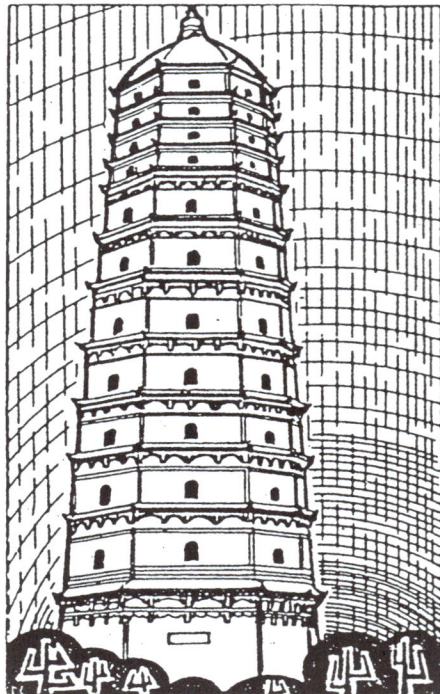

▲ 法门寺塔地宫纯金塔

原藏于扶风县法门镇法门寺塔地宫。唐代造，单檐四门亭阁式纯金塔。藏佛指舍利据考为唐宪宗所迎佛骨。

▼ 法门寺塔地宫铜塔

原藏于扶风县法门镇法门寺塔地宫。唐代造，铜制亭阁式舍利塔。

▲ 法门寺塔地宫阿育王塔

原藏于扶风县法门镇法门寺塔地宫。唐代造，彩绘浮雕汉白四铺菩萨舍利塔。高约60厘米。

眉县

▶ 净光寺塔

在眉县首善街道县政府院内。又名凌云塔。晚唐建。因塔身严重倾斜，2001年、2013年纠偏工程。四角七层楼阁式砖塔。二层以上实心。高20.44米。

太白县

▼ 香峰寺舍利塔群

在太白县高码头乡青峰山。香峰寺遗址。石塔7座。1座基本完整，为多宝式石塔，高3.27米。另有3座仅剩不规则的覆钵式塔身，残高0.81至1.8米。

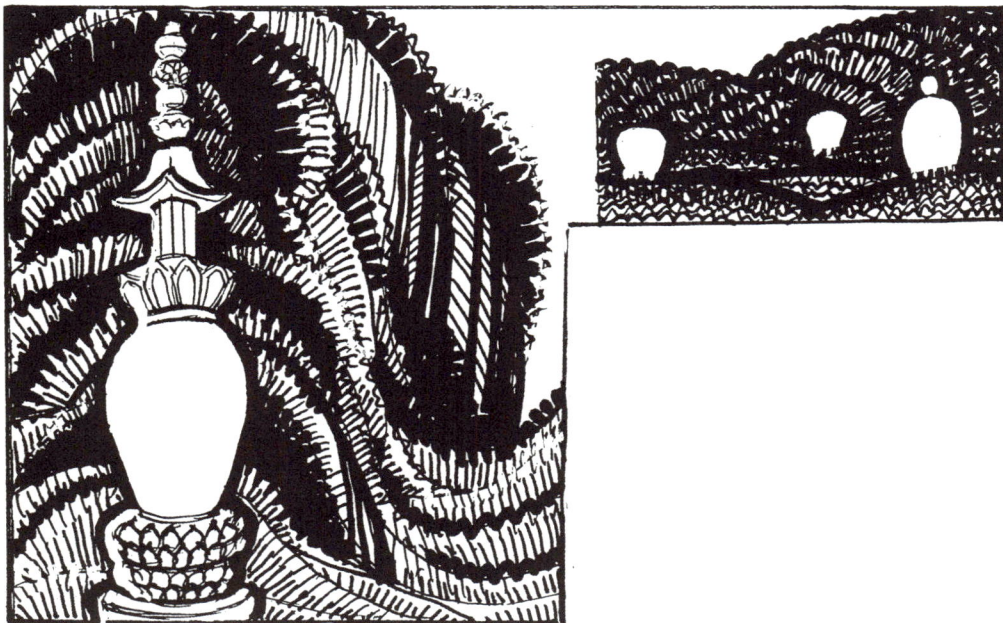

凤县

▼ 天台寺舍利塔

在凤县红花铺花沟村西沟。清道光二十八年（1848）建。六角三层楼阁式石塔。3.5米高。

▶ 慧公大和尚塔

在凤县红花铺镇五里庙村。清同治十年（1871）建。五角四层石塔。残高2.7米。塔身整体五边锥体，塔刹无存。据塔铭，工匠为"巴州石匠严子发"。

◀ 长坪村双塔

在凤县留凤关镇长坪村，双塔相距七八米。清末民初建。石块垒成鼓形塔。较瘦长塔身刻字"□济正宗三七三世□"等；另一塔身正面刻字颇多，仅辨认"性贤""性善""陕西""白水"等字，背面刻趺跏佛像。

▶ 王道士塔

在凤县凤州镇凤州村豆积山。六角五层楼阁式砖塔。为纪念募化重修果老洞庙宇王道人建于清道光二十七年（1847）。高约8米。顶残毁。

▶ □超老和尚塔

在凤县凤州镇凤州村豆积山。六角三层幢式石塔。清光绪十六年（1890）由石匠印武打造。2005年复建。高3.7米。

咸阳市

渭城区

▶ 千佛铁塔

在咸阳市渭城区北社镇西村。又称福昌寺塔、北社铁塔。全国重点文物保护单位。清康熙初年建。八角九层楼阁式铁塔。高约21米。砖砌塔基高3.08米。南北均辟券门，内设砖阶梯。南券门嵌"千佛塔"铁匾。塔身外铁内砖，各层外壁铸各种图案及铁佛多尊。底层三面辟圆拱门；四面铸四大天王像。二层多处有铭文。塔内砌壁内折上塔梯。

彬县

▶ 开元寺塔

在彬县西大街县体育场。又称彬县塔。全国重点文物
保护单位。塔刹莲花座铭记其建于宋皇祐五年（1053）。
八角七层楼阁式砖塔。高47.84米。塔刹无存。

旬邑县

◀ 泰塔

在旬邑县城关街道北街。全国重点文物保护单位。塔砖铭文为
北宋嘉祐五年（1060）。八角七层楼阁式砖塔。高53米。塔顶四周
有跪姿铁人，颈系铁索连接塔顶中央。

乾县

▶ 香严寺普通宝塔

在乾县灵源乡孝义村樊家。明弘治十七
年（1504）建。四角五层楼阁式砖塔。残高
约7米。有铭文"四川匠人何胜药"。

永寿县

▶ 武陵寺塔

在永寿县永坪镇裕丰村。
全国重点文物保护单位。又称
永寿塔、永坪古塔。宋大观元
年（1107）建。八角四层楼阁
式砖塔。残高27.5米。

▲ 兴化寺心公和尚灵塔

在乾县梁村镇中曲村。六角三层楼
阁式砖塔。1931年建。高约7米。三层
六面各嵌一字组成"南无阿弥陀佛"。

武功县

▶ 报本寺塔

在武功县武功镇北街。又称武功塔。北宋治平三年（1066）建，明万历三十五年（1607）甃砖。八角七层楼阁式砖塔。高39.66米。塔顶残毁。1987年维修时在地宫发现北宋汉白玉彩绘石椁、银椁、金棺及41粒舍利子。

◀ 释伽文佛舍利宝塔

在武功县固乡寺背后村。又称寺背后塔、马佛寺塔。塔身嵌明正德十三年（1518）碑铭两方。覆钵状砖塔。高9.1米。

礼泉县

▼ 金龟寺塔

在礼泉县阡东镇底照吴家村。清康熙初年建。八角十层楼阁式砖塔。高45米。底层门额"普通宝塔"。一层塔身嵌石碣，下排浮雕人物，上排刻八卦方位。二至七层以券窗和佛龛相间。

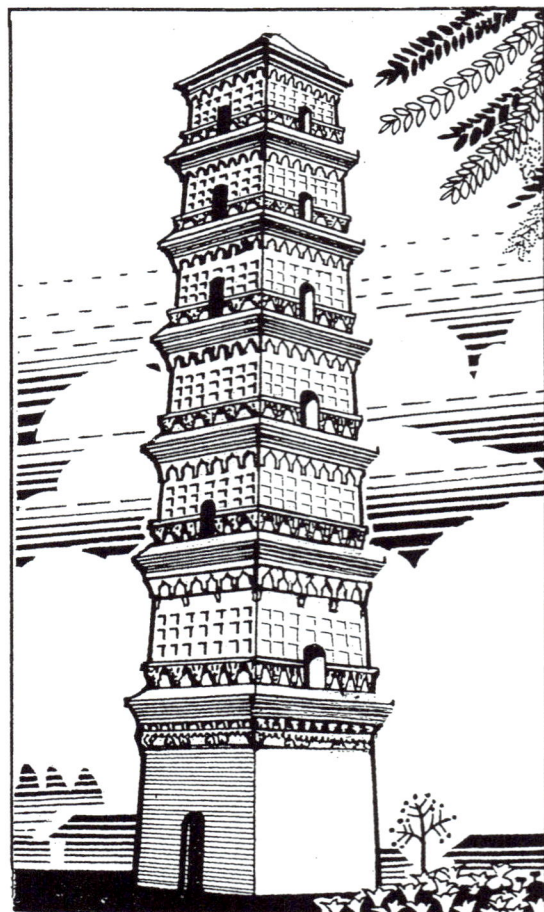

▲ 香积寺塔

在礼泉县烽火乡刘家村。传汉高祖薄太后为礼泉薄太后村人，故又称薄太后塔，此说与《汉书》不合。始建时间多说，具宋塔特征。四角七层楼阁式砖塔。高28米。

三原县

▶ 中王堡塔

在三原县，又名文峰木塔。明万历二十二年（1594）建。清康熙十九年（1680）、1940年重修。高约20米。六角三层四檐楼阁式木塔。砖石六角形塔基，塔身有6根通柱，底层柱包砌在墙内。

▼ 振锡寺塔

在泾阳县蒋路乡嵯峨山第二峰顶。唐大中年间建，明嘉靖年间重修。六角五层楼阁式砖石塔。残高13.3米。塔基和下两层石砌，以上砖砌。严重倾斜，塔刹无存。

泾阳县

◀ 崇文塔

在泾阳县崇文乡东太平村。又称铁佛寺塔。全国重点文物保护单位。明万历二十一年（1593）建，三十三年（1605）竣工。碑记称"镇江塔匠丁良益、龚念肆、邑匠田得时、高汝清"主持建造。八角十三层楼阁式砖塔。高87.218米，为全国现存最高砖塔。首层重檐。上下层门、龛依次相错。穿心式结构，塔壁内为券顶式环廊，塔梯在中心柱中盘旋而上，进入上一层环廊，再由塔心柱中穿插而上。层与层间、外壁、中心柱结为一体，增强抗裂强度。塔顶圈以城垛式护墙。二至十层门、龛旁设砖雕灯龛，佳节灯火壮观。

兴平市

▶ 清梵寺塔

在兴平市东城街道北寺巷清梵寺（曾改名保宁寺）。又称兴平北塔（南塔拆除于1960年代）。全国重点文物保护单位。始建于唐贞观元年（627），清乾隆四十七至五十一年间（1782—1786）重修。八角七层楼阁式砖塔。塔顶残毁，高38.6米。

▶ 文庙铁塔

在兴平市东城街道县门街文化馆（原文庙）内两座塔式醮炉。明崇祯三年（1630）铸造。原在城隍庙，后迁入文庙。一为八角四层亭阁式铁塔，高6.12米。一层八根盘龙柱支撑，二层塔身以三重仰莲座承托，浮雕佛像及图案。四层塔身亭式结构，环绕平座栏杆。顶部有胡人牵狮雕像。狮背负宝瓶式塔刹。另一为八角五层亭阁式铁塔式，高3.8米。形制相似。

渭南市

🏵 临渭区

◀ 镇风宝塔

在渭南市临渭区交斜镇东耒化村，又名耒化塔、庆安寺塔。全国重点文物保护单位。唐代建，北宋重修。四角九层楼阁式砖塔。明嘉靖三十七年（1558）重建。2004年大修新增塔刹。高30余米。

▼ 慧照寺塔

在渭南市临渭区下吉镇。又称下邽塔。全国重点文物保护单位。四角九层楼阁式砖塔。唐末建，北宋重修。明万历九年（1581）重建。高36米。外壁嵌重修塔记，宝瓶式铜刹。

🏵 华州区

▼ 蕴空寺舍利塔

在渭南市华州区大明乡郝窑村蕴空寺。现存2座墓塔。蕴空禅师墓塔，北宋治平三年（1066）重建。四角三层楼阁式砖塔，高约8米。塔刹无存。普乾法师墓塔，清代建。四角三层楼阁式砖塔，高7米。底层门额"了空遗踪"。塔下地宫有石质棺材。

大荔县

► 金龙寺塔

在大荔县朝邑镇大寨子村。建于唐贞观元年（627），明末重建。八角七层楼阁式砖塔。高25米。

◄ 文殊新塔

在大荔县城关镇。北宋建文殊阁，清道光二十年（1840）于旧址建四层塔，光绪四年（1878）增为七层。1927年重建六角七层楼阁式砖塔。高约30米。底层门额“菩提树”。

富平县

▼ 法源寺塔

在富平县美原镇中心小学。全国重点文物保护单位。始建唐咸亨二年（671），后代修葺。八角九层楼阁式砖塔。高27米。

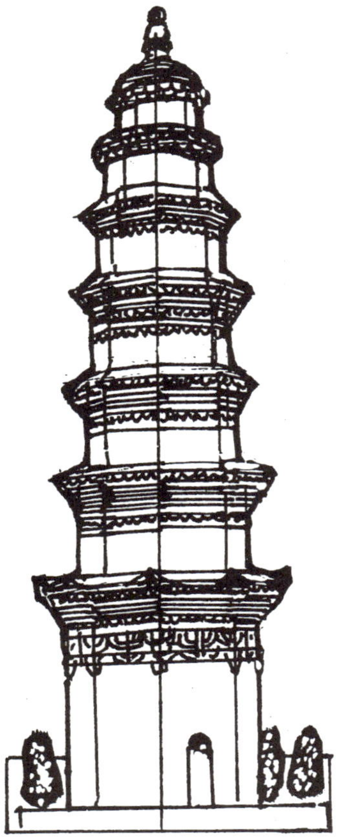

► 圣佛寺塔

在富平县城关镇金城村。唐始建，重修于清康熙五年（1666）。八角七层楼阁式砖塔。高21米。二层设平座勾栏，上饰八卦图案。

◄ 万斛寺塔

在富平县峪岭乡峪岭村东。全国重点文物保护单位。四角七层楼阁式砖塔。唐代建，明万历年间修葺。高26.7米。

合阳县

◀ 圣寿寺塔

在合阳县百良镇百良中学。全国重点文物保护单位。传唐初建，清康熙元年（1662）重建。四角十三层密檐式砖塔。高29.7米。

▶ 罗山寺塔

在合阳县和家庄镇东马村。全国重点文物保护单位。唐大中元年至十二年（847—858）建。四角九层楼阁式砖塔，残存八层，高29.97米。附近两座土塔。

◀ 大象寺塔

在合阳县城关镇杨家洼村大象寺遗址。又称龙王庙塔、安阳塔。全国重点文物保护单位。宋代建。四角十三层密檐式砖塔。残高28米。一层有塔室。塔向东北倾斜超过5度。

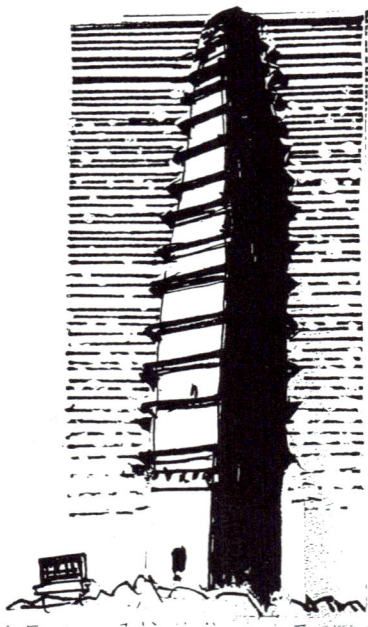

▶ 千金塔

在合阳县城关街道天合园。全国重点文物保护单位。明万历三十七年（1609）县人捐银千两建得称。八角十三层楼阁式砖塔。高27米。塔刹无存。

▲ 城村塔

在合阳甘井镇城村。清道光年间建。六角五层实心砖塔。高8米。山字形铁刹。

▲ 北伍中村奎星塔

在合阳县甘井镇伍中村。清道光二十九年（1849）建。高约10米。六角七层实心砖塔。铁刹已残。

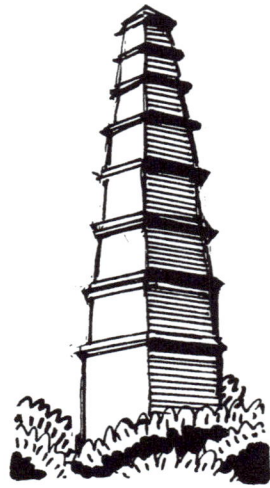

▲ 南伍中村风水塔

在合阳县城关街道南伍中村。六角七层楼阁式实心砖塔，高15米。塔刹无存。

白水县

◀ 飞泉寺舍利塔

在白水县雷牙乡腰家河村。六角三层楼阁式砖塔2座，高4.8米、4.5米。其中一塔三层刻"佳城"。

澄城县

▶ 精进寺塔

在澄城县新城街道东大街县文化馆内。全国重点文物保护单位。北宋庆历七年（1047）建。1989年重修。四角九层楼阁式砖塔。高33.12米。

◀ 中社塔

在澄城县交道镇中社村。清代建。四角五层楼阁式砖塔。高22米。二层刻铭"孙真洞"。

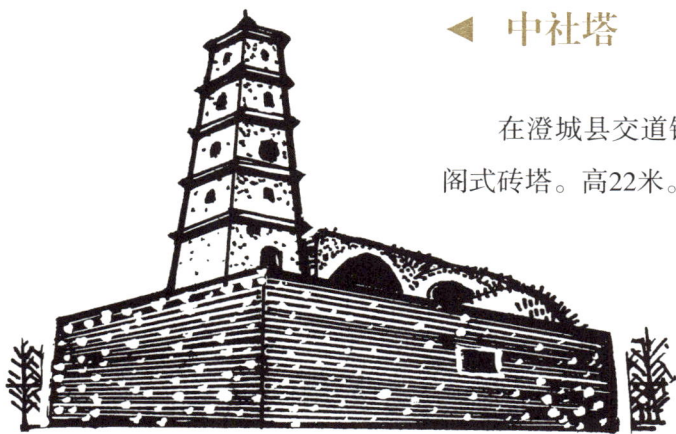

▶ 三门风水塔

在澄城县安里镇三门村。清代建。六角六层楼阁式砖塔。27.5米高。二至五层辟券窗、八棱窗、菱花窗、梅花窗。

◀ 秀峰塔

在澄城县安里镇张卓村。清代建。六角五层楼阁式砖塔。高23米。

▶ 韦家社塔

在澄城县冯原镇韦家社村。清代建。四角楼阁式砖塔。残存四层，8.5米高。

韩城市

▶ 纠纠寨塔

在韩城市新城街道金塔公园。八角六层楼阁式砖塔。原名谭法塔，又名圆觉寺塔。金大定十三年（1173）建，清康熙四十一年（1702）重建。高23.36米。

◀ 昝村文星塔

在韩城市昝村镇昝村。清代建。六角五层楼阁式砖塔。高18米。底层门额"至圣宫"。

▶ 鸭儿坡塔

在韩城市苏东镇鸭儿坡村有两座。年代不详，晚清至民国风格。四角单层楼阁式实心砖塔（左），高3米。六角二层楼阁式实心砖塔（右）。高3.5米。

▶ 党家村文星塔

在韩城市西庄镇党家村小学。始于清雍正三年（1725）建木塔，光绪三十三年（1907）重建六角六层楼阁式砖塔。高约28米。二至六层砖雕门额："大观在上""直步青云""文光射斗""云霞仙路""笔参造化"。底层门前木构亭。

▲ 北赵村风水塔

在韩城市崌东乡北赵村。清代建。六角五层楼阁式砖塔。高18米。底层门铭"步云路"。五层额题"魁星楼"。

▲ 北高门村北塔

在韩城市崌东乡北高门村。清代建。六角三层楼阁式砖塔。高13米。塔基埋地下。

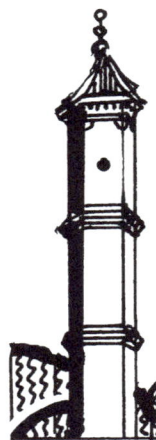

▲ 北高门村文星塔

在韩城市崌东乡北高门村。清代建。六角三层楼阁式砖塔。高12米。塔基埋地下。

◀ 西高门村风水塔

在韩城市崌东乡北高门村。清代建。六角五层楼阁式砖塔。高18.5米。塔基埋地下。塔刹已残。

▶ 堡安风水塔

在韩城市崌东乡堡安村。清代建。六角五层楼阁式砖塔。高18米。塔基埋于地下。塔刹无存。

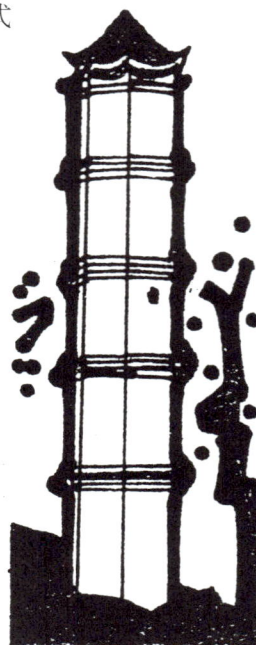

◄ 东王庄文峰塔

在韩城市西庄镇东王庄村。六角五层楼阁式砖塔。晚清建。高21米。底层门额"文章司命"。三层刻"青云路"。塔内浮雕八卦藻井。

► 段堡塔

在韩城市夏阳乡段堡村。又名六角塔。六角两层楼阁式砖塔。高12米。刹已毁。

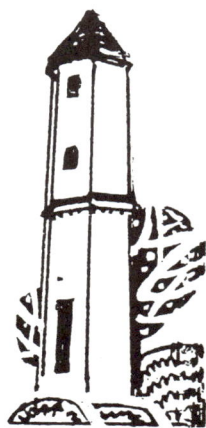

◄ 西庄村风水塔

在韩城市嵬东乡西庄村。清代建。四角三层楼阁式实心砖塔。清代建，高约12米。

► 王村风水塔

在韩城市乔子玄乡王村。六角四层楼阁式砖塔。清乾隆三十三年（1768）建。四层券窗砖雕"聚奎所"。塔刹毁损。

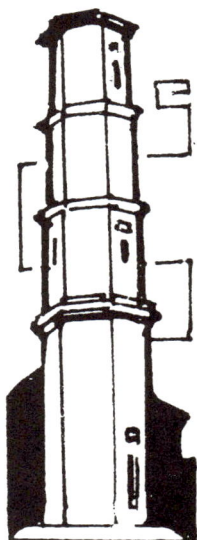

蒲城县

► 慧彻寺南塔

在蒲城县城关镇街道西府巷。全国重点文物保护单位。四角十层楼阁式砖塔。俗称南塔、南寺唐塔、南寺塔。唐贞观元年（627）建，明地震上两层倒毁。1953年修复。高36米。

► 北崇寺诸佛舍利宝塔

在蒲城县城关街道，俗称北寺宋塔、蒲城北塔。全国重点文物保护单位，北宋绍圣三年（1096）建。明地震受损，清乾隆三十五年（1770）修葺。1985年大修。高44.4米。

◄ 海源寺塔

在蒲城县永丰镇温汤村。全国重点文物保护单位。六角九层密檐楼阁式塔。又称温汤宝塔。宋代建。残高30余米。

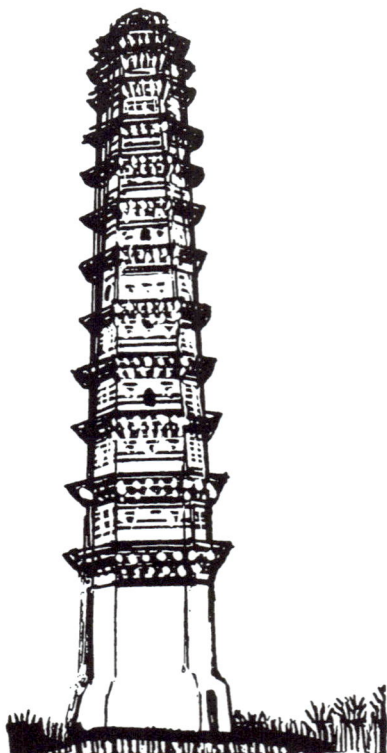

◀ 常乐宝塔

在蒲城县孙镇常乐村。宋代建，1978年重修。六角十三层密檐式砖塔。残存十二层。高37米。

▶ 晋城村土塔

在蒲城县龙池乡晋城村。四角单层亭阁式夯土高台砖塔。明代建，清代修。夯土高台，砖砌重檐歇山式琉璃瓦塔顶。门柱书"风调雨顺，国泰民安"。

◀ 尖角村地母风水塔

在蒲城县兴镇尖角村。四角圆攒尖顶。夯土塔。清代建。高6米。下部辟砖券窑洞，称地母娘娘庙。现存半边塔体。

▶ 敬母寺村魁星楼

在蒲城县敬母寺村。清代建。三层楼阁式砖塔。高10米。一层四角，西面设门；二三层六角，北向开门。二三层门额为"文昌阁"、"魁星楼"。塔刹残损。

铜川市

耀州区

▶ 香山寺舍利塔群

在铜川市耀州区庙湾镇香山寺村。现存清代舍利砖塔2座。六角三层实心塔，三层有方龛。心贞舍利塔（左图），高约5米，二层嵌塔铭；天一禅师舍利塔（右图），高约4.7米。

▶ 神德寺塔

在铜川市耀州区永安路街道步寿原下半坡。又称耀县塔。全国重点文物保护单位。宋代建。八角九层密檐楼阁式砖塔。高29米。二层嵌《皇明科第题名》碑。2004年维修于四层塔身发现大量金元时期经卷。

▼ 延昌寺塔

在铜川市耀州区赵家坡村。双称万佛延昌寺塔。全国重点文物保护单位。始建北魏，北宋风格，清康熙八年（1669）重修。六角密檐式砖塔，残存八层，18.62米高。三层增设平座栏杆。

▶ 法海造像塔

原在铜川市耀州区万佛寺，现藏耀州区孙原镇药王山博物馆。法海为金代丹青妙手，出家延昌寺。金明昌四年（1193）由弟子建石塔以葬。四角十层楼阁式石塔。无塔刹，高2.65米。塔身题铭"化主毛信姬，化主佛中晖"。塔基题铭"四面都化主魏洪达"。

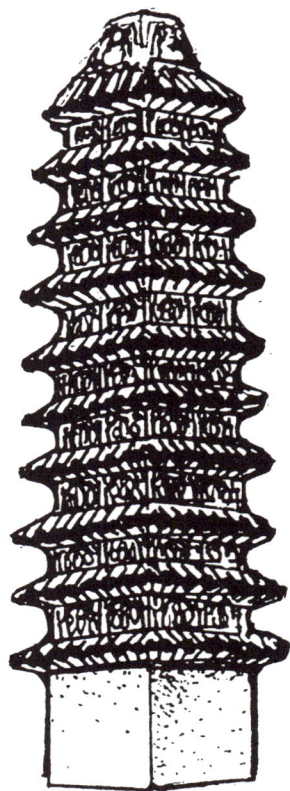

◀ 药王山造像塔

在铜川市耀州区孙原镇药王山博物馆。北魏造像石塔3座，四角单层阿育王式塔，覆钵式塔顶，锥形塔刹。其一铭文有70名供养人姓名。

▶ 柏树塬塔

在铜川市耀州区柳林镇柏树塬村。宋代建。六角七层密檐式砖塔。高约10米。塔刹无存。

王益区

◀ 光元寺塔

在铜川市王益区王益乡高坪村。明代造。六角四层多宝塔式石塔。残高34米。六角须弥座，一层六角形，各面浮雕图案。二层球形，西面佛龛；三层刻经文；四层浮雕花卉。塔刹残失。塔下有数件散落石塔构件，据考为两座以上石塔，后人将构件合为今一塔。

印台区

洋县

▼ 开明寺塔

在洋县洋州街道。全国重点文物保护单位。唐开元中建，南宋庆元元年（1195）重修。四角十三层密檐式砖塔。高31.2米。二层各面一亭式小塔，以上各层每面辟龛，两侧设亭式小塔。

◀ 重兴寺塔

在铜川市印台区北街宋塔文管所。全国重点文物保护单位。宋代建，清康熙二十二年（1683）重修。六角七层密檐楼阁式砖塔。高15米余。二层以上实心。二至四层设平座栏杆。塔顶铁质仰覆莲、覆钵、相轮，塔刹残失。

▶ 东塔

在汉中市汉台区净明寺遗址东塔小学。又称净明寺塔。全国重点文物保护单位。南宋庆元四年（1198）建。四角十三层密檐式砖塔，1953年维修时去了上两层，现存十一层，残高16.5米。底层有塔室，二层以上每面辟龛，两侧各有单层亭式小塔。

◀ 华阳塔

在洋县洋州街道华阳新街。四角五层楼阁式砖塔。高16米。

▶ 普印和尚灵塔

在洋县关帝镇铁河村。六角两层幢式石塔。清嘉庆十七年（1812）建。高2.7米，右侧塔身刻10位徒孙法号。背面刻佛经。

汉台区

西乡县

▶ 海佛寺僧人墓塔

在西乡县私渡镇潘家坝村海佛寺东。清代建。四角三层石塔，残存二层以四页石板拼砌，高2.77米。

骆镇塔

在西乡县峡口镇骆家坝村。六角三层楼阁式石塔。高3.2米，二层各面雕太极图等。

圆通寺舍利塔

在西乡县两河口镇和平村。清代建。八角三层石塔。高约8米。塔刹无存。

镇巴县

至宝塔

在镇巴县陈家滩乡周子垭村。印善老和尚灵塔。清光绪五年（1879）建。六角七层楼阁式石塔。高8.5米。四角三层宝塔式塔刹。

妙鉴老和尚墓塔

在西乡县陈家滩乡周子垭村。建于清道光七年（1827）。六角单层石塔。3.13米高。一大树由塔内长至顶部。

南郑县

柳树沟舍利墓塔

在南郑县青树镇柳树沟村。清代建。六角三层多宝塔式，塔座埋地下。高3.93米。底层圆鼓形，二三层六角形。底层及二层题刻塔铭。

康家堡舍利塔

在陕西南郑县小南海乡康家坝村。清道光十六年（1836）建。六角五层仿楼阁式石塔。残高3.73米。一层正面辟方龛，二至四层浮雕仙鹤、渔鼓、花草等图案。塔刹无存。

宁强县　▶ 观音寺舍利墓塔

在宁强县田坪乡桃园坝村。清道光年间建。四角两层石塔。高2.43米。底层龛嵌修塔碣。

◀ **三道河舍利墓塔**

　　在宁强县三道河乡家坪村。清代建。四角两层石塔。高约2米。

勉县　▶ **万寿寺塔**

　　在勉县城武侯镇。明万历十七年（1589）建。六角十一层楼阁式砖塔。残高24.85米。

略阳县

▶ **铁佛寺塔**

　　在略阳县青泥河乡铁佛寺村。明正德十三年（1518）建。四角四层楼阁式塔。高8米。一至三层砖砌，顶层一石凿成。歇山式塔顶。

◀ **福地祥云塔**

　　在略阳县兴州街道南山。六角七层楼阁式砖塔，又称略阳塔、南山塔。清道光三十年（1850）建。高24米。

佛坪县　▶ **了贤和尚墓塔**

　　在佛坪县东岳殿乡石印沟村。清咸丰八年（1858）建。四角两层石塔。方锥形塔身，通高2.7米，一层辟龛，对联："犹如极乐地；恰似逍遥天"。

安康市

汉滨区

► 奠胜宝塔

在安康市汉滨区中原镇大屈家沟村。明清时期建。多宝塔式石塔，残存两层，高2.73米。

► 奠安塔

在安康市汉滨区张滩镇奠安村。1913年建。四角七层楼阁式砖塔。高28米。

◄ 兴贤塔

在安康市汉滨区县河镇牛蹄梁村。清道光二十年（1840）建，光绪九年（1883）重建。四角七层楼阁式实心石塔。高约23米。第七层为四柱亭。

▼ 白云寺舍利塔群

在安康市汉滨区瀛湖镇天柱山白云寺，现存舍利塔4座。图中自左至右：觉性大和尚舍利塔，在寺左下方，清道光二十四年（1844）建，六角三层楼阁式砖塔，高约4米；体清大和尚舍利塔，在寺左侧，同治十一年（1872）建，六角五层楼阁式砖塔，高约6米；月宪老和尚舍利塔，在寺后下方，清光绪二十四年（1898）建，六角楼阁式砖塔，地面可见两层，高约3米；印全大和尚灵塔，在寺下方，1921年建，六角三层楼阁式砖塔，地面存两层，塔刹已毁。

宁陕县 ► 贾营石塔

在宁陕县城关镇贾营村。明代建。四层多宝式石塔。高4.33米。塔刹刻佛像一尊。

▶ 油坊沟石塔

在宁陕县太山庙镇油坊沟村。明清建。多宝式石塔。残存一层鼓形，高2.12米。

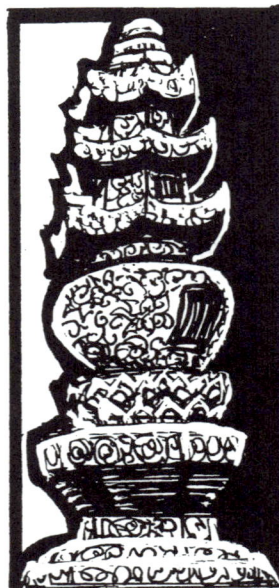

▶ 藏文禅师舍利塔

在宁陕县四亩地镇柴家关泰山坝村。明隆庆年间建。四层多宝式石塔，高6.5米。底层鼓形，正面刻塔铭。

◀ 观音山舍利塔

在宁陕县新矿乡观音山。明代建。三层多宝式石塔，塔身一层覆钵式，二三层六角形。高5米。

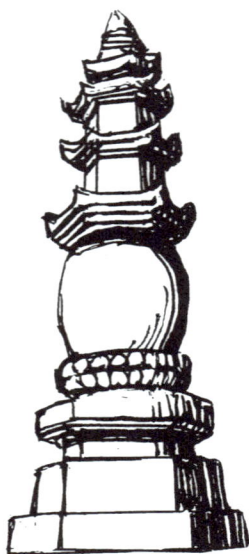

▶ 天府寨石塔

在宁陕县广货街镇蒿沟村。明清建。六角两层多宝塔式石塔。高3.47米。

▶ 塔儿坪石塔

在宁陕县广货街镇长平村。明清建。四层多宝塔式石塔。高4米。

◀ 金峰禅师塔

在宁陕县龙王庙镇棋盘村。明清时期建。四层多宝塔式石塔。高4.5米。塔身一层覆钵式刻铭文，二至四层六角。

石泉县

▶ 吴家寨墓塔

在宁陕县太山庙镇油坊沟村。俗称将军塔墓。建于清同治二年（1863）。三层圆柱体片石砌垒塔，残高5米。

旬阳县

▶ 东宝塔

在旬阳县构元镇羊山村。明正德间建。六角五层楼阁式砖塔。高11.02米。一二层表面砖剥落。

◀ 圆通寺舍利塔

在旬阳县赵湾镇高家坡村圆通寺遗址。仅存二明代舍利塔，六角单层幢式石塔，刹顶无存。阳经山禅师塔，景泰七年（1456）建，高3.6米；明玉禅师塔，建于成化十二年（1476），高4.97米。

◀ 体明尼师塔

在旬阳县红军镇庄院村。清咸丰三年（1853）立。六角五层楼阁式石塔，高8.5米。

▶ 青山寺禅师塔

在旬阳县桐木镇青山寺村。明清时期建。四角三层楼阁式石塔，高6.7米。壶门直接开在须弥座上。券门额题"禅师塔"。檐间石雕龙头。

◀ 灵岩寺文星塔

在旬阳县城关镇王家山村。清光绪二十九年（1903）建。六角五层楼阁式塔。一至四层石砌实心，白灰粉饰；五层砖砌空心，有券窗券门。高7.5米。

▶ 旗杆山文星塔

在旬阳县城关镇烂滩沟村。清光绪二十九年（1903）建。六角五层楼阁式塔。塔面砖砌，内填石料。高约9.5米。

◀ 石王庙石塔

在旬阳县红军镇。石塔，覆钵式石塔，残高1.8米。塔刹无存。

岚皋县

▶ 古鉴大士灵塔

在岚皋县石门镇。明正德二年（1507）造。三层多宝式石塔，高4.8米。

汉阴县

▶ 文峰塔

在汉阴县城关镇老城墙上。六角五层楼阁式砖塔。清同治十二年（1873）。高23.6米。

白河县

▶ 双塔寺塔

在白河县双河镇双塔寺村。六角四层楼阁式砖塔。现存一座，残高9.5米。

◀ 蜡烛山石塔

在白河县卡子镇下湾界岭村。六角五层楼阁式石塔，高约8米。

紫阳县

▶ 东明庵舍利塔

在紫阳县焕古镇东明庵村。明代建。覆钵式石塔，残高4.6米。塔身正面辟佛龛。

平利县

◀ 报恩寺塔

在紫阳县瓦房镇贾家村。清咸丰年间建。六角七层楼阁式砖塔。高19.5米。宝珠式塔刹上承"寿"字型铁尖。

▶ 莲花台僧人墓塔

在平利县洛河镇狮子坝莲花台村。清代建。四层砖石塔。高3.8米。底层圆形，二至四层六角。一至三层块石垒砌，最上层及塔顶青砖砌筑。

◄ 观音堂僧人墓塔

在平利县大贵镇张家湾村。本正墓塔。建于清道光十七年（1837）。六角三层楼阁式石塔。高5.2米。

► 三佛洞舍利塔

在平利县中坪乡熊儿沟村。塔主辉安平、辉安申。清道光七年（1827）建。六角五层楼阁式石塔。高9米。二层佛、道教浮雕造像。

商洛市

商州区

► 东龙山双塔

在商洛市商州区城关街道东龙山村市师范学校。建于明万历十九年（1591），八角楼阁式砖塔。南塔九层，高31.5米；北塔七层，高19.6米。

镇安县

► 念功塔

在陕西镇安县紫坪镇塔云山。为纪念清末塔云山道长成明达，清光绪十八年（1892）造。六角三层石板材构筑。高6.5米，底层中空，东面辟门，二层东辟方门。附近有塔碑一通。

山阳县

► 丰阳塔

在山阳县城关镇西苍龙山。宋代建，清咸丰十年（1860）重修。八角六层楼阁式砖塔，高21米。

◀ 庙沟塔

在山阳县色河铺镇庙沟村。三级多宝式石塔。高4.5米。须弥座束腰浮雕宝象、力士。底层塔身鼓形，刻塔铭，二三层八角形，浮雕一佛二弟子、菩萨、罗汉及花草纹样。

▶ 宝峰塔

在山阳县宽坪镇十里沟村。清同治年间建。覆钵式石塔。残高2.9米。塔顶仿阿育王塔式组合，四角挑檐收顶。刹尖无存。

◀ 铁瓦殿舍利双塔

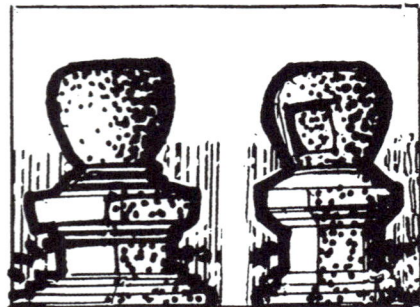

在山阳县莲花池乡古墓沟村。现存二覆钵式舍利石塔，塔刹无存。残高2.4米、2.2米。

▶ 龙泉寺塔

在山阳县长沟镇东坡村。明弘治五年（1492）建。覆钵式石塔，塔刹无存，残高2米。

丹凤县

▶ 八龙庙塔舍利塔

在丹凤县土门镇八龙庙村。又称老安沟石塔、大庵石塔。现存两座明覆钵式石塔。其一高4.2米；另一高3.8米，塔座正面浮雕跪姿供养人画像。

甘肃省 图谱

中国古塔全谱

兰州市

城关区

▶ 白衣寺塔

在兰州市城关区庆阳路兰州市博物馆（原白衣寺）。本名多子塔，又称白衣庵塔。建于明崇祯四年（1631）。清道光二十三年（1843）、1987年重修。覆钵上八角十二层楼阁式实心砖塔。高25.7米。

▶ 白塔寺白塔

在兰州市城关区白塔山白塔寺。明正统十三年（1448）建。嘉靖二十七年（1548）重修。覆钵式上八角七层楼阁式实心砖塔。高18.5米。

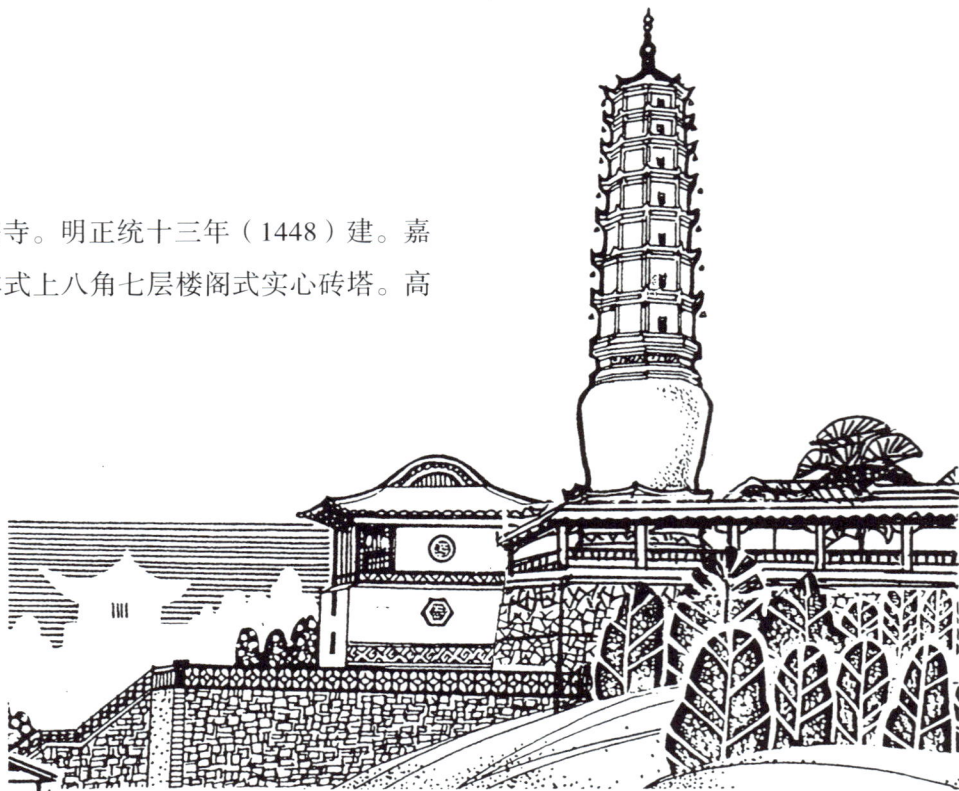

皋兰县

◀ 寺上喇嘛墓塔群

在皋兰县黑石川乡石青村寺上社沟口及南湾一带。报恩寺明清僧人墓塔群分布4处。现存55座四角单层、多层石塔残塔。寺上南湾1号喇嘛塔（左图）较完整，高约2米。

金昌市

永昌县　◄　圣容寺塔

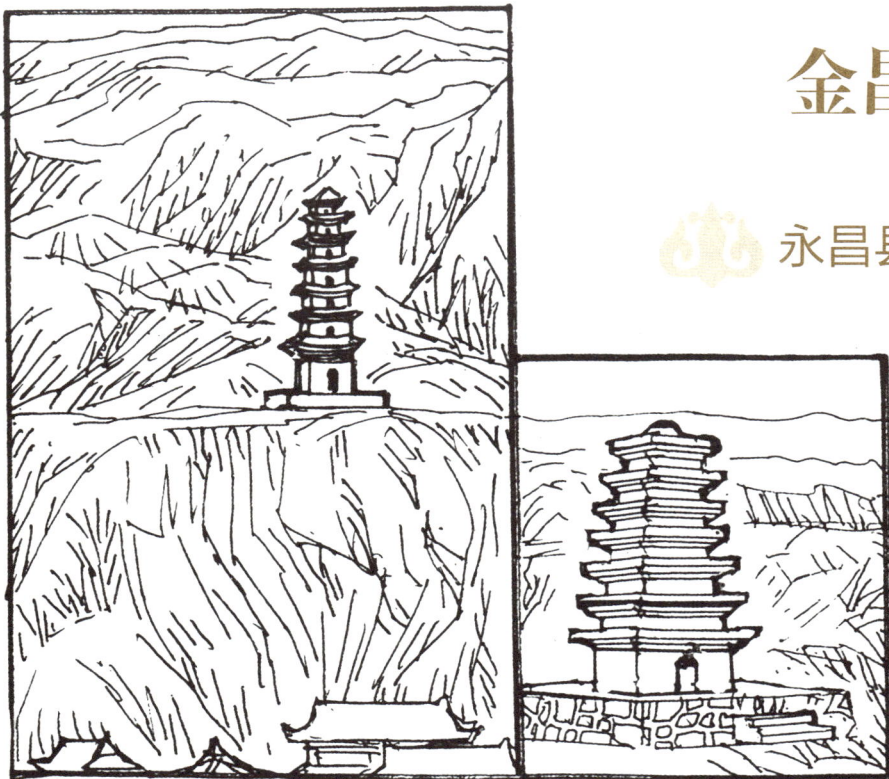

在永昌县城关镇金川西村。大塔（图左）在御容山顶，创建于唐贞观十八年（644），永徽三年（652），玄奘主持重修。小塔在圣容寺遗址南面山顶。唐景龙年间建造小塔。全国重点文物保护单位。四角七层密檐式砖塔，分别高16.4米、4.9米。

► 北海子塔

在永昌县城关镇北海子公园内。本名金川寺塔，又名观河楼塔。全国重点文物保护单位。明永乐十四年（1416）建八角九层楼阁式实心砖塔，清初下两层改为塔座，1988年重修。高19.96米。

▼ 花大门山塔龛群

在永昌县城关镇金川西村大门山崖面，长一千米，有西夏至明代浮雕50余座大小不一覆钵式塔龛，因风化仅存数座可分辨得出。高约5米。

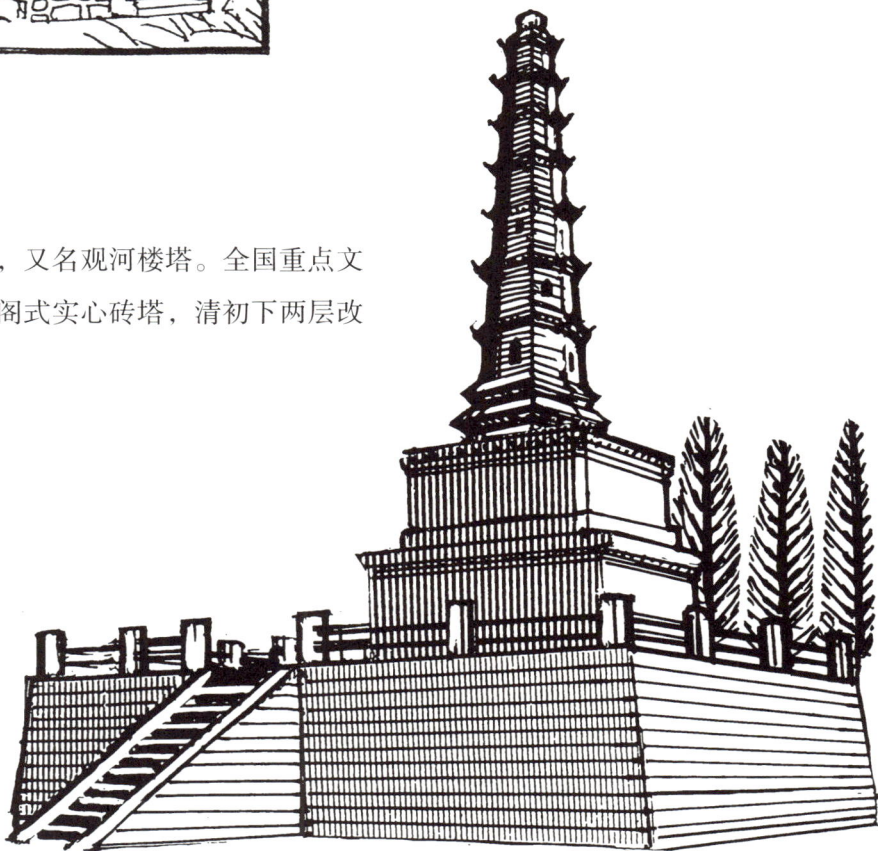

◀ **红山窑塔**

在永昌县红山窑镇红山窑村。又名镇火塔。清康熙年间建，民国重建。八角九层密檐式土塔。残高8.2米。

白银市

白银区

▶ **剪金山刘道塔**

在白银市白银区四龙镇金山村剪金山。清光绪二十一年（1895）建。四角三层楼阁式砖塔。残高5米。

会宁县

◀ **乔岔石榴寺塔**

在会宁县柴家门乡樊郭村乔岔社石榴寺雪山殿院。清乾隆五十年（1785）建，"文化大革命"中拆毁。1999年复原。金刚宝座式砖塔，主塔四角三层，高12米。小塔四角两层，高3.5米。

天水市

麦积区

▶ **麦积山舍利塔**

在天水市麦积区麦积镇麦积山顶。隋仁寿元年（601）建。北宋建中靖国元年（1101）、清乾隆八年（1743）重建。1983年、2009年重修。八角五层楼阁式实心砖塔。高9米。

▶ 清凉寺塔

在天水市麦积区元龙镇清凉寺。明正德十一年（1516）建。覆钵式石塔。高约5米。

◀ 大雄山双塔

在天水市麦积区利桥乡大雄山。共2座，相距约百米。普同觉灵塔（左），清康熙四十六年（1707）建；道德千古塔（右）为广修禅师灵骨塔，清代建。六角五层楼阁式砖塔。高4.5米。

◀ 赵家崖石造像塔

在天水市麦积区中滩镇赵家崖村隋代寺院遗址，四角石造像塔残件塔身两段。高70厘米。

甘谷县

▶ 三交寺石造像塔

在甘谷县西坪乡红凡村三交寺遗址。北周时期建。四角石造像塔，仅存三段塔身。1.04米高。

▶ 青莲寺石造像塔

在甘谷县西坪乡湾儿河村青莲寺遗址。北周时期建。四角五层楼阁式石塔（右），高158.5厘米。四角两层楼阁式石塔（左），高约80厘米。

▲ 那坡里土塔

在甘谷县安远镇马家那坡村南。清代建。四角三层楼阁式实心土塔，残高约13米。

▶ **李家沟土塔**

在甘谷县谢家湾乡李家沟村。清顺治年间建，光绪九年（1883）重建六角五层楼阁式实心土塔，1947年修复改为四层。通高14米。

武山县

▼ **拉梢寺浮雕塔龛**

在武山县榆盘乡钟楼湾村鲁班峡莲苞峰及对面天书洞崖壁。全国重点文物保护单位水帘洞石窟组成部分，现存7座浮雕覆钵式塔龛。图左13窟塔高2.15米，15窟塔高5.68米；图右22窟洞北周浮雕塔。

张家川回族自治县

▼ **太原石造像塔**

出土于张家川回族自治县大阳乡太原村。北魏建。四角石造像塔，仅存一段塔身。

武威市

凉州区

▶ **罗什寺塔**

在武威市凉州区西大街鸠摩罗什寺。又称倒影塔。后秦建塔。后屡修缮。1934年修复。八角十二层楼阁式砖塔。高33.7米。

◀ 亥母寺洞塔婆

在武威市凉州区缠山亥母洞，西夏至清代建。洞中存4座覆钵式泥塔。出土七万余擦擦（陶佛或塔模）。

▶ 莲花山上应寺塔

在武威市凉州区松树乡松树村莲花山上应寺。又称金顶宝塔。明成化年间建，1932年重修。八角七层楼阁式砖塔。高21米。

▼ 萨班灵骨塔

在武威市凉州区武南镇白塔村刘家台庄白塔寺。元初建覆钵式塔，土心砖包。残存基座，2001年加固。

▶ 大慈寺土塔

在武威市凉州区双城镇双城村大慈寺（即土塔寺）遗址。清早期建塔，1927年重修。八角七层楼阁式夯土塔，残高六层，高23.72米。

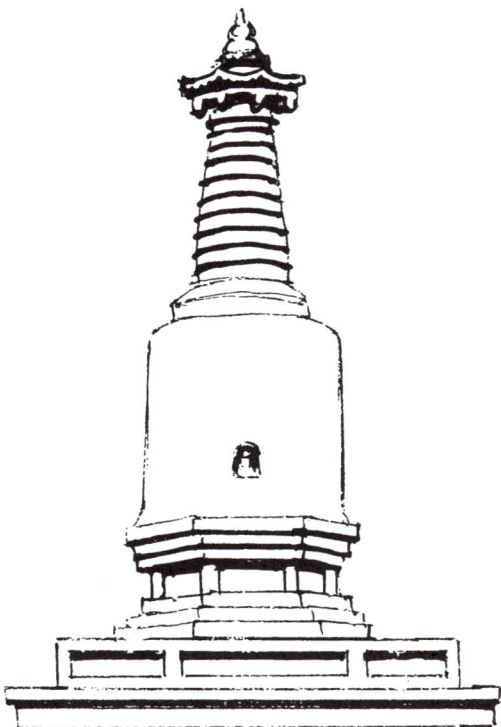

民勤县

◀ 三雷镇国塔

在民勤县三雷镇镇国塔广场。明正统五年（1440）建，清康熙四十四年（1705）、光绪十年（1884）、1986年重修。覆钵式砖塔，高12米。

张掖市

甘州区

▶ 万寿寺木塔

在张掖市甘州区县府街中心广场。隋代建，唐贞观十三年（639）、清康熙二十六年（1687）重修。1926年重建。八角九层楼阁式塔。高32.8米。八九层木构，以下砖构。

◀ 西城驿土塔

在张掖市甘州区西城驿沙窝黑水国遗址。西城驿寺院遗址中的残塔。西夏建，元代重修。覆钵式砖塔，残高约9米。

◀ 大佛寺土塔

在张掖市甘州区全国重点文物保护单位张掖大佛寺。原名弥陀千佛塔，又称宏仁寺金刚宝座塔。明正统年间建，清乾隆十年（1745）改建。1921年地震塔顶毁坏，1986年修复。金刚宝座式覆钵式土塔。高33.37米。

▶ 海家寨土塔

在张掖市甘州区甘浚镇祈连村（原名海家寨村）明寺院遗址。覆钵式土坯砌塔。高约15米。

▶ 党寨镇风寺土塔

在张掖市甘州区党寨镇下寨村，又称镇风寺塔。清康熙四十四年（1705）重建。2003年风沙摧毁宝盖。覆钵式土坯砌塔。残高约15米。塔基及四角原有小塔8座。今不存。

◀ 张掖铜塔

张掖市甘州区张掖市博物馆收藏。当地出土元代覆钵式铜塔。高约0.3米。

▶ 吉祥寺砖塔

在张掖市甘州区安阳乡高寺儿村高寺儿小学。全国重点文物保护单位。始建年代不详，清嘉庆道光年间重建。八角七层楼阁式砖塔。高20米。

民乐县

▼ 圆通寺塔

在民乐县六坝镇六坝村，又称元通寺塔。全国重点文物保护单位。北宋宣和年间建，清雍正七年（1729）重建土坯塔。乾隆四十三年（1778）以砖包砌增高。金刚宝座式覆钵式砖塔。高23.35米。

▼ 铨将青天文塔

在民乐县六坝镇铨将村。1937年建土塔，1999年以砖包砌。覆钵式上单层亭阁式，高13.75米。

◀ 永固西古佛寺塔

在民乐县永固镇南关村北，又名无量寿砖塔。清乾隆二年（1737）建。覆钵式砖塔，高7.6米。

◀ 姚寨砖塔

在民乐县永固镇姚寨村。清代建，2003年地震倾倒，2004年修复。覆钵式砖塔，高11.69米。

▶ 张连庄子孙塔

在民乐县三堡镇张连城村北。清代建覆钵式土坯塔，1999年以砖包砌。高约10米。

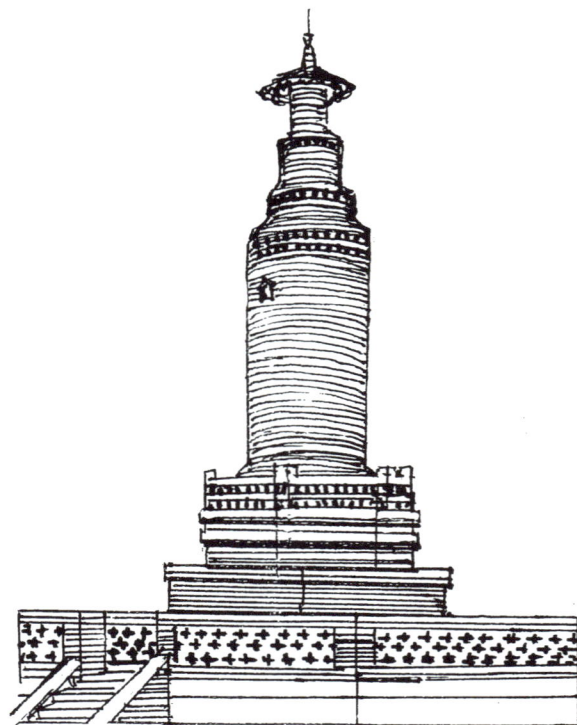

◀ 山寨砖塔

在民乐县新天镇山寨村。清代建。覆钵式土坯塔，后以砖包砌。高11米。

◄ 吕城土塔

在民乐县新天镇吕庄。清代建。覆钵式土坯塔，1980年代初以砖包砌。高13.5米。

► 柳古八宝文塔

在民乐县南古镇柳古村，又名柳古砖塔。清光绪三十一年（1905）建土塔，1923年以青砖包砌。覆钵式砖塔，高16.2米。供奉孔子。

肃南裕固族自治县

► 马蹄北寺土塔

在肃南裕固族自治县马蹄乡药草村马蹄寺景区。明清建。覆钵式土塔。仅存基座，残高6米。

► 马蹄寺石窟千佛洞土塔

在肃南裕固族自治县马蹄寺石窟千佛洞前双塔。建筑时代不详。六角四层幢式土塔。高约8米。

▼ 马蹄寺石窟塔龛

在肃南裕固族自治县马蹄乡药草村全国重点文物保护单位马蹄寺石窟。西夏、元、明等不同时代浮雕舍利塔龛457座，主要分布在千佛洞、马蹄南北寺、格萨尔王殿、上中下观音洞等处红砂岩石石壁。仅一龛为多塔，余皆一龛一塔。覆钵式塔，最高十余米。

平凉市

崆峒区

▶ 禅佛寺北魏北周石塔

在平凉市崆峒区四十里铺镇庙下村潘原故城神佛寺遗址。1982年清理出40余件石造像塔，其中北魏景明四年（503）、延昌三年（514）、神龟元年（518）及北周造像塔塔身一段，分别高44、34、35、39厘米。

◀ 舒花寺塔

在平凉市崆峒区崆峒山塔院。北宋中期建，明万历十四年（1585）重修。八角七层楼阁式砖塔。高30米。

▲ 普通塔

在平凉市崆峒区崆峒镇崆峒山台西和尚坟。清康熙十年（1671）建。六角四层楼阁式砖塔。高9.5米。

▲ 延恩寺塔

在平凉市崆峒区崆峒镇古塔公园。又称大明砖塔、平凉宝塔。明正德十年（1515）建。八角七层楼阁式砖塔。高33.5米。

▶ 灵峰塔

在平凉市崆峒区崆峒镇崆峒山台西和尚坟。清康熙十八年（1679）建。六角四层楼阁式砖塔。高6.8米。

▲ 灵秘塔

在平凉市崆峒区崆峒镇崆峒山灵龟台西。建于清康熙三十七年（1698）。六角四层楼阁式砖塔。8.5米高。

▲ 隐相塔

在平凉市崆峒区崆峒镇崆峒山灵龟台西。建于清康熙四十五年（1706）。覆钵式砖塔。高3.9米。

▲ 大彻禅师塔

在平凉市崆峒区崆峒镇崆峒山东台居士林。清康熙五十八年（1719）建。覆钵式砖塔。高4.7米。

▲ 怀睿和尚塔

在平凉市崆峒区崆峒镇崆峒山中台。清雍正六年（1728）建。六角四层楼阁式砖塔。高7.6米。

▲ 道成禅师塔

在平凉市崆峒区崆峒镇崆峒山台西和尚坟。1916年建。六角三层楼阁式砖塔。高5.5米。

▲ 塔映雪山人塔

在平凉市崆峒区崆峒镇崆峒山太阳掌山山冈上。1936年建。六角五层楼阁式砖塔。高8.6米。

华亭市

◀ 谢家庙石造像塔

在华亭市安口镇武村铺村谢家庙北朝佛寺遗址。1990年出土石造像塔23件。其中有北魏石造像塔、永熙三年（534）张牛德石造像塔，北周明帝二年（558）路氏石造像塔。北魏塔（左）两段分别高21.7厘米、27厘米。北周塔（右）三段通高78.6厘米。

▶ 云峰山盘龙寺石塔

在华亭市云峰山后盘寺遗址，后迁至东贺镇贺寨村，又称贺寨石塔。2009年迁至县博物馆。明隆庆二年（1568）建。现塔高3.87米，由下而上为正方形塔座四面刻鹿、麒麟等瑞兽；首层圆形仰莲瓣托石鼓，再上为大石鼓，浮雕缠枝莲及忍冬纹；仰莲座上托四角石柱，四面刻铭文，有"重修盘龙寺""明隆庆二年"字样；仰莲座上托圆形束腰石柱；覆斗形屋面上三个葫芦组成塔刹。

灵台县

▶ 枣阙石造像塔

在灵台县中台镇坷台村西沟社枣阙寺院遗址。2009年出土石造像塔1残件。具北魏造像塔特征。高1.03米。中部开一佛龛，上部浮雕佛像三层。

静宁县

▼ 王龙吉喇嘛塔

在静宁县古城镇王龙吉村塔儿上寺院遗址西。共四座，两两排列，1958年移为一列。明代建。覆钵式石塔。残高约2米。

崇信县

▶ 黄花石造像塔

在崇信县黄花乡黄花塬村。现存一段四角塔身。北魏造。高52厘米。

▶ 石佛坪石造像塔

在崇信县锦屏镇石嘴村南石佛坪寺院遗址。北魏造。现存一段四角塔身。高63厘米。

庄浪县

◀ 宝泉寺石造像塔

在庄浪县良邑镇李嘴村宝泉寺遗址。1974年出土北魏卜氏石造像塔（图左），四角五层楼阁式石塔，残高2.2米。西魏石造像塔四角塔身一段（图右），高33厘米。

◀ **龙眼寺塔**

在庄浪县通化镇陈堡村龙眼峡陈家洞石窟前。唐文德元年（888）重建，屡经重建。六角五层楼阁式砖塔。残存四层半，高8米。

▶ **石窟河滩石窟浮雕塔**

在庄浪县阳川镇大湾村北石窟河滩石窟1、3号窟左侧浮雕石塔。约造于元代，分别高0.94米、2.2米。

酒泉市

肃州区　▼ **石佛寺北凉石塔**

在酒泉市肃州区专署街石佛寺湾寺院遗址。20世纪20年代出土自左至右为：北凉承阳二年（426）建马德惠石塔（高34厘米），承玄二年（429）建田弘石塔（残高41厘米），原刻"缘禾三年"据考为北魏延和三年（434）建白苴石塔（残高46厘米），1969年出土承玄元年（428）建高善穆石塔（高44.6厘米），原刻"太缘二年"据考为太延二年（436）建程段儿石塔（高43厘米）。均圆柱形，塔肩覆钵形。

◀ **曹天护石塔**

在酒泉市肃州区果园乡1946年出土北魏太和二十三年（499）石塔。四角三层楼阁式，残高38厘米。

敦煌市

▶ **沙山石塔**

出土敦煌市城南戈壁边沙山土塔内。北凉造。入藏敦煌市博物馆。圆柱形石塔，高60厘米。

► **岷州庙石塔**

在敦煌市岷州坊岷州庙。北凉圆柱形残石塔。96厘米高。

◄ **方石塔**

出土敦煌市城区广场，北魏造。四角五层楼阁式石塔。高58厘米。

◄ **老君堂土塔**

在敦煌市五墩乡三危山老君堂院。五代至北宋初期建。覆钵式土塔。残高85厘米。

▼ **老君堂慈氏塔**

原在敦煌市三危山，1981年拆迁到莫高窟前。北宋初期建。八角单层亭阁式土木塔。高5.5米。

▲ **成城湾华塔**

在敦煌市五墩乡成城湾西。共两座，一大一小。五代至北宋初期建。八角单层花塔式塔，砖砌加泥塑。高9米、4.15米。

► **三危山坡顶土塔**

在敦煌市三危山坡顶南天门西侧。元代建。覆钵式土塔。高3.35米。

◀ 三危山北坡塔

在敦煌市三危山北坡。沿坡有元明清建5座覆钵式土塔。最高9.6米。

▶ 莫高窟山顶土塔

在敦煌市莫高窟山顶。北宋建。四角单层亭阁式土塔。高10.4米。

▲ 宕泉河东岸塔群

在敦煌市莫高窟对面宕泉河东岸戈壁滩。北宋初期至民国建。莫高窟历代僧人墓塔及少量供养功德塔、道士塔。现存较好17座。覆钵式土塔。

◀ 白马塔

在敦煌市七里镇白马塔村。清初建，道光二十五年（1845）、1933年重修。覆钵式土塔。高12.4米。

▼ 观音井塔

在敦煌市三危山观音井沟北侧山顶。民国时期建。圆形土塔。高4.86米。

◀ **王圆篆墓塔**

在敦煌市莫高窟门口。1931年建。瓶式土塔。高约6米。

▶ **莫高窟西夏塔**

在敦煌市全国重点文物保护单位莫高窟第285窟北壁两小窟、南壁一小窟门口各有一座残塔。西夏建。覆钵式土塔。

▶ **莫高窟壁画塔**

敦煌市莫高窟壁画绘有数百座塔。绘自北朝至元代，多数在隋至北宋时期。主要是木结构四角单层亭阁式和多层楼阁式，较多覆钵式砖石塔及其他塔式。

▶ **北周壁画塔**

301窟覆钵式塔（左上）；428窟钟形塔（左下）、金刚宝座覆钵楼阁混合式塔（右）。

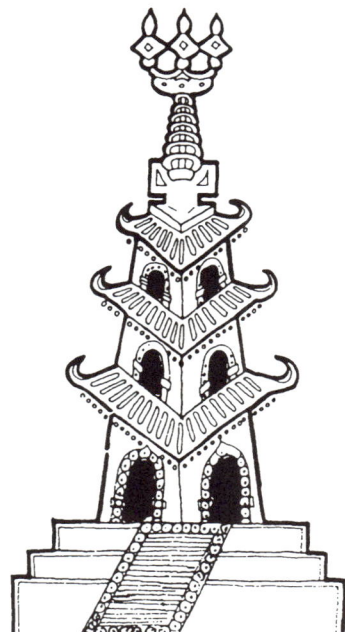

◀ **北魏壁画塔**

257窟阙形塔（左）；257窟亭阁覆钵混合式塔（中）；254窟四角三层楼阁式塔（右）。

► 隋壁画塔

303窟（左一）；419窟覆钵式塔（左二）；276窟四角亭阁式塔（右上）；302窟四角四檐亭阁式塔（右下）。

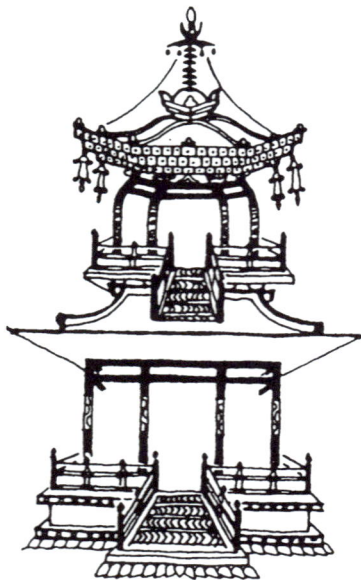

◄ 西夏壁画塔

306窟四角二层亭阁式塔（左）；140窟覆钵式塔（右）。

► 初唐壁画塔

从左至右依次为：68窟四角单层亭阁式塔，340窟四角四层楼阁式塔；盛唐217窟、23窟覆钵式塔，23窟通道式塔，323窟四角七层楼阁式塔，23窟、31窟四角单层亭阁式塔，91窟、217窟（两座）台式亭阁塔，31窟覆钵式塔，23窟、323窟四角单层亭阁式塔。

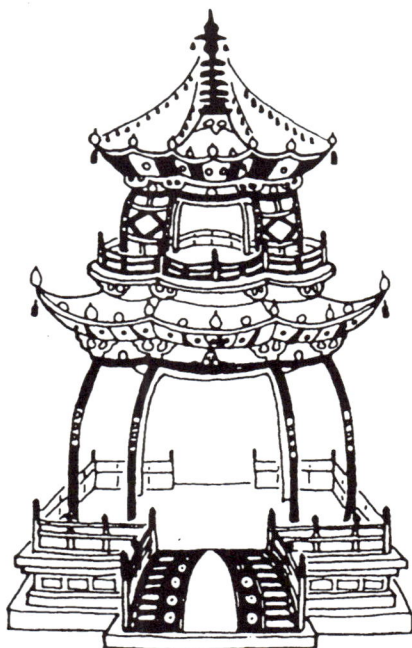

◀ 中唐壁画塔

从左至右依次为：159窟上圆下六角两层楼阁式塔，361窟覆钵式塔，361窟双层亭阁式塔；晚唐468窟、85窟四角单层亭阁式塔。

▶ 五代壁画塔

72窟覆钵式塔。

▽ 北宋壁画塔

从左至右431窟四角单层亭阁式；55窟六角三层楼阁式塔；61窟四角四层楼阁式塔（两座）；61窟四角三层楼阁式塔。

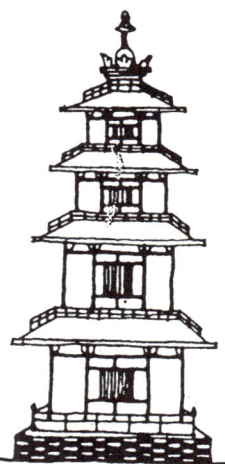

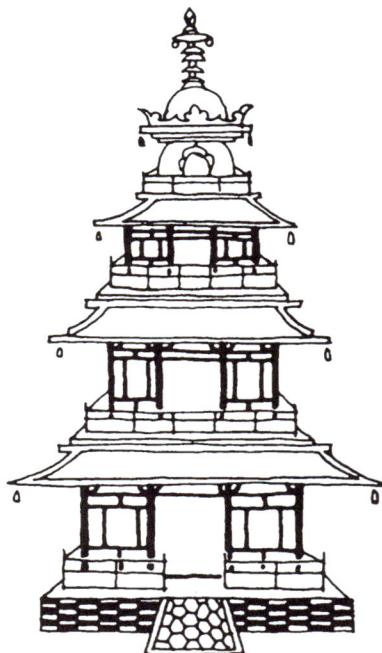

▲　**北宋壁画塔**

均在61窟，从左至右依次为：六角二层亭阁式塔，双层覆钵式塔3座，四角三层楼阁式塔，二层覆钵式塔，三层覆钵式塔，四层覆钵式塔，四角单层亭阁及三层覆钵混合式塔。

◀　**元壁画塔**

285窟覆钵式塔。

玉门市

◀　**塔尔湾塔**

在玉门市下西号乡塔尔湾村塔儿寺遗址。约建于清康熙五十五年（1716）。覆钵式土塔。残高3.7米。

◀　**赤金红山寺白塔**

在玉门市赤金镇光明村红山南坡。清雍正年间建。覆钵式土木塔。11.25米高。

▼ 天津卫塔

在玉门市赤金镇金峡村塔儿梁戈
壁寺院遗址。清宣统年间建。覆钵式土
塔。高14米。

金塔县

▶ 金塔寺塔

在金塔县金塔镇塔
院村金塔寺。明初建。
原名筋塔（塔表以纸筋
粉刷）。清康熙三十九
年（1700）、1987年重
修。覆钵式土塔铜顶。
高20米。

◀ 小叉庙塔

在金塔县古城乡上东沟村小叉庙遗址。清雍正年间建。覆钵式土塔。残高约10米。

瓜州县

▼ 长沙岭土塔

在瓜州县锁阳城镇长沙岭东北台地。共3座。唐代建。覆钵式寺塔，南
北面开拱门。残损严重。高5.6米、6.8米、1.7米。

◀ 常乐舍利塔

在瓜州县锁阳城镇常乐村。或称佛爷墩、踏实舍利塔。唐至元代建。覆钵式
土塔。残高约9米。

▼ 锁阳城塔尔寺塔

在瓜州县锁阳城镇南坝村全国重点文物保护单位锁阳城
塔尔寺遗址中心。西夏至元建。残存1大塔及10小塔。覆钵式
土塔。大塔残高10米，小塔残高0.8米至0.95米。

◀ 东巴兔塔尔湾塔

在瓜州县锁阳城镇东巴兔村南塔尔湾山丘。共2座。东塔四角亭阁式土塔，高6.5米。西塔八角亭阁式土塔，残高3.5米。

▶ 双墩子土塔

在瓜州县南岔镇南岔村东南十工山寺庙遗址。共2座。元代建。覆钵式土塔。残高分别为3米、2.6米。

◀ 瓜州口五个塔

在瓜州县广至乡临潭村。共5座土塔。塔距7米，一字排开。推断为西夏至元建。残存土墩。

▶ 东千佛洞土塔

在瓜州县全国重点文物保护单位东千佛洞东西崖顶。西夏至元建，现存4座覆钵式土塔，损毁严重。残高1.1米、2.55米、3.5米、2.2米。

◀ 榆林窟泥梵塔与塔群

在瓜州县锁阳城镇全国重点文物保护单位榆林窟。西夏至元代塔窟3个，有西夏覆钵式土塔2座、西夏和许多元泥梵塔；塔群12座，其中元四角塔高4.6米；明八角塔高6.7米；清四角观音塔高5.7米，六角塔高6.4米，上圆下四角塔6.7米高，覆钵式塔高4.8米。化纸塔6座。四角或圆形，高1.6–2.6米。

▶ 榆林窟壁画塔

瓜州县锁阳城镇全国重点文物保护单位榆林窟五代壁画。第33窟四角七层楼阁覆钵混合式塔（右），覆钵式塔（上左3座）；第32窟覆钵式塔（中下2座）；第61窟六角三层楼阁覆钵混合式（左）。

庆阳市

西峰区

▶ 金城寺塔

在庆阳市西峰区肖金镇南街。俗称肖金塔。全国重点文物保护单位。北宋政和八年至宣和二年（1118—1120）建。八角七层楼阁式砖塔。"文化大革命"中七层以上被毁，残高30.18米。

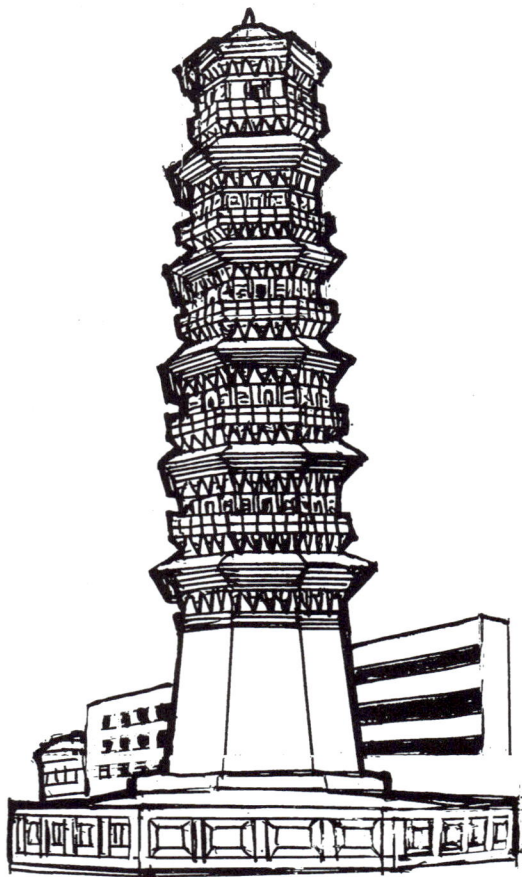

华池县

◀ 东华池宝宁寺塔

在华池县林镇乡东华池村宝塔山。全国重点文物保护单位。北宋元符元年（1098）建，金大定二十五年（1185）、明昌七年（1196），明万历四十二（1614）、天启四年（1624）重修。八角七层楼阁式砖塔。高26米。

▶ 白马造像塔

在华池县白马乡王沟门村娘娘庙。全国重点文物保护单位。北宋晚期建。六角七层楼阁式石塔。高5.3米。

环县

▼ 景福寺塔

在环县环城镇红星村灵武台公园灵武台。又名环县塔。全国重点文物保护单位。唐初建，北宋庆历三年（1043）重建。元中统五年（1264）、明嘉靖九年（1530）、万历十八年（1590）重修。八角五层楼阁式砖塔。高约22米。

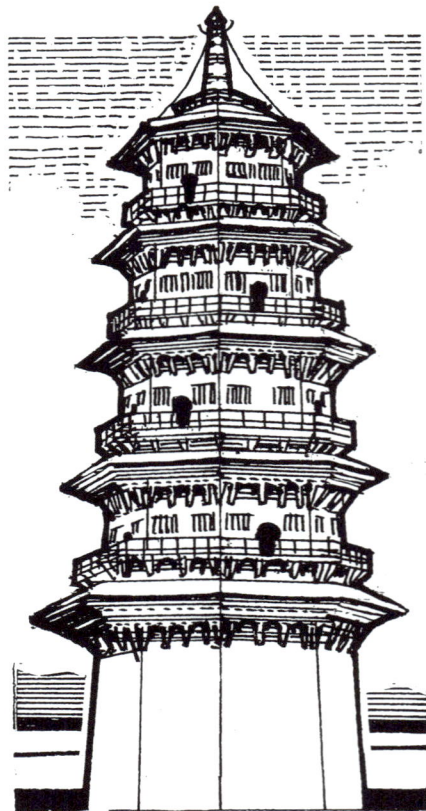

► **脚扎川万佛塔**

在华池县紫坊畔乡高庄村。全国重点文物保护单位。北宋晚期建。八角九层楼阁式石塔。残高8米。

◄ **塔儿洼石塔**

在华池县南乡白马庙村新庄卢家沟口。北宋建。四角七层密檐式石塔。残高4.1米。

◄ **双塔寺造像塔**

原在华池县林镇乡张岔村兴教院（原名石塔院）遗址，2000年一度被盗，2001年迁至柔远镇东山森林公园。全国重点文物保护单位。金正隆至大定年间建。八角十一层楼阁式石塔。东塔13.1米高。西塔高11.9米。下图为细部。

合水县

▼ **王茂庄造像塔**

在合水县太白镇王茂庄村。北宋晚期建。八角九层楼阁式石塔。"文化大革命"损毁，残存一段塔身及塔顶，高0.75米。

► **塔儿湾造像塔**

原在合水县太白镇苗村，2000年曾被盗，2002年迁至西华池镇县博物馆。全国重点文物保护单位。北宋崇宁年间建。清嘉庆十七年（1812）重修。八角十三层密构式石塔。10.93米高。

宁县

▶ 凝寿寺塔

在宁县中村镇政平村，又称政平唐塔。全国重点文物保护单位。唐武德二年（619）建。四角五层楼阁式砖塔。21.2米高。

▶ 石道法造像塔

在宁县新宁镇南坡村北朝至唐代佛寺遗址。四角二层楼阁式石塔。高43.5厘米。

◀ 塔儿庄塔

在宁县盘克镇罗山府林场子午岭。全国重点文物保护单位。五代建，清咸丰五年（1855）重修。四角三层楼阁砖塔。高约11米。底层砌砖封蔽。

正宁县

▶ 湘乐寺塔

在正宁县湘乐镇西门村湘乐寺遗址。全国重点文物保护单位。北宋建。六角七层楼阁式砖塔。高约22米。

定西市

陇西县

▶ 东林寺观如禅师塔

在陇西县巩昌镇柴家门村。清康熙四十四年（1705）建。鼓状上部六角亭阁混合式砖塔。高约6米。

▶ 文峰塔

在陇西县文峰镇迎春堡村。建于清道光十六年（1836）。1985年重修。八角七层楼阁式砖塔。高24米。

临洮县

▶ 锁林塔

在临洮县南屏镇林村塔下王家社。清雍正年间建，晚清重建。四角三层楼阁式砖塔。高3.85米。

岷县 ▶ 大崇教寺白塔

在岷县梅川镇山庄咀村大崇教寺遗址。又名山咀白塔。明正统四年（1439）建。1933年重修。覆钵式砖塔。残高十余米。

陇南市

康县

▶ 对对山光辉寂静塔

在康县迷坝乡肖家山村对对山腰。建于清咸丰五年（1855）。六角五层楼阁式砖塔。8.5米高。

徽县 ▶ 栗川白塔

在徽县栗川乡郇家庄。全国重点文物保护单位。宋代建。清道光十二年（1832）重修。八角十二层楼阁式砖塔。因地震残存九层。高25米。

两当县

▶ 西峡沟宝峰禅院塔群

在两当县云屏乡棉老村西阳山西城宝峰禅院遗址。原有7座，现存2座。明弘治十四年（1501）、嘉靖六年（1527）建。覆钵式石塔。西塔（左）高2.5米；东塔（右）顶部残毁，高约2米。

临夏回族自治州

永靖县　　▼ 炳灵寺石窟浮雕塔群

在永靖县王台镇小积石山全国重点文物保护单位炳灵寺石窟下寺、上寺、洞沟三处，共有浮雕、塑绘舍利塔50余座，以摩崖龛塔为主。建于北宋晚期、西夏、元、明、清。

◄ **炳灵寺石窟唐塔**

　　在永靖县炳灵寺石窟第3窟正中。唐代建。四角单层盝顶亭阁式石塔。高2.23米。

▶ **炳灵上寺石塔**

　　原在永靖县喜佛洞石窟。自1942年迁迁，现在炳灵寺石窟上寺西佛沟密宗院原大经堂遗址。元代建。覆钵式上八角两层楼阁式石塔。高约5米。

青海省 图谱

中国古塔全谱

西宁市

城北区

▶ 宁寿塔

在西宁市城北区北山土楼观（又称北山寺、永兴寺）。明代建。1915年重修。六角五层楼阁式实心砖塔。高约15米。

湟中县

▶ 太平塔

在西宁市湟中区鲁沙尔镇全国重点文物保护单位塔尔寺小金瓦寺殿侧。又称时轮塔。1942年建。覆钵式砖石塔。高13米。

◀ 过街塔

在西宁市湟中区塔尔寺外入口。清康熙五十年（1711）建。覆钵式砖石塔，台下南北券门通行。高十余米。

▲　八宝如意塔

在西宁市湟中区塔尔寺前。以八塔纪念释迦牟尼一生八大功德。清乾隆四十一年（1776）建。覆钵式砖塔，高6.4米。

▶　塔尔寺大银塔

在西宁市湟中区塔尔寺大金瓦殿。以宗喀巴诞生处白旃檀树为塔心建砖塔，明洪武十二年（1379）在塔外建银塔，嘉靖三十九年（1560）重建覆钵式鎏金银塔。高12.5米。

海东市

乐都区

▶　瞿昙寺香趣塔

在海东市乐都区全国重点文物保护单位瞿昙寺瞿昙殿外四角。又称四喇嘛塔。明代建，1944年重建。覆钵式砖塔。高9米。

玉树藏族自治州

玉树市

▼ 藏娘佛塔

在玉树市结古镇藏娘村。又名"佐娘佛塔"，藏语全称藏娘切旦巴吉伦波。全国重点文物保护单位。印度学者弥底建于宋天圣八年（1030）。2004年重修。土石木结构藏传佛教佛塔。高40余米。壁画回廊，实心，设暗室、地宫。

囊谦县

◀ 达那寺塔

在囊谦县达那山全国重点文物保护单位达纳寺，年代不详，覆钵式石块泥土砌筑塔。高约10米。

▶ 格萨尔三十大将军灵塔

在囊谦县达纳寺旁岩洞中。全国重点文物保护单位。年代不详。格萨尔王及30位大将的噶丹式灵塔。石块泥土砌筑。大小依地位而定。格萨尔王灵塔最高为5.5米。

宁夏回族自治区 图谱

中国古塔全谱

银川市

兴庆区

▶ 承天寺塔

在银川市兴庆区承天寺，又称西塔。全
国重点文物保护单位。西夏垂圣元年（1050）
建。清嘉庆二十五年（1820）重建，基本保留
原形制。八角十一层楼阁式砖塔。高64.5米。

◀ 海宝塔

在银川市兴庆区民族南路海宝公园海宝寺。
又称赫宝塔、黑宝塔、北塔。全国重点文物保护单
位。十六国时大夏国建十三层楼阁式砖塔。清康熙
五十一年（1712）重修，乾隆四十三年（1778）重
建成方形十二角十一层。1998年重修。高53.9米。

西夏区

▼ 西夏王陵塔陵

在银川市西夏区贺兰山东麓。西夏时期营建，全国重点文物保护单位。有9座西夏王陵，253座陪葬墓。原陵为密檐式土木塔，残存金字塔式土塔。最高24米。

灵武市

◄ 镇河塔

在灵武市东塔镇东盛街。又称东塔。清康熙七年（1668）建。乾隆四年（1739）重建。2006年重修。八角十三层楼阁式砖塔。高31.52米。

► 甘露寺舍利塔群

在灵武市临河乡马鞍山甘露寺（始建年代无考，明末重建）。有僧塔15座。四角、六角砖塔或覆钵式，二、三层楼阁式或覆钵混合式。最著名的是百担子和尚墓塔和果芳法师墓塔。

永宁县

▶ 多宝塔

在永宁县李俊镇金塔公园。俗称李俊塔。明万历年间建，清康熙、乾隆年间及1986年重修。八角十三层楼阁式砖塔。高31.52米。

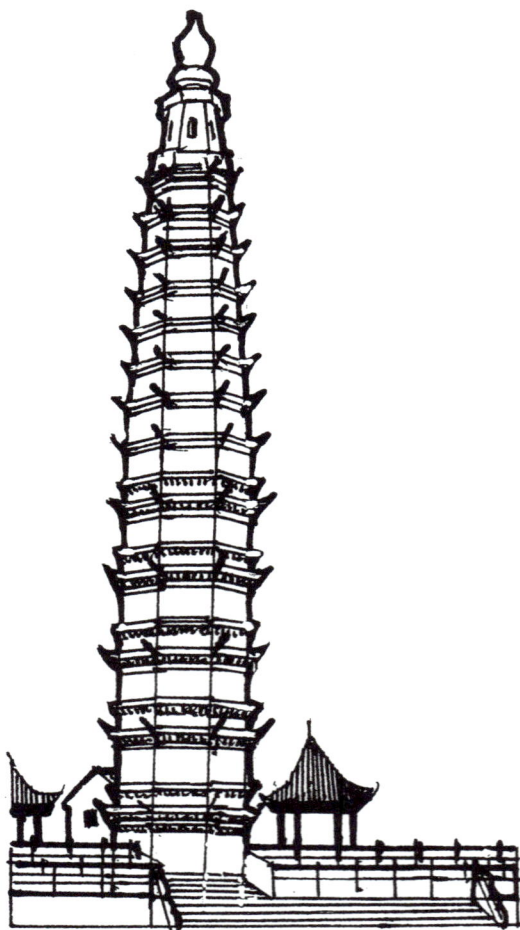

贺兰县

▼ 拜寺口双塔

在贺兰县贺兰山拜寺口。全国重点文物保护单位。西夏晚期建，1986年重修。八角十三层楼阁式砖塔。东塔高39米，西塔高41米。

▲ 宏佛塔

在贺兰县潘昶乡王澄村东废寺内。全国重点文物保护单位。始建于西夏晚期，1990年拆卸重砌。八角楼阁式与覆钵式混合三层砖塔。高39米。

石嘴山市

大武口区

▶ 北武当庙多宝塔

在石嘴山市大武口区贺兰山东麓武当山北武当庙，方形十二角五层楼阁式砖塔。高28米。

惠农区

▶ 涝坝口摩崖石塔

在石嘴山市贺兰山北端沟口北岸山坡，共2座。西夏至蒙元时期刻制。距地表20余米并排浮雕两覆钵式塔。原以白灰抹壁。

平罗县

▶ 田州塔

在平罗县姚伏镇皇祇禅寺，又称姚伏塔。全国重点文物保护单位。西夏建。1980年重修。六角九层楼阁式砖塔。38米高。

吴忠市

青铜峡市

▲　一百零八塔

在青铜峡市黄河大峡谷旅游区。全国重点文物保护单位。西夏建。清顺治五年（1648）、1988年重修。随山势凿石分阶建塔，自上而下，按奇数迭增排列成十二行，形成总体平面呈三角形的塔群。总计一百零八座覆钵式土塔，后世重修以砖包砌。由下而上逐层增高，最上一座高5米，有塔心室。以下各塔实心，高2.5-3米。

◀　牛首山僧人塔

在青铜峡市牛首山。共3座。清代建。单层亭阁式砖塔。高3米。

同心县

▶　韦州喇嘛教塔

在同心县韦州镇老城西北角。元代建。覆钵式砖塔，高约十余米。

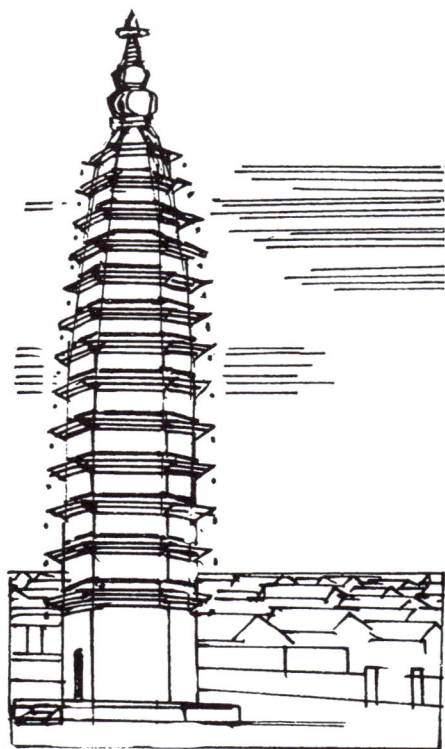

◀ 韦州康济寺塔

在同心县韦州镇老城康济禅寺。全国重点文物保护单位。西夏建。八角九层密檐式砖塔，明嘉靖六年（1527）重修改为十三层。明万历九年（1581）、清乾隆三十一年（1766）、1985年重修。高42.7米。

固原市

彭阳县

▶ 缨络宝塔

在彭阳县冯庄乡小湾村宋家台。明嘉靖三十年（1551）建。八角七层楼阁式砖塔。高15米。

中卫市

沙坡头区

▶ 羚羊寺塔林

在中卫市沙坡头区宣和镇羚羊村月牙山麓。年代不详，"文化大革命"损毁，1995年修复。共7座，六角单层楼阁式砖塔。高约4米。

▶ 香岩寺塔林

在中卫市沙坡头区常乐镇红泉街道香山香岩寺前。明清时期建，共10座，砖塔7座，土塔3座仅存塔基。六角单层楼阁式砖塔。高约4米。

▶ 香山万骨塔

在中卫市沙坡头区常乐镇红泉街道赵麻井村。清宣统年间建。八角单层楼阁式砖石塔。高5.7米。

中宁县

◀ 华严宝塔

在中宁县恩和镇和寺村。明万历年间建，清乾隆二年（1737）重建。八角七层楼阁式砖塔。高30米。

▶ 鸣沙洲塔

在中宁县鸣沙镇北侧。全国重点文物保护单位。西夏建。八角十四层楼阁式砖塔。明嘉靖四十年（1561）地震震塌七层重修。清康熙年间地震震塌二层。1985年重修至十一层。高30米。

新疆维吾尔族自治区 图谱

中国古塔全谱

乌鲁木齐市

▶ 镇龙塔

在乌鲁木齐市天山区红山。建于清乾隆五十三年（1788）。八角九层楼阁式砖石塔。高约12米。

吐鲁番市

高昌区

▲ 101座塔群

在吐鲁番市高昌区雅尔乡全国重点文物保护单位交河故城。为五组塔共101座组成（图右）。交河故城建筑大体为唐构。中塔（图左）为金刚宝座式土木塔，残高16米。四角各排列25座楼阁覆钵混合式土木塔，仅存塔基，残高1米。

▼ 额敏塔

在吐鲁番市高昌区葡萄乡木纳尔村南。全称额敏和卓报恩塔，又名伊斯兰塔、吐鲁番塔、苏公塔。全国重点文物保护单位。清乾隆四十三年（1778）建。圆柱形盔顶砖塔。高44米。

▼ 覆钵塔壁画

在吐鲁番市高昌区发现的元代壁画覆钵式塔。

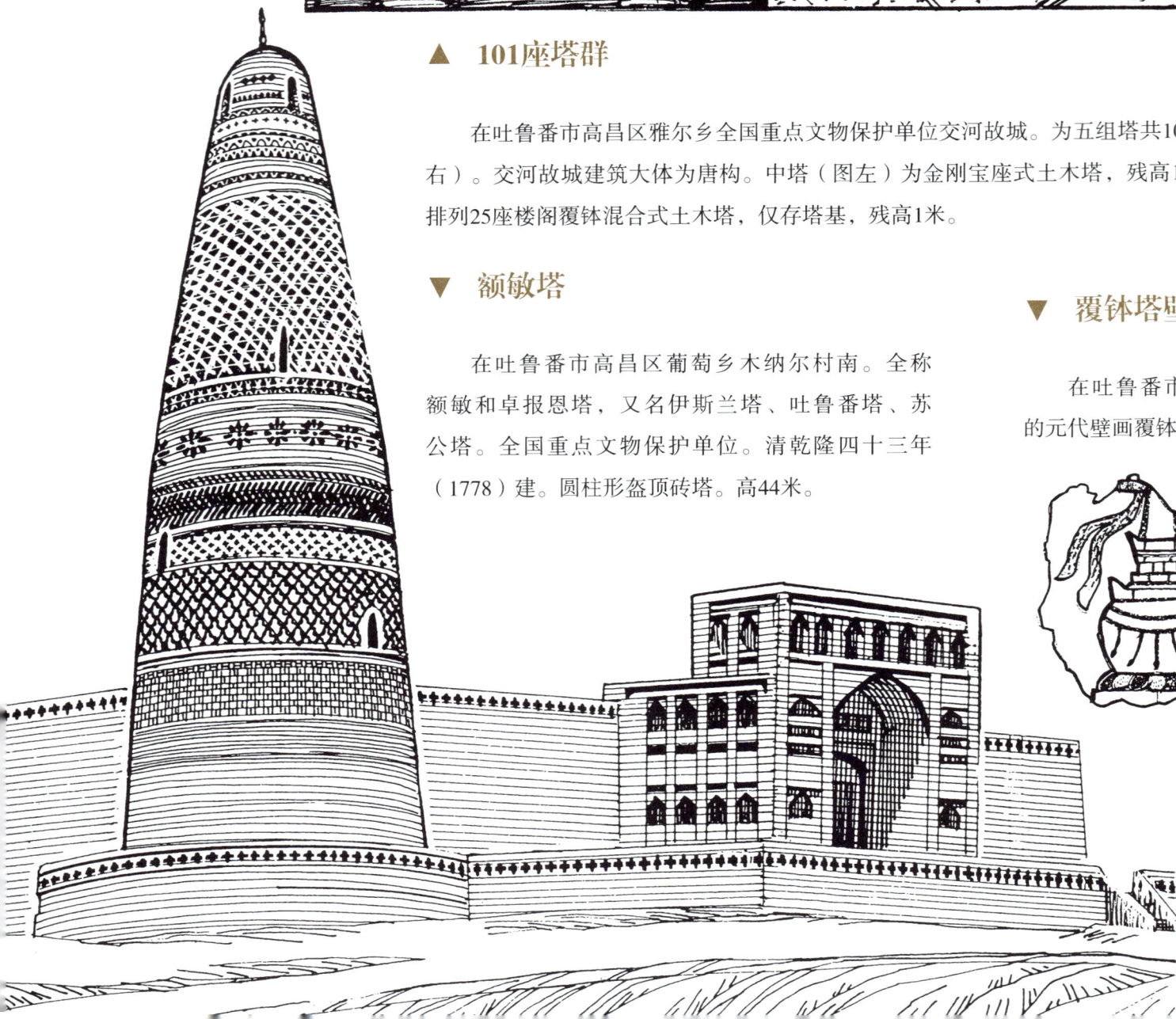

◀ **台藏塔**

在吐鲁番市高昌区三堡乡尤喀买里村。全国重点文物保护单位。高昌时期建。夯土塔。塔内曾供巨佛。残高约20米。

▶ **高塔**

在吐鲁番市高昌区三堡乡全国重点文物保护单位高昌故城可汗堡。东晋咸和二年（327）建。基台面积900平方米。方形十二角夯筑。原七层，残高三层。高约12米。

哈密市

伊州区

▶ **白杨沟佛塔**

在哈密市伊州区柳树泉农场白杨沟村全国重点文物保护单位白杨沟佛寺遗址。夯土佛塔残迹，残高4.5米。

阿克苏地区

库车市

◀ **昭怙厘寺塔**

在库车市苏巴什古城世界文化遗产苏巴什佛寺（又称昭怙厘大寺）遗址。建于魏晋至隋唐。东西二寺，残存覆钵式土塔以东寺较好，最高9米。

塔城地区

塔城市

▶ 哈纳喀及赛提喀玛勒清真寺宣礼塔

在塔城市双塔公园。哈纳喀清真寺宣礼塔（图左）在公园西南侧，始建于清宣统二年（1910），八角六层，吸收哥特式风格，高25米。赛提喀玛勒清真寺宣礼塔（图右）在公园东南角，光绪十一年（1885）始建，八角五层阿拉伯风格，高20米。

喀什地区

喀什市

▶ 莫尔佛塔

在喀什市东北原罕诺依古城。喀拉汗王朝时期建。土坯砌筑覆钵塔。高12.8米。

和田地区

民丰县

▶ 安迪尔佛塔

在民丰县安迪尔牧场全国重点文物保护单位安迪尔古城遗址。存有众多佛塔。最大的覆钵式土塔高4.3米。

洛甫县

▶ 热瓦克佛塔

在洛甫县全国重点文物保护单位洛甫热瓦克佛寺遗址。主体建筑建于南北朝及唐代。覆钵式土塔。残高约10米。

伊犁哈萨克自治州

伊宁市

▶ 拜吐拉清真寺宣礼塔

在伊宁市新华东路拜吐拉清真寺。全国重点文物保护单位。据传建于清乾隆三十八年（1773）。该寺重建成现代风格，唯宣礼塔为原建筑。高四层18.3米。

巴音郭楞蒙古自治州

若羌县　▶ 楼兰遗址佛塔

在若羌县罗布泊西岸全国重点文物保护单位楼兰故城遗址。汉代建。城东土坯木料柳条砌筑覆钵式土塔，残高10.4米。城北约4千米处覆钵式土塔，上半部风蚀，残高3米多。

◀ **米兰遗址佛塔**

在若羌县城东40公里处全国重点文物保护单位米兰古城遗址。魏晋时期至唐代建。遗址上有众多覆钵式土塔。

焉耆回族自治县

▶ **锡克沁千佛洞塔群**

在焉耆回族自治县七个星乡东南锡克沁千佛洞唐代寺院遗址大殿中间残存1座塔，中大殿和东大殿后残存6座小塔。覆钵式夯土塔。

克孜勒苏柯尔克孜自治州

阿图什市

▼ **古疏勒国遗址塔**

在阿图什市阿扎克乡库木萨克村。汉代建。覆钵式土塔两座，残高1米余。

香港特别行政区 图谱

中国古塔全谱

◄ 魁星塔

在香港新界元朗屏山上璋围。又名聚星楼、文昌阁、文塔。明洪武十五年（1382）建六角七层楼阁式砖塔，清初改建为三层。高13米。自下至上门匾为"光射斗牛""聚星楼""凌汉"。

► 横澜灯塔

在香港横澜岛澜尾。清光绪十九年（1893）建。圆形石塔。高10余米。

◄ 鹤咀灯塔

在香港鹤咀半岛鹤咀。又称德忌立角灯塔。清光绪元年（1875）建。圆形石塔，高9.7米。

► 新旧青洲灯塔

在香港中西区青洲。旧塔为清光绪元年（1875）建。圆形石塔，高约12米。新塔为光绪三十一年（1905）建。圆形混凝土及石混构塔，高约17.5米。

◄ 灯笼洲灯塔

在香港新界荃湾区灯笼洲横澜。又称汲星灯塔。1912年启用。高钢铸骨架塔。高11.8米。

澳门特别行政区_{图谱}

中国古塔全谱

▲ **妈阁庙塔**

在澳门妈阁街妈阁庙内。八角七层楼阁式砖塔。清代建。高约6米。

▲ **东望洋灯塔**

在澳门东望洋山顶。又称松山灯塔。清同治四年（1865）建。高15米。

台湾省 图谱

中国古塔全谱

新北市

▶ 林家花园塔

在新北市板桥区林家花园（原名林本源庭园，又名板桥别墅）。清道光二十七年（1847）建。六角三层楼阁式砖塔。高约3米。

◀ 新庄文昌祠敬字塔

在新北市新庄文昌祠。清光绪元年（1875）建。四角二层楼阁式砖塔。高约3米。

◀ 树林圣迹亭

在新北市树林区。清同治十一年（1872）建。二层楼阁式砖塔，下层四角，上层六角。高约3米。

▶ 三貂角灯塔

在新北市贡寮区三貂角。1935年建。圆柱形砖石塔。高约16.5米。

台南市

▶ 圆光寂照塔

在台南市北区北园街开元寺。清康熙二十九年（1690）建，嘉庆五年（1800）重修。于同一基台上排成品字形三座六角三层楼阁式砖塔。中塔高约3米，两侧塔高2米多。

桃园市

龙潭区

◀ 龙潭圣迹亭

在桃园市龙潭区。建于清光绪元年（1875）。光绪十八年（1892）、1925年、1979年重修。三层楼阁式砖塔，上、下层六角，中层四角。高约8米。

大溪区

▶ 斋明寺惜字亭

在桃园市大溪区斋明寺后。清同治五年（1866）建。四角二层楼阁式砖塔。高约4米。

彰化县

▶ 龙山寺惜字亭

　　在彰化县鹿港镇龙山街龙山寺。清道光十一年（1831）建。四角三层楼阁式砖塔。高约3米。

南投县

▼ 竹山社寮敬圣亭

　　在南投县竹山社寮。清咸丰十一年（1861）建。光绪五年（1879）重修。四角二层楼阁式石塔。高约4米。

▶ 鹿谷乡圣迹亭

　　在南投县鹿谷乡公路旁。清同治十年（1871）建。被车撞毁，2001年于原址修复。四角三层楼阁式石塔。高2米。

中坜区

◀ 中坜圣迹亭

　　在桃园市中坜区新街。清光绪年间建。六角三层楼阁式砖塔，立面混凝土洗石。高约7米。

嘉义市

◀ **阿里山树灵塔**

在嘉义市阿里山。1936年为祭祀被砍伐的红桧而建。圆柱形石塔。高约20米。

屏东县

▶ **万峦乡敬字亭**

在屏东县万峦乡。清乾隆五十四年（1789）建。八角三层楼阁式砖塔。高约十米。

◀ **石头营敬字亭**

在屏东县枋寮乡玉泉村。清光绪元年（1875）建。四角三层楼阁式砖塔。高约5米。

▶ **文琳社敬字亭**

在屏东县枋寮乡水底寮文琳社。清代建。六角三层楼阁式砖塔。高约6米。

◀ **头仑村惜字亭**

在屏东县竹田乡头伦村。近代建。六角二层楼阁式砖塔。高约4米。

▶ 二仑村惜字亭

在屏东县竹田乡二仑村。近代建。六角四层楼阁式砖塔。高约5米。

◀ 粜籴村惜字亭

在屏东县竹田乡粜籴村。近代建。六角三层楼阁式砖塔。高约7米。

▶ 里港国小敬圣亭

在屏东县里港乡里港国小。近代建。三层楼阁式砖塔。高约7米。下二层六角，顶层四角。

◀ 振丰村惜字亭

在屏东县内埔乡振丰村。近代建。六角三层楼阁式砖塔。高约7米。

▶ 兴南村惜字亭

在屏东县内埔乡兴南村。近代建。六角三层楼阁式砖塔。高约7米。

▶ 萧宅圣迹亭

在屏东县佳东乡萧宅。近代建。六角三层楼阁式砖塔。高约7米。

◀ 麟洛乡惜字亭

在屏东县麟洛乡。近代建。六角三层楼阁式砖塔。高约7米。

◀ 满洲乡敬圣亭

在屏东县满洲乡。近代建。六角三层楼阁式砖塔。高约7米。

高雄市

▶ 金瓜寮敬字亭

在高雄市美浓区德兴段。清末建。六角三层楼阁式砖塔。高约2米。

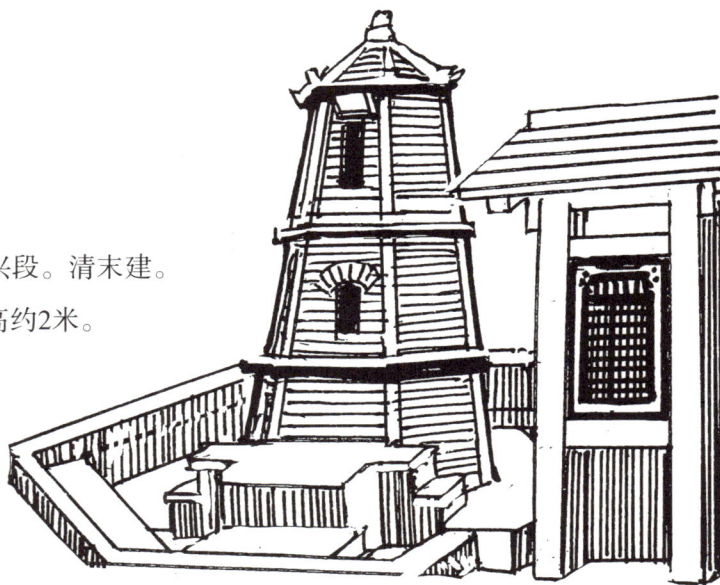

▲ 金瓜寮圣迹亭

在高雄市美浓区德兴段。清末建。六角三层楼阁式砖塔。高约4米。

▶ 弥浓庄敬字亭

在高雄市美浓区弥浓庄。清乾隆四十四年（1779）建，光绪二十年（1894）重修。六角三层楼阁式砖塔。高约3米。

▶ 旗后灯塔

在高雄市旗津区旗后山上。又称高雄灯塔、旗津灯塔。始建于清光绪九年（1883），1918年重建。钢筋混凝土塔，下部八角形，上部圆形。高15.2米。

新竹县

▶ 扶云社孔圣亭

在新竹县新丰乡扶云社。原在湖口乡，1985年迁新丰乡。清光绪三年（1877）始建。四角二层楼阁式砖塔。高约3米。

花莲市

▶ 凤林敬字塔

在花莲市凤林镇校长梦工厂后院。清乾隆四十四年（1779）建，光绪二十二年（1896）重修。六角三层楼阁式砖塔。高约10米。

恒春县

▶ 鹅銮鼻灯塔

在恒春县最南端。清光绪八年（1882）建。圆柱形四层铁塔。高18米。

宜兰县

▶ 苏澳灯塔

在宜兰县苏澳澳后山。1927年建。四角钢筋混凝土塔。高约7米。

台东县

◀ 绿岛灯塔

在台东县绿岛乡西北方海岬上。1938年建，二战期间炸毁，1948年修复。圆柱形钢筋混凝土塔。高48.2米。

澎湖县

▶ 渔翁岛灯塔

在澎湖县渔翁岛西南端。建于清乾隆四十三年（1778）。光绪元年（1875）重建。圆柱形石塔。高约10米。

▼ 锁港北子塔

在澎湖县马公岛。清道光年间建。圆形原七层改九层葫芦顶石塔。高约4米。

▼ 锁港南午塔

在澎湖县马公岛。清道光年间建。圆形七层葫芦顶石塔。高约4米。

▼ 后窟潭石塔

在澎湖县马公岛。又名凌霄宝塔。圆形九层葫芦顶石塔。高约5米。

参考书目　中国古塔全谱

顾延培、吴熙棠主编：《中国古塔鉴赏》，同济大学出版社1996年版

罗哲文著：《中国古塔》，外文出版社1994年版

张志高著：《中国的古塔》，三秦出版社1994年版

张驭寰：《传世浮屠——中国古塔集萃》，天津大学出版社2010年版

汪建民、侯传著：《北京古塔》，学苑出版社2003年版

燕民编著：《看北京》，山东画报出版社2003年版

天津古代建筑编写组：《天津古代建筑》，天津科学技术出版社1989年版

王光：《辽西古塔寻踪》，学苑出版社2006年版

赵克礼著：《陕西古塔研究》，科学出版社2007年版

燕民编著：《看陕西》，山东画报出版社2003年版

燕民编著：《看山西》，山东画报出版社2003年版。

李安保、崔正森主编：《三晋古塔》，山西人民出版社1999年版

张驭寰：《上党古建筑》，天津大学出版社2009年版

朱秀坤：《安徽古塔艺术》，安徽美术出版社1996年版

戴志坚、陈琦著：《福建古建筑》，中国建筑工业出版社2015年版

泉州历史文化中心主编：《泉州古建筑》，天津科学出版社1991年版

陈文：《厦门古建筑》，厦门大学出版社2008年版

李德喜、谢辉编著：《湖北古塔》，中国建筑工业出版社2011年版

吴晓主编：《湖北古代建筑》，中国建筑工业出版社2005年版

杨慎初主编：《湖南传统建筑》，湖南教育出版社1983年版

邬学德、刘炎主编：《河南古代建筑史》，中州古籍出版社2001年版

尤志远编著：《河南古塔》，民族出版社1996年版

赵浦根、朱赤主编：《山东寺庙塔窟》，齐鲁书社2002年版

广东省文物考古研究所编：《广东古塔》，广东省地图出版社1999年版

广东省文物局编：《广东文化遗产·塔幢卷》，科学出版社2013年版

李乾朗著：《台湾建筑史》，雄狮图书股份有限公司1979年版

成都市文广新局（市文物局）、四川大学建筑与环境学院编著：《成都·达州古塔》，四川科学技术出版社2015年版

重庆市文化遗产研究院、重庆文化遗产保护中心著：《重庆古塔》，科学出版社2013年版

陈云峰摄影、张俊编撰：《云南古建筑》（上下册），云南美术出版社2008年版

邱宣充、张瑛华等著：《云南文物古迹大全》，云南人民出版社1992年版

宿白著：《藏传佛教寺院考古》，文物出版社1996年版

甘肃省文物局编著：《甘肃古塔研究》，科学出版社2014版

萧默著：《敦煌建筑研究》，文物出版社1989年版

许成、吴峰云著：《宁夏古塔》，宁夏人民出版社1988年版

后记

中国古塔全谱

　　喜欢古塔，是因为中国古建筑体系颇受礼法拘形，塔为另类。我的第一篇发表于文史刊物的文章，就是《广东古塔与岭南文化》（《广东史志》1992年第4期）。随后编绘了包括《中国名塔》在内的《华夏建筑精粹》系列图册（广东人民出版社1993年版，1996年再版。得内子陈若子全力之助并联名编绘）。此后，陆续撰有古塔文章。广东考古研究所编的《广东古塔》（广东省地图出版社1999年版）收入拙文三篇。曾应邀任上海中国古塔研究会顾问并担任《中国古塔鉴赏》（同济大学出版社1996年版）副主编兼撰部分条目。著有《中国古塔走笔》（广东人民出版社1999年版）、《广东古塔》（广东人民出版社2004年版）。近年在《广东史志》连载《广东塔话》。算来写塔画塔三十多年，与塔缘深。原打算将《华夏建筑精粹》各册重新整理出版，现在看来，时间、精力不由人，惟退而求之于编绘古塔。念及精研精绘古塔者大有其人，却未必有舍得耗时费力羁身此莫名之域者，因乘间而为。近十年来，勉为其难，至此搁笔。明知多有粗率缺憾，毕竟此生有涯。

　　在此由衷感谢华南理工大学吴庆洲教授为本书作序，吴老师是全国建筑学界的权威专家，是全国建筑史学会副主任委员，也是全国建筑历史与理论的第一位博士；感谢韶关曲江南华禅寺对本书的高度认可并襄助本书出版，感谢传正大和尚为本书题写书名并作序；感恩前辈岑桑先生伯乐之眷，感谢广东人民出版社钟永宁总编辑、王俊辉先生对本书出版大力支持；感谢李莹晖、简锦雯女士热心协助编务！

　　敬祈识者不吝指正！

陈泽泓

癸卯春于羊城壁半斋